行政法学の方法と対象

行政法研究 I

遠藤博也

行政法学の方法と対象

行政法研究 I

学術選書
71
行政法

信山社

目　次

◆第一部　行政法理論の内在的検討

目　次

◆第二部　判例研究と小論

行政法学の方法と対象

第一部　行政法理論の内在的検討

1 行政法学の方法と対象について
——制度内在的論理の限界——

一　序　言

(1)　「社会あるところに法あり」という言葉が示すように、様々の社会の存在に応じて実に多様な法が存在する。一つの社会をとりあげても、構成員を組織化し、その機能の分担を内容とする法もあれば、構成員の守るべき最低基準たる行為規範を内容とする法もある。現代のような多元的な無数の社会が複雑に入り組んで存在する世界にあっては、様々の法の性質やそれらのものの相互関係も極めて複雑な様相をとることとなる。

われわれの法律学が対象とする法は、主として「制度としての法」、すなわち国家制度としての法である。もちろん法社会学などの対象とする法は国家制度としての法には限定されていない。しかし、法解釈学を中心とする法律学が対象としているものの主たるものはやはり国家制度としての法であるということができる。国家制度としての法の特色のひとつは、法の生産、法の執行、法適用の保障などの仕組みが制度として確立されていて明確な形をとっていることである。もうひとつの特色は、国家が他の様々の多元的な社会をその中に包摂していると考えられる結果、国家制度としての法が他の法に優越し、超越的ないしより高次の存在であると考えられがちであることである。もちろん国際社会の法も存在するし、国家法の妥当根拠としてさらに高次のなにものかを理論上想定することも行われている。また、国家制度としての法を他の法と全く異なった一種独特のものと考えるのは、法律学者などにみられる思考の一傾向にすぎないにせよ、部分社会の法に対する関係では、これを超越し、包摂する性質が国家法にみとめられることが少なくない。法律学者とくに法解釈学者が国家法のみで自足完結的な法の世界を描き出すことがあるのも、このような考えが背景にあってのことと思われる。

国家制度としての法が、他の法とは異なった独特の性質なり構造上の特色をもつことはまちがいない。しかしながら、国家制度としての法も、他の様々の法と並存することによって、その機能を果たしていることを軽視してはなるまい。国家制度としての法は、法と呼ぶかどうかはともかく、社会における人の行動様式や行為規範、社会意識などを前提として存在する。制度としての法の不断の生成変転も、この間の事情を示している。社会の必要に応じて国家法もまた変動するのである。

(2)「社会あるところに行政あり」という言葉も「社会あるところに法あり」という言葉と同様に成り立ちうるのではないかと思われる。あらゆる社会に今日の厖大精巧な官僚制による国の行政組織のようなものが存在するわけのものでないことはたしかであるが、社会あるところには社会管理機能の存在が必要である。一般の会社などの組織でも経営・管理の機能がいわれるが、社会の組織化が進めば、成員間の紛争を処理し、秩序を維持し、共同の需要を充足するための施設を建設し、事業を行ない、利害の調整をするなどの機能が存在する。このような機能のあるものは法の形をとり、「社会あるところに法あり」といわれるのであろう。主として社会統制機能を担当する法は、社会管理機能のある一面を表現したものであるともいえよう。

法と同様に、社会管理機能のあり方もまた社会によって異なる。逆にいえば、社会管理機能や社会統制機能のあり方によって、ある社会の構造も規定されるのであるが、様々の社会の存在に応じて、多様な社会管理機能が存在する。社会管理機能も、時代と社会の産物である。ところで、われわれの行政法学が対象とする行政は、ここでも「国家制度としての行政」である。一般の社会管理機能と区別するため、「公行政」という表現が外国語にみられることがあるのも、制度としての国家行政が、いかに他の社会管理機能と異なるものであるのかをあらわすと同時に、しかし、これらとの共通性のあることもまた示している。国家社会における社会管理機能のうちでさらに制度化されたものが、行政法学では行政としてとらえられているといえよう。

制度としての行政は、厖大かつ秩序だった官僚制の組織の存在、複雑かつ精巧な権限の体系の存在、職務内容の公共性などによって特色づけられる。類似の組織をもち、類似の内容の機能をいとなむものも少なからず存在するとはいえ、全体としての国家制度である行政は、他の社会管理機能とは著しく異なった性格をもっている。とくに現代の行政国家においては、労働人口に占める公務員数の割合や国民総生産に対する財政規模の巨大さなどの点にもみられるように、前世紀の国家行政とは性格を一変し、全体としての行政は、他の社会管理機能とは著しく異なり、圧倒的に重要な任務を担当するにいたっている。近代国家はかつて他の社会組織の中に散在し遍在していた重要な社会管理機能を自己のうちに集中するところに特色があるが、現代の経済活動の大規模化、経済諸分野の相互依存関係ならびに利害衝突の拡大強化は、不断に新たな社会管理機能の必要を生み出し、これらもまた制度としての行政に吸収され、現代行政は、その量的範囲においてのみならず社会に対してもつ意味においても、途方もなく巨大なものとなるにいたった。

しかしながら、制度としての行政は、社会管理機能のすべてを吸収したのではない。個々の社会組織に固有の管理機能は当然のこととして、組織間に生ずる紛争の処理のようなものについても、すべてが国家の紛争処理制度の中で処理されているわけではない。制度外においても、様々の紛争を処理し、利害を調整し、共同の需要を充足するための仕組が存在する。国家行政は、これらのものと社会管理機能を分担するとともに、これらのものの存在を前提として、その具体的なあり方がありうることとなり、また、その機能をはたすことが可能となっている。

(3)　制度としての法、制度としての行政は、時代と社会の産物であり、他の法や他の社会管理機能とともに存在するのであって、これらから孤立した存在ではない。制度としての法や行政が、しばしば社会に存する行為規範や社会管理機能が制度化されることによって生まれることがある。目まぐるしく変動を重ねる現代社会において、加えて人の利害の衝突と価値観の対立が鋭く、共通の行為規範や社会管理機能のあり方について見解の一致が得られないため、ときとして新しい行政需要に対する法や行政の制度化の必要は叫ばれながらも、制度化が進展しないことがある。このような場面において、われわれは極めて困難な状況に遭遇することになる。

具体的な例として、武蔵野市マンション建設指導要綱仮処分決定事件（東京地裁八王子支部昭和五〇年一二月八日決定・判例時報八〇三号一八頁）をとりあげよう。周知のように、日照影響について付近住民の同意を得ること、一定要件に従って小中学校用地の無償提供または用地取得費の負担をすることという指導要綱の条件に従わなかったマンション業者に対して、武蔵野市が水道・下水道の供給・使用を拒否したため、マンション業者の側から、水道の供給、下水道の使用承諾の仮処分が求められた事件である。裁判所の決定は、あらすじにおいてほぼ伝統的な物の考え方に従って、指導要綱には法的拘束力がないこと、水道利用関係は私法関係であって仮処分が可能であるのに対して、下水道使用関係は公法関係であって仮処分はできないことなどの判断を下したうえ、結局、水道の利用申込に対する承諾の仮処分のみをみとめた。その後市による下水道の生コンクリート詰めというハプニングを経て、両当事者間に和解が成立し、具体的なこの事件かぎりでは落着をみた。裁判沙汰になるものが極めて稀なケースであることはたしかであるが、しかし、この事件のもつ実際上、理論上の意味には極めて重大なものがあるといわなくてはならない。日照規制や開発規制または開発費用負担のため、全国の多数の都市自治体が指導要綱をもうけ、上下水道ストップの「水攻め」などの強制手段を用いている。右の東京地裁八王子支部の決定後も、指導要綱廃止の声もあまり聞かないし、多くの開発業者によって指導要綱上の条件が事実上に守られている。日照規制については建築基準法改正案が国会の事情から宙ブラリンの状態にある。開発規制や開発費用負担についてはまだ立法作業も進行していない。いずれにしても指導要綱上のこれらに関する規定は、審議会の検討を経、地方議会の意見反映のうえで出来上がったものであっても、制度としての法であるとはいいがたいであろう。しかし、その実際上の必要性については、これを否定することが難しいし、事実多くの者によって、その合理性が肯定されている。このディレンマにあって、われわれは答えに窮するのである（追記参照）。

(4) 伝統的な考え、すなわち制度としての法の立場からいえば、日照規制について建築基準法の改正作業が既に日程にのぼっているのなら、この改正をまつべきである。法を生産するのは議会であり、行政は法律を適用することに甘んずべきであり、法律上の義務違反に対しては法律上の制裁ないしは強制執行の手段を用いるべきである。ところが現実には、制度としての法の目からみて得体の知れない指導要綱が制定され、この指導要綱にもとづいて行政指導が行われ、それに従わないときには建築確認手続の保留、水攻め、公表などの手段が用いられている。指導要綱の内容である行為規範を広い意味での法としてとらえると、この法の生産、執行、適用の保障などは、制度としての法とは著しく異なるかたちをとっている。また、日照規制に関する指導要綱などで周辺住民の同意を要件とするものが少なくないが、この場合には建築確認の可否などが周辺住民の意向のいかんによって左右されてしまうことになる。この場合には、地域環境の管理が、議会制定法を適用する行政官僚の手にではなく、当該地域の住民の手に委ねられることとなり、制度としての行政以外の者の手によって社会管理機能が担われているのである。

右のような、いわば制度外的な現象に対しては、これを制度内的な目でとらえることは充分に可能である。ひとつの立場は、このような現象を制度上許されないものとして切って捨てることである。もうひとつの立場は、なんらかの手段を講じて、このような現象を制度内にとりくむことである。指導要綱や行政指導を非権力的行政作用の一類型として確立してもいいし、住民の環境権なり自治体の固有権的自治権なりを憲法規範より導き出して構成的な解釈を編み出すことでもいいし、あるいは不文の法原則を活用することでもいい。様々の方法が考えられる。従来の制度の枠をはみ出す新しい現象が登場した場合にも、制度の枠を厳格に守ることにより、または、制度の枠を柔軟に操作することによって、これに対処することができる。すなわち、そこに提出された問題を適当に位置づけ、しかもこれに対する解答を用立てることができる。問題のとらえ方や出された解答の具体的な内容の当否については様々の評価や議論の余地がありうるにせよ、このようなことが可能であるのは、それなりの方法が用意されているからである。その方法とは、いかなる性格のものであろうか。

二　方　法

(1)　方法という言葉には実に様々の意味があり、その内容は多彩である。抽象的な言葉によって定義づけることは難しい。また、抽象的な言葉のうえで論じても、議論が空転しがちで誤解も生みやすい。

行政法学上、現に使われている方法を思いつくままに並べてみても、色々なものがある。素材からみても、実定法、実定制度あり、判例、学説があり、学説にも解釈学説、理論体系、法思想等がある。また、これらを取扱うにも現行法の研究もあれば、外国法研究、比較法研究、歴史研究もあり、さらに法社会学的研究等々がある。日照規制や開発費用負担を大きなテーマとしても、これに関する研究には多様な方法と多彩な内容が考えられるであろう。これらについて現行実定法の解釈論にとどまらず、外国の法制度の比較研究や歴史研究も当然考えられる。わが国の指導要綱の実態調査も必要であろうし、武蔵野市マンション建設指導要綱をめぐる上記の具体的事件の経過を追って関係者の法意識や行動様式、紛争の落着の仕方などを研究することも極めて興味深いことであろう。比較法には比較法の方法があり、歴史研究には歴史研究の方法があるし、調査にも調査の方法がある。調査の方法も細かくいえば、一冊のハンドブックにおさまりきれないものが考えられよう。

しかしながら、従来、行政法学上で方法が論じられた場合、それは主として法解釈の方法であった。法解釈以外のものの方法についても論及されることはあったが、それは法解釈の方法との対比において持ち出されたのであり、実定法解釈論以外のものがまとめて一つにひっくるめられ、これと法解釈論とが比較されるという程度の次元での議論であった。比較法の方法とか調査の方法という次元での議論ではなかった。また、第二次大戦前の研究者の数が少なく、研究業績の数も乏しい時代で法解釈論を中心として比較法もやれば歴史もやり理論もやるというオールラウンドの研究者であることが要求されたときには、このようなことも止むをえなかったと思われる。外国法を吸収するに急であった時代においては、外国法の研究ではなく、母国の法ないし先進国の法の学習であった。すべてが法解釈論の侍女であるかのごとくに考えられていた。行政法学とは行政法解釈論であり、行政法学すなわち行政法として行政学と対比されたのである。

(2)　方法という言葉には、特定の学問分野の成立を前提としたうえでの研究上の様々の手段方法という意味とは別に、特定の学問分野を全体としてとらえて、他の学問分野とくに隣接した学問分野と区別して、その学問的認識の対象や性質上の特色を明らかにするために、いわばその守備範囲を明らかにするために、用いられる意味がある。特定の学問分野の成立のための方法である。この意味での方法が特定されることによってはじめて認識の対象が与えられ、これに関する認識の性質がいかなる類いのものであるかが明らかとなるからである。これは研究上の手段方法とは区別される。しかしながら、この意味での方法がいかなるものであるかを表現する言葉は何を比較の対象としてとりあげるかによって異なる。比較の対象となるべき隣接分野がいかなる状況にあるかによっても、表現は精粗繁簡の形を変える。ごく簡単には、行政法学は行政制度の法的側面を研究する、ということによって行政学と区別することができる。しかし、行政学が実定法規則運用の実証的研究にもとづく立法論的・解釈論的提言をしているような状況を前提におくと、これだけの言葉では足りなくなってくる。また、ある分野の学問成立上の方法が、他の学問的分野での研究上の手段方法として活用されることがあったり、学問の分野によっては、この二つの方法が実際上には区別の困難なこともありうるであろう。

学問上の方法の意味や性格は、様々の角度からこれを述べることができる。とりあえずここでは次の三つの特色をあげることができよう。

まず第一に、それは集団的ないし共同的思考の手段である。学問という人間の営みの特色は、能力上の障害は別として、抽象的にいえば万人が共通の認識をもつことが可能なものを目指している。もちろん甲論、乙論の議論の対立はあるにせよ、方法を共通にすることによって同じ土俵の上で議論が展開される。甲論、乙論はそれぞれ、それ自体としてとりあげれば、ときに独断のそしりをまぬがれないものであり、玉石混淆であろうが、これらがぶつかりあい切磋琢磨しあうところに学問的認識のはじまりがある。学問上の方法は、この意味で議論に共通の土俵を与えるものであり、それ自体が一挙に完結的な正解を提供するといったものではなく、試行錯誤を生産的に行うための場を提供するものというべきであろう。

第二の特色は、問題を適当に位置づけることである。問題を位置づけるためには座標軸の設定が必要である。これなくしては問題を一義的にとらえることができない。しかし、このためには他のありうる多くの座標軸を捨てなくてはならない。指導要綱をめぐって生ずる現実の紛争のうち法的側面を法的観点から考察することより以上のことを従来の法律学に期待することは無理であろう。「科」学を標榜し、より分析的であることを特色とする学問的認識が実践的行為者の要求を満足させないことが多いのもこのためである。その反面、様々の限定条件付きのものであるため、人の議論を集中させ、実際的価値は別として、より精巧・精緻な議論を生み生産的な思考をすることができる。

最後に、方法をもつことによって、われわれは未知の問題、新しい問題についても発見的機能をもつことができる。個々の問題を従来の議論の枠に合わせて適当に位置づけ、議論の枠をはみ出すことを知ること自体が重要な認識である。議論の枠を適当に操作することによって相当程度新奇な問題をもとらえることができるし、それの及ばぬときには、枠をはみ出たところに合わせて、座標軸そのものを設定しなおすことが可能である。方法は自らの限界を知るゆえに新しい方法を生むことができる。

(3)　方法には、学問成立上の方法から研究上の方法など、様々のレベルでの方法が考えられるが、これらは研究上の過程において切り取ると、問題を設定し、ないしは、これを発見するための方法と、設定された問題の解決のためにとられる各種の手段としての方法とを区別することができる。道具概念の類いも、問題設定のためのものと問題解決のためのものとに区別することができる。もちろん、ある一つの道具概念が排他的に常にこのいずれかだというものではない。たとえば、行政、行政行為、あるいは行政行為の公定力という概念が、ときには問題設定のため使われ、またときには問題解決のために使われることがありうる。さらに、学説によっては、これらの概念を問題設定にのみしか使わないのに対して、他の学説にあっては、問題解決のためにも使うということがある。したがって、道具概念等の固定的な特性ではなく、研究過程において、これらのものがどのような「用いられ方」をしているのかという平面での区別である。この問題設定と問題解決の区別は極めて重要だと思われる。

まず、前者によって問題の性格が明らかになり、議論の対象が与えられる。これを前提として、後者の問題解決にあたって考慮に入れるべき事情、資料の収集、発見ないし追加や、その限定、排除などが可能となる。こういう意味で前者は後者の前提の関係に立つ。しかしながら、この両者は性質の異なるものとして区別しなければならない。たとえば、公法と私法と一口にいっても、この区別には、①近代国家におけるきわめて一般的な意味での区別もあれば、②民刑事法、訴訟法をはじめ様々の国法の体系上の性格づけの場合にみられる区別、③行政法成立の契機ないし学問体系形成の道具としての区別、④実定制度上の裁判管轄ないし訴訟手続の分配の必要上の区別、⑤実定法規の解釈適用上の必要からの区別など、実に様々の意味がある。したがって、公法と私法の区別を議論する場合に、一体、これらのうちいずれの議論をしているのかさえ皆目わからないような、問題の意義・性格そのものが不明確なものであってはならないことは当然である。これが不明確であっては、そもそも議論の仕様がないということになる。問題そのものは一義的に明確に設定される必要がある。そういう意味で方法の混淆は許されない。このことは、しかしながら、第二の意味における方法が第一の方法によって一義的に規定されたり、これまた単一のものでなくてはならないことまでをも意味するものではない。問題解決のためにとるべき手段としての方法には実に様々のものがある。たとえば、実定法規上に完結的な解答が与えられていないとき、上記④の問題の解決にあたってとるべき方法としては、比較法的方法もあれば、本質論、歴史的方法、判例分析、実際上の妥当性の考慮等々がありうる。これらの方法を総合してもなおかつ完結的な解答が得られないことが多いであろう。甲論、乙論が出てくるゆえんであるが、そのような場合に、たとえば①の議論でもって④の問題に答えようとする者があったとき、せめられるべきであるとすれば、単純きわまりない方法一元論のゆえであって、方法的混淆のゆえをもってではない。

問題を正鵠、精細にとらえることは、半分以上問題解決に近づいたことであるとはよくいわれる。しかし、問題そのものは単一であっても、問題解決への道は複数かつ複合的な性質をもったものであり、問題設定につきない独自の過程であることが承認されなくてはならない。このように、問題設定と問題解決とは、相互に密接な関係に立ちつつも、異質な作業過程として区別すべきことは、学問的思考にかぎらず、秩序だった組織的・共同的思考にとって不可欠のことである。ところが、わが行政法学では、この肝腎の区別がされないままで、本質的ないし理論的概念と技術的ないし実定的概念の区別が持ち込まれてしまった。問題設定のレベルか問題解決のレベルかの区別もせずに、理論的概念と技術的概念の峻別が説かれたために、問題が実定法上のものであれば、実定法上の言葉をやりくりして解答を求める作業が要求されるかの如き印象を与えてしまった。技術的な実定法は一つの自己完結的な世界を形づくってしまったのである。実定的技術的な問題であるなら、解答もまた実定的技術的な世界の中で発見されなくてはならないとするのである。ところが、法解釈の必要は、実定法規が明示の解答を与えていないとき、または与え方が不明確であるときに生ずるものであるため、このようなことができようはずがない。現実には非完結的であるものを理論的に、ないしは虚構の上では完結的であるとして、解答を探そうというのであるから、その無理を何処で辻つまを合わせるかといえば、解答を前もって問題の中にひそませておくほかはない。ここには解答が前もって用意されていて、問題設定の努力はきわめて乏しい。問題群と解答群とがセットとなった概念の体系が展開されている。いわば問題と解答とは渾然（混全）一体となっている。そこにみられる法解釈論とは説得的に言葉をあやつる作法・流儀のたぐいにすぎなかった。いかにたくみに議論の結論を議論の前提や中間命題の中にすべりこませておくかという職人芸を競うものであって、大道易者よりはましであるが、舞台の手品師の域をこえるものではなかった。

たとえば、行政行為の公定力という概念が代表的なものであって、これは実に様々の場合の問題と解答とをセットにした解答群の体系であった。ときに行政の観念すら、個別的問題解決の手段道具として用いられた。そこでは概念の多くが、問題設定のためではなく、問題解決の道具として使われている。それはあまりにも解答に偏した体系であるといわなくてはならない。実定法解釈論とはいえ、性急に解答を急ぎすぎるのあまり、問題の把握・設定をすら没却している場合が少くない。行政行為の公定力で説明される場合もそうであるが、公法と私法の区別の一つとして、権力関係に対する私法規定（例、民法一七七条）の適用の問題として説明される場合の議論などにも随分と乱暴なものがあった。また、解答を求めるに急なあまり、管理関係や規制法の概念のように、直接に完結的な解答を生まない概念は、問題設定の側面でもつ意義はあまりかえりみられず、ただちには役に立たないという理由または自分の好まない解答と結びつきやすいという理由で排斥されることが少なくない。学問上の方法は、唯一の正解をたちどころに与える魔法の杖ではなくて、多数の者に共通の試行錯誤の道具である。問題設定と問題解決の区別を無視したうえでの理論的概念と技術的概念の区別は、根本的には法解釈と法解釈学との混同、また実益論などともあいまって、方法の名において幾多の実りあるべき試行錯誤をその芽のうちにつみとり、行政法学上の理論の貧困を生んだといってよい。方法は、甲論、乙論を共通の土俵にのせるためではなく、甲論が乙論を否定して、自己を正当化するためのものとして用いられたのであった。

(4)　一定の方法をとることによって問題を設定し、その性格づけを与えるとともに、ゆるやかな程度ではあるが、問題解決のための判断・資料の方向・範囲等を限定するという作業は、議論の対象・方向を明確にすると同時に、これとの関係において、必然的に、議論の前提におくべきものをも明らかにする。様々の意味での前提なくして、われわれは、無限定の虚空の中に議論の対象を求めることはできない。

まず、われわれは、すべてのものを同時に一挙に議論の対象とすることはできない。別々に、または順次に議論の対象とせざるをえないという意味で、ひとまず議論の対象外におくものがある。また、議論を整理し、混乱をさけるためにも、論点ごとに論じ、他の論点はとりあえずは論外におき、あるいは、論外の仮定の条件として前提におかなくてはならない。さらに、常識ないし通念、その当時の時代的風潮ないし傾向をこえた議論をすることは困難である。法律制度自体が社会常識や慣行、人の平均的行動の傾向などを前提としてできあがっている。われわれは、三島由紀夫や川端康成には生きづらい時代と社会の中で、ある高名な民法学者の手になる法学概論の中に描かれている実に他愛ない時代観や社会観と大同小異の物の見方を前提として、これに倚りかかって学問と称する仕事をしている。この意味で常識、社会通念などが議論の暗黙の前提におかれている。あらゆることを疑ってかかったのでは、議論をはじめることができない。しかし、同時に議論の対象とできないため、一応議論の外におかれたものが議論の対象となることがあるのは当然であるし、通念や時代の傾向もときに議論の対象とされることがあり、また、批判の対象とされなければならないことがあるのも当然である。

次に、ある学問分野（例、行政法学）において、特定の方法がとられる結果議論の対象とされないものが、他の学問分野（例、行政学）において、異なる方法がとられる結果議論の対象とされることがあるのも当然である。法解釈学のような実践的で総合的な性格をもったものは、他の学問分野の成果を前提とすることが少なくないが、他の学問分野の成果も当然の事ながら不断に変遷発展がみられる。たとえば、「近代化」や「特殊日本的なもの」の理解も近時他の分野で活潑な議論の対象となっている。また、近時の環境問題の現実の展開が、土地所有権の観念などに根本的な再検討の必要をもたらしたことは周知のところであろう。このように、他の学問分野の状況や現実の状況の如何によって、従前には議論の前提におかれたものが議論の対象とされなければならないことがある。

議論の前提と議論の対象との区別は、以上にのべる意味で流動的である。流動的ではあるが、その流動性には程度の差がみとめられる。たとえば、実定法解釈論にとって、実定法制度の存在や権利義務などの基礎的な概念の存在が議論の前提におかれているというとき、これらは単に論外にあるというだけではなく、議論の基礎にあるという意味でその前提におかれている。この意味での前提なくしては、問題を設定することができない。しかし、この意味での議論の前提もまた議論の対象としなければならないことがある。たとえば、環境問題の登場に応じて、新しい法律が制定され、新しい行政庁が設置され、裁判所が判例を変更したというだけでは、議論の前提にある実定法制度は変わりがない。しかし、指導要綱により、周辺住民の同意が要求され、行政指導の実効性確保のため「水攻め」などの手段が定められているところでは、議論の枠組みそのものを問題としなければならないことになる。われわれの学問的活動は、この議論の対象と議論の前提との不可分の緊張関係をとりあつかうところに特色があり、議論の前提を全く問題としないような、たとえば徹底した制度内在的論理というものは、実践的活動となんらえらぶところのないものといえよう。大道易者にも大層立派な方法があり厖大な理論の体系がある。しかし、いくらその解答が適中率の高いものであっても、議論の対象との関係において議論の前提におかれているものが十分の検討を経たものでなければ、実践的要請に応えるものではあれ、にわかにこれを学問的認識とはいい難いであろう。何を議論の前提としたうえで、何を議論の対象としているのか、ということが学問的認識のもつ価値をはかる一つの重要な尺度ではないかと思われる。実践的法解釈「論」にあっては「答え良ければ全て良し」であろうが、法解釈「学」もまた同一レベルで展開されるべきであろうか。また、かりにそうだとしても、法解釈学だけが行政法学の全てではないというべきである。議論の前提におかれてきた制度が動揺しているかにみえる今日、何を基礎的な概念として議論の前提におくべきか、きわめて困難な状況に直面しているといわなくてはならない。

三　行政の観念

⑴　田中二郎博士によれば、美濃部達吉博士同様に、行政法は行政に関する国内公法である。行政法は行政に関する特殊固有の法であるという近時の説も存在するが、行政法が行政に関する法であることは、それから先どのような限定を付けるかは別にして、広くみとめられている。ところで、この行政の観念をめぐっては、古来様々の学説がみられた。一般にはこれを消極説と積極説の二つに大別する。消極説は、控除説ともいわれ、国家作用の中から立法、司法を除いた残りのもの、または、法の下に行われる国家作用のうち司法でないものが行政であるなどと、積極的に行政を定義する努力を放棄する。あるいは、むしろ積極的な定義をすべきではないとする。これに対して積極説は、実にバラエティに富んでいるが、消極説にあきたらず、様々の特色をあげて行政を積極的に定義しようとする。細かなニュアンスを一切捨象すれば、目的実現説、公益実現説、現実実現説などの言葉によって、その主要な傾向を表現することができよう。多くは司法に対する関係で行政の特色をのべようとするものであって、「行政は国家目的の積極的実現をはかろうとするものである」というのが目的実現説の例であり、「司法は法目的の作用であるのに対し、行政は公益目的の作用である」というのが公益実現説の例であり、「行政は、単に判断作用にとどまることなく、国家目的を現実具体的に実現しようとする」というのが現実実現説の例である。田中二郎博士の概説書も積極説の立場に立って「行政は、法の下に法の規制を受けながら、国家目的の積極的実現をめざして行われる統一的、継続的、形成的な国家活動である」としている。目的実現説を基本としつつ、法治主義の原則をかかげたうえ、オーストリーでいわれる行政の統一性、フランスで基本原理といわれる公役務の継続性、ドイツの学説上よくいわれる行政の形成性という特色をもつけ加えたものであって、従

来行政の特色としていわれてきたものの主要なものを短い言葉の中にたくみにとりこんでいる。

このような積極説に対しては、消極説の立場から手きびしい批判がのべられているのは周知の通りである。そのひとつの理由は、理論的理由からである。法の具体化という点からみるかぎり、司法と行政とは同質の作用であり、両者は区別されるべきだとしても組織上の特色（司法の独立性と行政の統一性）にとどまり、したがって、現実実現説などというものは土木工事のような例外的なものを除いては行政一般には妥当しないというのである。他のもうひとつは実践的な理由からである。これによると、積極説は、行政に独特の性格づけを与えて、立法、司法も介入することのできない固有の領域を承認することによって、法律による行政の原理や司法審査の原則を骨抜きにするものであるという相当にきびしい批判が加えられている。田中二郎博士の上記の定義は、こういう批判のありうることをおもんばかってか、「法の下に法の規制を受けながら」という法治主義の大原則を最初にかかげている。しかし、博士は、義務付け訴訟ないし給付訴訟を排除し、または、執行停止に対する内閣総理大臣の異議の制度の合憲性を承認するにあたっては、ある種の作用に行政であるとの性格づけを与えることによって、司法の介入を排除するなどの結論を導いており、事実において、右の批判に当たるような行政の観念の用い方がされている。ところが、近時行政学者である手島孝教授の論稿は、まさに逆に、現代行政国家における行政の膨張、行政権の拡大強化を抑止する見地から、行政に対する権限の推定を排除するために行政に積極的定義を与えなければならないとするのである。

(2) 積極説と消極説とは、単に行政の定義の仕方の違いにとどまらず、理論上、実践上に深刻な対立を内包するものであるといってよい。しかしながら、いずれも権力分立における行政が念頭におかれているのがその特色である。国家作用から立法、司法を控除しようが、立法、司法と対比して、その特色をのべようが、立法、司法との関係において行政がとらえられている点においてはちがいがない。

たしかに権力分立はきわめて重要な最も基本的な原理である。権力分立があってはじめて行政の観念の誕生があり、立法、司法による事前、事後のコントロールがあってはじめて行政法の存在がみとめられるのであろう。しかし、だからといって、今日の複雑多岐にわたる行政に文字面のうえで一行や二行の定義を与えたから、これによって司法審査の範囲が左右されるというのは、あまりにも素朴な言語観に立つものであって、笑止千万の議論というほかはない。また、行政作用の司法審査は、「行政」の作用を「司法」が審査するという限りでは、国家機関・国家作用である行政と司法との相互関係が問題となっていることはまちがいのない事実である。行政と司法との関係如何という問題の一つである。問題はそうではあるが、しかし、きわめて一般的意味での国法秩序ないし憲法構造における行政一般と司法一般との関係から、行政作用の司法審査をめぐって生ずる様々の問題に対する具体的解答までを直接にここから引き出すことはどだい無理な話だといわなくてはならない。

そもそも憲法構造を統治機構のレベルでのみ論ずることには問題がある。このような議論をする学説の代表的なものとして、西ドイツのＤ・イェシュの憲法構造論をあげることができる。彼も基本的人権や権利自由を論じないわけではない。しかし、それは行政権に対する立法権の優位や司法権の優位をみとめる前提の議論のところで尽きてしまう。厖大な資料を収集整理したうえで法律の留保論、行政裁量の司法審査論、民事裁判所の先決問題審理権が論ぜられている。その論理の構造は単純明快で、法律の全部留保、司法の全面審査の原則などがみとめられる。これらの原則が貫徹しない主たる理由は現実との妥協にすぎない。いわく予算をもって法律にかえるほかはない現実、いわく価値概念の事実概念への分解可能性の限界による裁判所の能力の限界、いわく事物の本性であって、まさに議論の対象とすべき点が議論の周辺部に投げすてられている。Ｄ・イェシュの学説は、わが国ではそのままの形では採用されてはいない。しかし、よく似たタイプの議論に出会うことは珍しくない。旧来の田中説などが行政の特殊性の承認の上に理論を築いていることに対する反動として、手っとり早く権力分立論のレベルでの憲法構造論によって、旧来の理論のあれこれを否定する試みはよくみかけることがある。いわゆる司法国家観などがその例である。いわば論争上の挙証責任の転換にとどまって、逆方向から議論を起こしたという意味はあっても、これまた解答に急で、具体的問題解決の作業としては、問題のあるものが少くなかったように思われる。

(3) 権力分立の具体的なあり様はいうまでもなく複雑であるが、権力分立における行政という行政のとらえ方においては、きわめて重要なものでありながら、脱落しているものがある。重要なものとして次のものをあげることができよう。

(a) 統治の機能　とくに現代の行政国家においては、統治と行政の区別とその相関関係が重要であるが、これまでの行政法学においては、司法審査のところに突如統治行為という概念が出てくるだけで、統治レベルでの機能のあれこれが権力分立における行政の作用の中に押しこめられている文献も少くない。それらは、たとえば司法審査との関係など、ある意味では行政という色づけがされうるかもしれないが、同時に統治としてとらえなければならない。また、たんに行政学などの対象であるにとどまらず、現代行政法の構造を理解するうえでも有益な概念だと思われる。

(b) 行政のコントロール機能　行政そのものと行政に対するコントロールの機能とは区別しなければならないが、これまた権力分立における行政の作用とされることがある。裁判所による行政行為の執行停止や国会による内閣総理大臣の指名などがその例であるが、国家のあらゆる作用を三つに分かって、そのいずれかに押しこむこと自体に問題があるといえよう。権力分立は元来相互の牽制調整に意味があるのであるから、相互の関係において生ずる機能を排他的専属的に三権の一つの作用とすることに無理があるわけである。

(c) 組織体の管理機能　組織あるところにはその管理に必要な人事、予算などの機能が伴わなくてはならない。このような組織体の管理機能までもが、権力分立における行政としての色づけが与えられることがある。いわゆる司法行政作用のあるものが、司法省の所管の下におかれる法制度もありうるし、また司法審査との関係で行政処分とされることもありえよう。しかし、これらをその性質上権力分立における行政であるということができるであろうか。

(d)　第四権的機能　　憲法裁判、会計検査院、行政委員会、オンブズマンをはじめ、いわゆる第四権的なものの存在が、現代の憲法構造や統治構造の複雑化に伴って、広くみとめられる昨今の雲行きであるが、単純な三権分立論によっては、このようなものは一切脱落してしまうことになる。古い公法学説においては行政委員会違憲論も少からずみることができた。まことに権威者による公法の概説書の描く世界は二〇世紀のものとは思われない。

(e)　機能的行政組織・機能　　最も重要なことは、これまで行政法学が対象としてきた行政が「制度としての行政」すなわち国家行政制度であるということである。法律形式的に「国家の」行政とされたものであり、社会に超越して存在する国家作用の一種であった。特殊法人といわれる政府関係機関までは極くごく概略がふれられることはあっても、わが国の中央銀行であり、貨幣発行権をもつ日本銀行さえ、行政法の概説書では、たんなる一私人という取扱いであって、いわんや業界の自律的組織や住民の自治組織のごときは、例外的に制度化された場合をのぞいては、行政の相手方・対象であるにとどまり、その眼中になかった。

(4)　これまで行政の観念は、権力分立における行政であり、国家制度としての行政であった。それは組織的にとらえようが、作用的にとらえようが、いずれもきわめて形式的に把握されたものであった。田中二郎博士の概説書は、行政に積極的定義を与えることによって行政法理論を体系化しようとしつつ、行政法とは形式的意味での行政に関する法であるとしている。これによっては、現行の行政強制の中心である行政刑罰や裁判規範の発見を関心とする実定法解釈論の主要な内容である行政裁判さえ、司法に関する法であって、行政法ではないということになり、これを取扱うのは講学上の便宜にすぎないとされるのである。実定制度に安易に倚りかかって、実定制度や実定法の内容を実益論の立場から一応説明しつくすという解答例からなる解答の体系を提示する作業ではあっても、上記の様々の概念の脱落・混同などに照らしてみても、一体真面目に行政法学の対象とは何かが問われたことがあるのかさえ疑問とせざるをえないのである。

制度としての行政は、さらに制度内容までをも具体的に規定するものとして用いられることがある。一般抽象的な行政の観念が問題の設定・把握の道具としてよりも問題解決の道具として用いられるところに問題がある。上記の行政の積極的定義に対する消極説からの危惧の念もこのような点に向けられている。しかし、手島教授の逆の立場からする積極説の主張の存在によっても知られるように、積極的定義それ自体よりも、行政に定義を与えたうえで、それをどのように用いるか、それにどのような意味を与えるかというところに問題があるわけである。そこにはいささか概念の濫用ないし言語の誤用があると思われる。たとえば、全体としての行政一般についての観念と個々の行政作用の色づけとは別個のレベルの問題である。また、行政一般はこういうものだという言葉と、限界領域における事例についてあれかこれかを決すべき区別の基準は何かを表現する言葉とは別の次元のものである。そもそも定義という形で抽象的かつ漠然と複雑多様な現象を包摂すること自体に問題がある（フォルストホフも行政の定義を断念し、特色の叙述をもってこれに代えている）うえに、これをもって具体的問題の処理の道具となしうるとする考えに対しては評すべき言葉が見あたらない。

このような行政の観念の用い方がされるのも、ひとつには、行政法上の諸問題が取扱われる際に権力分立論のレベルで議論が展開されることが多いことのあらわれだと思われる。義務付け訴訟ないし給付訴訟の可否をめぐる議論において、行政作用を司法が代って行うものとして許されないものとし、あるいは、いわゆる司法国家観に立って許されるものとする見解は、いずれも権力分立論のレベルで問題がとらえられ、しかも同時に、この問題に対する解答も既に用意されている。したがって、第二の理由は、これまでの方法は、具体的問題に対する解答の内容に差異はあっても、いずれも解答に偏した体系をもつものであって、問題を問題として正確・精細にとらえたうえで議論を展開しようという余裕をもたない、解答を急ぐあまり問題の設定・把握に関心が乏しいものであったためである。それは、唯一の正しい法解釈が存在するという硬直した制度観に立った制度内在的論理のしからしむるところであり、制度内在的論理というよりも、さらに制度自閉症的ともいうべき思考の産物だと思われる。国家制度としての行政あるいは行政法が、研究の対象であるばかりではなく、いわば研究それ自体であった。そこでは、目の玉を対象にくっつけて見るという域さえこえて、自ら対象の中に没入して制度の中から物事を見ている。最高裁判所田中二郎判事の意見も行政法研究者田中二郎博士の学説も同じ性質のものとみられているのである。

四　法学的方法

(1)　わが国の行政法学は、基本的にはドイツ行政法学とくにO・マイヤーの行政法理論の影響の下に成立している。その方法は法学的方法である。法学的方法は、私法学的方法同様に、異なる法主体間の法律関係を法的見地から対象とするものである。主として行政作用の様々の局面が行政主体と私人との間の法律関係すなわち権利義務の関係としてとらえられる。裸の力が支配する関係ではなく、一方当事者が他方の当事者に対して法律上の権利をもち、他方の当事者が法律上の義務をおう関係である。異なる法主体間の関係を問題とするため、官僚制の生理と病理といった行政学では議論の対象となるべき問題も一法主体内部の問題として行政法学の議論の対象にはならない。また、権利義務の関係を法的見地から問題とするものであるため、今日流行の行政指導といったものも相手方を法的に義務づけるものではないとして、正面からは原則として議論の対象とはなりにくい。例外的に法律的問題を生ずる場合について議論されるにとどまる。

しかし、法学的方法は、行政作用を法的考察の対象に高めたばかりではなく、行政作用の法治国家的な構成を高めるものとしても、きわめて高い評価に値するものであるというべきであろう。法学的方法によって、行政法学が誕生すると同時に、この行政法学は実定行政法制度の法治国家的形成に寄与するという側面をもっていた。行政法学と行政法とは、ときには混同されるほど相互に密接な関係をもちつつ、法治国思想の産物として登場したものといえる。それは、なによりも行政主体と私人との関係を法律関係としてとらえるものである。このように法律関係としてとらえるための前提としては、①その範囲などについては様々の制度や考え方がありうるにせよ、行政作用は法律の根拠に基づき、法律上の要件に従って行われなければならない（法律による行政の原理）ほか、②行政主体も一つの法主体であり（公法人、行政官庁概念）、③私人も行政主体に対して権利を有し（公権論）、④行政作用は行政行為などの法形式によって行われ（行政行為論）、その範囲・手続などについては様々の制度や考え方がありうるにせよ、司法審査に服する（司法審査制）など、法治国思想を具体化した制度上、理論上の枠組みが必要であろう。

法学的方法による理論は、法律上の権利義務関係を対象とする性質上、基本的には実定法制度の存在を前提としつつ、それがもつ抽象的性格によって、実定制度の形成にも寄与してきた。公権論や裁量論の発展などがその例である。法治国思想に基づく法学的方法は理論上、実践上に否定することのできない不滅の価値を有している。しかしながら、法治国思想自体特殊ドイツ的な性格をもつものであって、必ずしも普遍性を誇りうるものではないし、法学的方法は、実定制度の形成に寄与する側面は否定できないとはいうものの、実定制度によって強く制約され、これを直接に議論の対象とするものではなかった。また、法治国思想に基づく法学的方法は、行政を全面的に法に服せしめたり、法的に把握するといったものではないばかりか、さらに、行政上の法律関係に対する特殊性の承認の仕方にはきわめて独特な特異なものがあって、問題の多いものであったのである。

(2)　法学的方法は法治国思想の産物である。行政が法律に基づき法律に従って行われなければならないという法律による行政の原理を基礎として法学的方法が可能であった。しかし、法治国思想や法律による行政の原理は、その言葉が与える印象とは異なって、時代や社会をこえた普遍妥当性を誇りうるものではない。法律による行政の原理に対しては、英米の法の支配の原理の存在が知られるように、これらはやはりわが国の行政法学がお手本としたドイツ公法学の特殊の色彩をおびたものであった。

その特色のひとつは、国家と社会の二元的対立を前提としたうえで、社会的葛藤の国家による超克の必要性の承認である。国家はオールマイティではないまでも、国家が全体的包括的社会であることが承認され、社会的葛藤の克服のため固有の機能を有すべきことが当然のこととされている。国家とは理性を体現し、倫理的により高次の存在であった。国家に倫理性や理性を体現したものとしての性格を与える考えは何もドイツに特殊のものではないが、社会管理機能は国家の手に一手に集中されてしまった。罪刑法定主義が、実質的に犯罪と刑罰の内容を限定する機能をもったのと同様に、市民的法治国思想もまた国家権力の内容を消極的な秩序維持機能に限定するものではあった。しかし、かのクロイツベルク判決当時すでにビスマルクの社会保険などの登場の時期に入っており、今世紀の二度の世界大戦とともに市民的法治国はいわゆる社会的法治国に衣がえをすることによって、いとも簡単に国家権力の内容を限定するという機能は喪われていく。

法学的方法は実定制度の存在を前提とするため、新しい事態に対しては後手後手にまわらざるをえなかった。もちろん法学的方法も、社会権の存在を承認するなどの方法によって新しい制度の形成に寄与したことは否定できない。しかし、これまた権利性の承認というこれまでの制度的、理論的な枠組みの中での処理であって、立法あるいは判例などの制度的承認ないし制度化を必要とするものであった。また、最初にあげた例のように様々の利害の衝突のため制度化が困難なものにあっては、もうお手あげである。大胆に新しい制度化の提唱もないではないものの、ときとして土地所有権の自由などすでに制度として確立している部分を強調することによって全体を律することがある。傾向としてはやはり制度に密着し、既成の制度によって新しい現象をとらえることになる。国家の制度化待ちであって、自己の好みに従った立法政策論議はあっても、制度化の方向づけの把握などには無力であるように思われる。

法学的方法は、実定制度を前提とし、その制度は法律による行政の原理に基づくものであるが、そこでの法の管理者は官僚であることが当然の前提とされている。市民の代表者は、法の生産に関与するところまでであって、法の管理者は、第一次的には行政庁であり、最終的には裁判所である。制度としての法は、官僚が管理する法であって、行政法上の議論の多くが権力分立論のレベルで展開される理由がここにある。租税国家と近代的公務員制度の成立とその成長は、社会管理機能の担当者の集団を長期の安定した基盤の上に乗せるものであった。法律による行政の原理もまた、立法の下位に立つ行政、政治の下位に立つ行政を意味すると同時に、政治に中立の強固な独自の存在を行政に保障し、社会に超然として社会的葛藤を処理すべき固有の任務を承認すべきものであった。戦争、恐慌などの社会的激変のたびに、これを契機として行政は飛躍的に膨張を続け、今日の行政国家を迎えるにいたるのである。そこにおいては立法のイニシアティブをも行政がにぎるのであって、法律による行政の強調は、社会管理機能のあり方を専門家集団である官僚群の手に委ねてしまうことをも意味する。社会的分業思想の産物といえばそれまでであるが、法学的方法の強調なかんずく制度内在的論理の強調は、いかさま中立的ないし批判的立場のよそおいをとろうとも官僚群の侍女としての法律学の性格を明らかにしている。それは社会管理機能のうち制度化されたものだけを対象とし、しかも制度に従って解答の体系を提示する作業は、法務省附属法規調査研究所の類あるいは特別顧問の類とえらぶところのない実践的活動というべきであろう。

(3) 法学的方法は、実定制度の存在を前提とする。しかし、それは実定制度の存在を前提として中立的客観的にこれを認識するにとどまるものではありえない。制度は、人の意識に支えられたものとして、人の意識を納得させる理論的基礎を必要とする。法学的方法は、このような理論的基礎として、実定制度を正当化するのみならず、その内容の基本的な骨組みをも与えるとともに、法制度をはみ出すものに法的自由を与えることも行っているのである。

法学的方法は、実定制度を考察する方法であるが、法的考察の対象となりうる法的現象のみを拾いあげて理論化、体系化するものであるため、実定制度の理論構造にも独特の色彩を与えるものとなっている。この理論的構造の中心をなしているのは「法規」の概念である。法規とは、私人の権利義務に関する定めを意味する。国家制度である立法、行政ならびにその相互関係はこの法規の概念によって規定されているほか、司法の概念もまたこれと密接な関係のみとめられる「法律上の争訟」すなわち法を適用することによって解決できる私人の権利義務に関する紛争という概念によって、その内容が与えられているのである。

まず、法と行政の関係一般では、かつてのラーバントなどドイツの公法理論においては、法規を定立するものであるかないかによって、実質的意味での法律と形式的意味での法律とが区別され、予算のような形式的意味での法律については憲法上当然には議会の協賛が必要ではないとされていた。現在のわが国においても、①行政活動のいかなる範囲について議会制定法である法律の根拠が必要であるかという「法律の留保」の範囲について、行政作用が私人の権利自由を侵害し、もしくは私人の権利義務を左右する場合にかぎって法律の根拠を必要とするという、いわゆる「侵害留保説」が通説であり、かつ、実定制度の理論的基礎を構成している（憲法七三条六号、内閣法一一条、国家行政組織法一二条四項、一三条二項）。②行政権による立法については、法規を内容とするものか否かによって「法規命令」と「行政規則」とが区別されている。前者については法律の根拠が必要であるが、後者については法律の根拠が不要であるとされ、また、後者は法を具体化するものではないため、これとの適合・不適合が直接に適法・不適法の判断の基準となるものではないとされている。③一般権力関係といわゆる「特別権力関係」の区別は、行政の外部関係・内部関係の区別に対応するものであり、外部関係とはすなわち私人の権利義務に関連するものであって、法規の概念と密接な関係がある。④裁量論においても、かつての美濃部説が行為の実質によって区別すべしとするとき、そのきめ手は私人の権利義務にかかわるものであるかどうかというのが区別の基準であった。

つぎに、行政組織上では、①私人の権利義務を左右しうる処分を行う権限の法律形式的な帰属、すなわち法律名義上の処分権限によって「行政（官）庁」概念が立てられている。②これを中心として行政組織が理解され、意思機関である行政（官）庁のほかは、もっぱらこれとの関係において補助機関、諮問機関、参与機関などの位置づけが与えられている。③行政権限の委任代理等についても、処分権限の帰属、すなわち外部に立つ私人に対する関係での法律名目上の責任の所在を中心としており、権限・事務の代決・内部処理規定によるものなどの現実の過程は単に事実上のものとされている。④行政事務条例であるかどうかも法規を内容とするかどうかが基準となり、法律と条例の関係、国と地方との関係も主として法規概念と関連する範囲において法的考察の対象となるにとどまる。また、行政作用法の分野においても、私人の権利自由を侵害する侵害行政が考察の中心であるほか、①私人の権利義務に一方的変動を生じさせる「行政行為」の概念がすべての理論の中心として立てられている。②許可と特許の区別についてもまた、前者が権利自由に関わるものであるのに対し、後者は元来私人の有しない特典を与えるものであるとの説明がされた。

おわりに行政争訟の分野でも、①争訟の対象となるべき行政処分は、右のような行政行為概念を基本とするものであり、②原告適格は権利侵害の存する場合を中心とし、③手続上の瑕疵が取消事由となるかについては、手続が私人の権利利益の保護ないし利害の調整のためのものであるのか、行政の便宜のためのものであるのかによって区別され、また、手続上の瑕疵の行為内容への影響すなわち権利義務への影響の有無によって取消しうるか否かが区別されたのである。

このように、法学的方法は、行政主体と私人との間の法律関係を対象とすることによって、この法律関係が問題となる場面の前提を形成する制度の枠組みの内容までをも相当程度に規定してしまうこととなっているのである。

(4) これまでの行政法学は、法規概念によって行政法上の基本的な諸制度の骨組みを構成するとともに、行政法上の法律関係に私法上の法律関係とは異なる特殊性を承認することによって行政法理論を構成してきた。法律関係を対象とすることによって、実定制度までもが私人の権利義務とかかわりのある限度において法的に意味あるものとして理論構成されるとともに、その法律関係には行政法上のそれとしての特殊性を承認しなければならなかったのである。とくに私法とは異なる特殊性を承認することによって行政法理論が体系化された。公法と私法の区別の問題がそれであり、これが行政法理論の中心をなしている。

私法上の法律関係とは異なる特殊性の承認による理論化、体系化は、最初から解答の体系を提供するという作業でしかありえないことを意味する。実定法上、私法法規の適用による解決とは異なる解答を提供するのでなくては行政法そのものが存在しない。かつて大日本帝国憲法下において行政裁判所が存在したという裁判所の二元的制度の下における実定制度上の必要に迫られてのことでもあったが、それよりも以前に、行政法上の法律関係に固有の特殊性を承認しないことには、特殊固有の行政法そのものが存在しえなかった。対象そのものに特殊性を承認しなくては、実用法学である法解釈学の特殊部門としての行政法学の存在理由がなかったのである。異なる解答の体系を提供しないのであれば、従前の法解釈学の諸部門の存在で用が足りる。ここでは、特殊の実定制度、特殊の解答群の体系、行政法学の成立が三位一体となっていた。このような法学即法解釈学すなわち実定制度内容そのものの即自的な認識であるとする考えを基礎とする物の見方は、今日の行政国家とよばれる時代にあって、巨大化し日ごとに肥大化しつづける行政制度を様々の側面から研究すべき必要性の存在が当然とされる現在では想像のつかないものであるが、かつては行政法学とは法解釈学であり、私法との比較において、これと異なる特殊性を強調しなければならなかった。今日においては行政法学は、むしろ行政学との比較において、その存在理由を立証すべき時期にいたっているものと思われる。

しかし、行政法学は今日すでに法律技術的な公法と私法の区別に、その理論的体系化の基本を置いているのではない。たとえば、国家賠償をとりあげてみよう。国家賠償法に基づく賠償請求が私権であることは通説・判例であるが、国家賠償法が行政法の重要な内容であることはこれまた一般にみとめられるところである。国家賠償法二条についてはともかく、同法一条については行政活動に特殊固有の法理が、公法・私法の区別とは別の見地から形成されている。また、私権である国家賠償請求と通説・判例では公権である損失補償請求とが共通の基盤の上でとらえられようとしているわけである。この見解はすでに旧憲法下における田中二郎博士の論稿においてみられたものであったが、田中二郎博士の提唱される「管理関係」論においても、解答の体系を提示する作業としては、その不完全性ないし非完結性の指摘されるところではあるものの、法律技術的な公法による解答の提供につきない行政法学の内容を暗示したものであった。近時の行政契約論の試みや形式的行政行為論、行政私法の概念も、行政法学の対象である行政法が、行政に関する公法、とくに法律技術的意味での公法ではないことを示している。国家に対して損害の塡補を求める法形式には私権もあれば公権もあり、また時代と社会により様々のやり方があった。さらに、行政手段が多様化し、「私法への逃避」や「行政指導への逃避」の現象がみられる今日、行政活動のための法手段、法形式もまた多種多様であり、ときに交換可能であり、ときに競合・融合して用いられる。法律技術的意味での公法手段、公法形式は、行政制度の下において、行政過程の展開においてみとめられる一つの法手段、一つの法形式であるにすぎない。たとえば、行政行為は、行政過程の唯一のありうる形でもなければ、ましていわんや、これを基礎としてその上に行政制度が築き上げられるといったものでもありえない。

しかしながら、それにもかかわらず、行政行為あるいは行政行為の本質が行政制度の基礎であるかのごとき理論が今なお横行したり、これ以外の新しい行政の行為形式が理論上適当に位置づけられることがないのも、これまた法学的方法によるところが大きい。行政主体と私人との関係を法律関係としつつ、その法律関係に特殊性を承認した点のみならず、その特殊性の承認の仕方に特殊のものがあった。われわれがあるものに特殊性を承認するとき、様々のレベルで行うことが可能である。すなわち、何処に共通性をみとめ、何処に相違点をみとめるかは、とるべき方法によって異なってくる。法学的方法は、法技術的な理論構成の面においても、法律関係、権利義務、法律要件事実などの概念を借用した。これによれば、行政行為もまた法律要件事実であった。このような概念を借用したうえでの特殊性の承認は、実に奇妙なゆがみをもった誤解を招きやすい形のものとならざるをえなかった。課税処分も法律要件事実であれば、所得という事実の存在も法律要件事実。このような法律要件事実である行政行為が、同じ法律要件事実である私法行為と同一平面上に並べられたうえで、その相違点がのべられる。その特殊性が強調されるということが行われた。そこでは、まさに議論の対象とすべき点を議論の前提においた議論が展開され、また、行政行為の特殊性を強調するに急で、実定制度上の問題（たとえば、農地買収処分と民法一七七条の問題）さえも正確に把握する能力を欠いた議論までもが大手を振って横行したのであった。

五　行政行為論の構造

(1)　田中二郎博士の概説書によれば、行政行為は、所得という事実や私人の行為、時の経過などと並んで、行政法上の法律要件事実の一つである。行政主体と私人との関係が法律関係であるなら、法律効果、法律要件やこれを構成する法律要件事実がなければならない。まことに自然な考えの流れである。しかし、様々の法律要件事実が平板に並べられたうえで、それぞれの性格・特色がのべられるにとどまる。これらの相互の関係は十分に検討分析されないままである。ことに法律要件事実としての行政行為と法律要件との関係が不明確のままであることは、法学的方法による実定法解釈法という内在的論理に照らしてみてもなお体系化が未熟であることを示している。所得の存在も法律要件事実であれば、課税処分もまた法律要件事実であるとされている。同時に、しかし、行政行為は法の解釈適用だとも考えられている。所得税法の解釈適用の結果として課税処分が行われたとすると、われわれの納税義務なり租税債務の終局の根拠は、もちろん所得税法にあり、また、具体的な義務発生の原因は、所得税法上の要件事実である所得の存在である。行政行為の介在が、このような法律関係の形成の実現にあたって、いかなる意味をもつかを、具体的な行政制度と個別の法律関係に即して分析できるだけの理論的用意が必要であるはずであったが、むしろ、このような分析を拒否し、あまりにも単純で他愛のない解答群のセットを提供する行政行為の「公定力」の概念が用意されたにとどまるのである。

また、田中二郎博士の概説書によれば、行政行為は、法律行為的行政行為と準法律行為的行政行為に分類され、法律行為的行政行為の法効果は行政庁の効果意思に基づいて発生するのに対して、準法律行為的行政行為の法効果は法がとくに定めた効果であるとされている。いわゆる行政行為の付款の可否などについては意味のある説明の言葉であるとはいえ、かくては法律行為的行政行為については法律による行政の原理が入りこむ余地がないことになる。いわゆる法律行為的行政行為についても、法効果発生の「根拠」はあくまで法律であり、法効果の「内容」が、私人に対する義務付けや法律関係の形成など、処分内容と同一である点に、いわゆる準法律行為的行為との違いがあるというべきであろう。法律行為的または準法律行為的行政行為という用語自体が、法律行為論とのアナロギーの強さを示している。ところが、行政行為論にあっては、法律に照らして行政庁の判断が正しいかどうかがその中心の関心事であるのに対して、法律行為論にあっては、他の利害関係者との利害の調整も考慮するとはいえ、本人の意思が基準であって、法律の規定も基本的には本人の意思を解釈補充する手段であるにすぎない。

このような基本的な相違を議論の外においたうえでのアナロギー論や特殊性の強調はまことに奇妙な形をとった。行政行為について効果意思であるとか、意思の優越性であるとかをのべることは、はなはだしく誤解を招く言葉であった。田中二郎博士においても、兼子教授の論文など様々の批判を経て、昭和四〇年代に入ってからかつて公定力の言葉によって説明したものの一部を「行政庁の第一次的判断権」の用語によっておきかえるにいたった。この用語は、行政庁の第一次的判断権行使に等しい状況とか行使を要しない状況だとかの場合の存在の余地を残しうる点で、公定力ほど完結的なものではなく、それだけ弾力性に富んだものではあるといえる。しかしながら、やはり田中二郎博士自身の用語例は、解答に偏したものであり、しかも権力分立論のレベルでの議論であって、個々の法律要件の分析や私人の権利からする考察は脱落して議論の周辺に追いやられてしまっている。

(2)　法律行為論においてさえ、法効果発生の根拠が法律行為（Rechtsgeschäft）か法秩序（Rechtsordnung）かが議論されている。法律行為が根拠だとしたところで、法秩序や実定諸制度の存在なくしては、法律行為論が実際に意味あるものとして機能する場がないことになるから、これらのものの存在が当然の議論の前提におかれている。行政行為論もやはり各種の実定制度の存在を前提として成り立っている。それは架空の議論なのではない。

制度全体の目からみると、行政行為がその目的とする法効果発生の原因だということはあくまで一応のことにすぎない。それは、①処分行政庁に法律要件事実の存否について一応の認定権が与えられ、②この行政行為を前提として、広い意味での手続の続行、他の国家機関による判断、不服従に対する各種の制裁その他の不利益が生じうることとなるため、③相手方等の私人は、行政上の不服申立てをし、または原告として訴訟を提起しなければならない立場におかれ、④しかも直接に行政行為の違法を争うべき争訟手続が限定されている結果、⑤間接的に他の訴訟の先決問題などでは行政行為の違法の抗弁が排除される、または単なる違法を主張することによっては他の訴訟の本案で自己に有利な判断を得ることができないことなどを意味する。したがって、行政行為の特色や効力とされているものは、処分の根拠法、行政組織法、行政強制、行政争訟その他の訴訟の制度などの全体のシステムを前提として、この中においてはじめてみとめられてくるものばかりである。行政行為の特殊性を基本として、この上に様々の行政上の諸制度が組み立てられているという田中二郎博士の学説は、本末顚倒した論理だと思われる。

たとえば、農地法八〇条による買収農地の売渡し（一項による認定、二項による売渡し）の理論構成については、判例学説は分かれていたが、最高裁判所は、売渡しを求める訴訟を民事訴訟だとして、請求権の存在を行政庁の判断にではなく、客観的な農地法八〇条一項所定の要件事実の存在にかからしめたのである。売渡しを求める義務付訴訟を否定した下級審判決も存在したが、最高裁判所は、この義務付訴訟をも一挙に跳び越して、行政庁の判断の介在そのものを不要としたわけである。同様の理論構成は、損失補償請求権について一般的にみとめられている。収用委員会の裁決が介在する場合については、下級審判決の中に異説も若干存在するものの、収用委員会の裁決の効力にかかわりなく、直接、当事者訴訟として裁判所に損失補償（増額）の請求をすることができるものと解されている。わが国では当事者訴訟制度が未発達のため、多くの紛争は処分取消訴訟の中で処理されているのみならず、義務付訴訟ないし給付訴訟も取消訴訟ないし抗告訴訟の延長線上で理解される傾きがある。私人の権利は行政行為の中に没入し、多くの問題が行政権対司法権の問題として権力分立論のレベルで議論されるゆえんであるが、私人の権利から出発し、当事者訴訟ないし権利に関する訴訟を構想すべき場合が考えられる。たとえば、社会保険上の給付に関する訴訟などについては、本来当事者訴訟的なものだと考えられる。俸給請求もまた当事者訴訟によるべきこととされているが、社会保険においても給付に関する処分は形式的手段にすぎず、権利に関する訴訟であると考えるべきであろう。かりに義務付訴訟で処理するとしても、いわば当事者訴訟的義務付訴訟として、よく義務付訴訟がみとめられるための要件の一つとしてあげられる「事前救済をみとめなければ回復困難な損害が生じる」という要件はいらないものと思われる。この要件は、行政庁の行為を差止めたり、危害防止のため行政庁の作為を義務づけたりする場合の要件としてはふさわしいが、社会保険給付などに関しては、あまりふさわしくなく、無縁のものではないかと思われるからである。

下山暎二教授の「サービス行政における権利と決定」と題する論稿田中二郎先生古稀記念『公法の理論（中）』においては、私人の権利と行政庁の決定との関係は、行政行為論の核心であるばかりではなく、行政法理論の核心をなしている。かつて行政行為の特性あるいは行政行為そのものは、実定制度上に生起する様々の問題に対してインスタント食品のように簡便な解答群を提供するものであるのみならず、実定制度そのものを根拠づけるものでさえあった。しかし、今日、行政行為は、実定制度の存在を前提として、行政庁が採用する数ある行政手段の一つであり、また、行政争訟上の便宜的な手懸りとしてとらえられる道具概念であるにすぎない。形式的行政行為の概念の存在もこれを示している。当事者訴訟制度という実定制度の進展の程度に応じて、その概念内容や効力の範囲を拡大・縮小させる。制度の方が先にある。争訟制度の如何によって、行政行為の無効の範囲、したがって、いわゆる公定力の範囲が変わることもこのようなことを示す例の一つであろう。

(3)　簡便に解答群を提供するものとしての行政行為論の内容を、ちょっと立ち入って検討してみると、必ずしも完結的な解答を与えるものではない。実定法解釈論としてより満足のいく解答を求めるためにも、最初からあまりに解答に偏することなく、問題をより正確、精細にとらえるだけの余裕のある道具概念を用いる方が有益であることが知られるのである。「解答のための体系」と「解答に偏した体系」とは区別しなければならない。

たとえば、行政行為の無効の要件としていわれる違法の重大明白のうち、瑕疵の明白性としていわれているものには、行政庁がつくすべき調査をつくしていない、という行政過程のあり方が問題とされている。侵害の結果だけではなく、侵害の態様ないし過程もまたあまりにもひどすぎるということが違法の明白のなかにはふくまれている。事実としては文字通りには違法は明白ではない。しかし、通常ありきたりの調査をつくして正常な行政過程をたどりさえすれば、違法は明白なはずであったという評価がここには表現されているということができる。私法行為と異なる行政行為の特性いわゆる公定力の問題ではなく、行政過程の正常性ないし行政過程における行政庁の調査義務の問題である。

同様の議論は、農地買収処分に民法一七七条の適用があるか、権力関係に私法の適用ありやという問題についてもみることができる。権力的行為だから民法一七七条の適用がないなどという法学部の試験答案なら確実に不可のつくことが概説書の類に麗々しく書かれているが、問題は、農地買収処分の前提問題として誰が真実の農地所有者であるかの判断であって、民法一七六条や一七七条の適用あるのは当然である。農地が甲から乙に譲渡されて甲に登記が残っている場合などには一七六条の規定により、また、甲から乙丙二人に二重譲渡された場合に乙丙いずれを所有者として取扱うべきかが問題となる場合には民法一七七条の適用を必要とすることは当然である。この場合もやはり行政過程における行政庁の調査義務の問題であって、農地買収処分が私法上の売買と性質を異にするかどうかの問題ではないというべきである。なお、租税滞納処分と民法一七七条との関係は、債務者の責任財産の範囲をいかに考えるべきかの問題であって、農地買収処分のように処分要件自体（ならびに処分の相手方）に関する行政庁の調査義務とは性質を異にしている。

また、行政行為の公定力については、これまで論じたことがあるのでしばらくおくことにして、行政行為の確定力の概念をとりあげてみよう。これは、公定力がいわば理論構成上の概念であるのに対して、裁判判決の既判力をモデルとし、具体的な紛争処理上に直接の意味をもつ概念である。行政判例百選には、この標題の下に、農地委員会がいったん樹立した買収計画を農地所有者の異議に基づいて取消したあと、再度の買収計画の樹立が異議決定の確定力に反しないかが問題となった事案がのせられている。最高裁判所の多数意見では、計画樹立の前提となる申請が効力を失っているというのに対して、田中二郎判事の補正意見は、申請の効力の有無にかかわりなく、再度の買収計画の樹立は異議決定の確定力に反するとしている。第二次大戦前の田中二郎博士の論文にはじまり、概説書の類においては、争訟裁断行為ならびに当事者の参与した手続にもとづいてなされた確認行為には確定力があるものとされている。裁判判決とのアナロギーからいえば、異議決定などの争訟裁断行為に確定力がみとめられるというのはそれとしてはわかりやすい。しかし、異議決定による取消が職権取消と比べてそれ程異なる争訟裁断行為としての実質をもつか、とくにその手続が慎重、公正な争訟手続としての実質をもつかどうかはともかくとして、一体、買収の申請者は、被買収者である農地所有者の提起した異議手続に参加したり、異議決定を争ってその確定を阻止しうる立場にあったのだろうか。この争訟が処分庁と処分の相手方との間だけのものだとすると、申請人に対する関係では、判決の既判力のモデルは妥当しない。判決の既判力は、当該判決手続の当事者に対し、判決手続に関与して判決形成に寄与し、判決の確定を阻止し、もしくは最終審まで争うことができうる者についてみとめられるものであって、当然には第三者には及ばないものだからである。申請人は異議手続に関与しえたか、異議決定を争いえたかという最小限必要な争訟の内容にさえふれられることなく、ただアナロギーが横行している。確定力の概念内容の不明確さもここにいうまでもあるまい。いかなる形で先の行為が成立し、後の行為においてどのような形で問題となるかという全体の行政過程の分析もないままで、適用すべき場の分析ぬきで、モデルがただアナロギッシュに適用されているのである。

紙数の関係上、ここでの詳論はさけなければならないが、いわゆる行政行為の職権取消、瑕疵の治癒、違法行為の転換、誤謬の訂正などの問題も、法律形式的に特定の行政行為に着目して、行為が取消御破算にされたり、その瑕疵が治癒されたり、他の行政行為に転換されるというだけの問題ではなく、全体としての行為過程のあり方、そこにおける行政庁の義務や私人の権利などの立ち入った分析を必要とするのである。

(4)　行政法理論の体系的中心であるかのごとき行政行為論も、実に安易なアナロギー論や、平板な比較の上に立つ特殊性の強調などの寄せ集めであって、今日なお理論的体系の態をなしていない。わが国には行政法の概説書はあっても、理論的体系書は一冊も存在しないこともこれを示している。いくら実用法学としての法解釈論といえども、インスタントな解答を提供できればよいといったものではない。問題をより精細、正確に、さらに多面的にとらえるばかりでなく、問題を設定する能力がなくてはならない。

群馬中央バス事件や個人タクシー事件で、行政手続法を別として、行政法学の提供できる道具概念や分析の道具は何であっただろうか。許可と特許の区別しかなかった。行政手続の重視に賛辞は送ったものの、判決自体の行っているバス事業免許や個人タクシー事業免許の性質や手続の分析以上の分析があっただろうか。分析の道具となるものがあっただろうか。契約各論、債権各論もあって、契約総論、債権総論があり、さらに身分行為論もあれば、訴訟行為論、商行為論があり、判決手続もあれば、強制執行手続、審判手続もあったうえで、法律行為論がある。行政行為論にはその各論さえない。バス事業免許手続の実定制度の分析もなく、群馬中央バス事件最高裁判決の文言上の分析よりもくわしい分析さえないままで、ただ手続重視にムード的賛辞を送っている。とにもかくにも、現実の行政過程に直面しなければならない。群馬中央バス事件の第一審判決は、業界調整という考慮すべきでないことを重視し、住民世論という重視すべきことを軽視しているのが正しくないと、ちょうど公益事業学説のいう見解と逆のことをのべている。ここには行政法学の手持ちの概念や理論では解答を出すことはおろか、把握さえ困難な問題がある。しかし、まず、問題をとらえるところから出発するほかはない。現実の個々の行政過程の分析から、行政行為論の各論を地道に作り上げていく以外に道はないと思われる。

また、土地収用というのをとりあげてみよう。法律的には収用委員会の裁決という行政行為があり、その内容として土地の強制的な原始取得とこれに対する補償とが定められている。しかし、現実に土地は人が生産し生活する場であり、収用は人の何らかの需要をみたす事業のために行われている。財産権の強制取得と財産権の補償にはつきない問題がある。環境影響事前評価であるとか、公共施設周辺整備法の類が登場するゆえんであるが、現実の行政過程は複雑の度を加え、様々の角度からこれを眺める必要を高めている。

一〇年前の行政法学にとって住民運動ましていわんや反対運動の類は単に事実上のものとして考察の対象外にあった。しかし、今日判例上にも、反対運動に誠実に対応しないことを違法事由としているかにみえるものが、少なからず散見される。公共施設の建設等にあたって、周辺住民に公害防止措置等につき充分に説得の手段をつくすべきだとして建設を一定期間差止めるタイプのものが珍しくない。また、行政実例としては最初にあげた日照確保に関する指導要綱の類において、建築確認手続前に周辺住民の同意を得なければならないものとし、行政行為をするかどうかを周辺住民の意向にかからしめるものがある。ここにみられる行政過程を古典的な法律による行政の原理によって理解することは困難であろう。そもそも議会が法を作り、行政がこれを適用し、裁判所が審査するという法の枠組みをこえたものがある。「参加」は行政法学にとっても今後の重大な課題であるが、これを取扱えるだけの理論的枠組みを用意する必要がある。これまでの行政行為論はもちろん、行政手続法をもってしても、その核心をとらえることができないように思われる。それは唯一の正しい法解釈が存在することを前提とした制度内在的論理の前提そのものが問題となっているからである。

六　結　語

(1)　これまで行政法学が対象としてきた行政法とは、「制度としての行政」であり「制度としての法」であった。そこでとられた法学的方法とは、このような制度に内在した論理であると理解されていた。行政法学とは実定行政法解釈論であり、さらに行政法である。行政法学即行政法であった。田中二郎博士の学説も田中二郎判事の意見も同じもののように考えられたわけである。

このような実定法解釈論の必要性も、法学的方法のもつ重要性も否定できない。実定制度を考察の中心とすることも、これほどたしかなことはないであろう。しかしながら、このたしかなものにあまりにも容易によりかかりすぎたため、学問としての理論的基礎がおろそかになったのみならず、解答の体系を提供するに急のあまり、制度内在的論理としても、幾多の無理があったと思われる。実定制度の要請するところは静態的な法秩序の存在であり、個別紛争の解決において唯一の正しい法解釈が存在することである。制度内在的論理である法学的方法は、この制度の要請を自らの要請として、あらゆる場合に唯一の正しい解答を求め自足完結的な解答の体系を作り上げようとした。実定法規上に明示の解答が与えられていない場合にも、あれこれやりくりして実定制度の中から無理やり解答をひねり出してきた。また、このような操作を容易にするための理論体系ないしは道具概念を作ってきた。それは解答に偏した体系であって、問題を正確にとらえて、人々の甲論・乙論を集中させ、生産的な集団的思考をする能力にかけたものであった。甲論を支持し、乙論を排斥するための体系すなわち甲学説ないし甲行政法が求められたのである。そこでは、問題を正確にとらえるどころでなく、解答にあわせて問題をゆがめることとさえみられる。唯一の正しい解答群の体系の提供という制度と自己の同一視は、権威などという学問研究と無縁のものの存在さえ生んだのである。

(2) 行政法学は実定行政法制度を主要な研究対象としている。ある場合とくに実定行政法解釈学にあっては、実定制度の存在がその前提である。前提ではあるが、学問研究において無条件、無限定の前提ではありえない。様々の限定付きで、とりあえず議論の前提においたうえである種の議論を進めているというだけのことである。議論の対象・内容との関係で議論の前提におかざるをえない、あるいは、おくことができるというだけの問題である。したがって、ときとして議論の前提においたものを議論の対象としなければならないことがある。

行政制度の法的側面を研究する行政法学にとって、今日、行政制度のあり方そのもの、社会管理機能の制度化のあり方そのものを研究の対象とすべき必要性は極めて高い。その理由としては色々なものが考えられるが、簡単にいえば、まず第一に、行政の目的とする公共性の内容の多様化・複雑化であり、第二に、それに伴う行政過程の複雑化であり、最後に、これらと密接に関連して、行政のコントロールないし権利救済のあり方の複雑化である。たとえば、行政事件訴訟の原告適格の拡大問題一つをとりあげてみても、静止的・固定的に行政事件訴訟制度をとらえて、その窓口が広くなったというだけの問題ではなく、行政法全体の構造の変化を反映したものであり、ときには社会的統合過程のあり方そのものの変化のあらわれとしてとらえられるべき場合も考えられるのである。

民法学者の平井宜雄教授によるジュリスト誌上の「法政策学」と題する論稿は、「実定制度を与件とした法解釈学」に対して、「実定制度のあり方を構想する法政策学」というものを提唱している。現代の諸問題が集中的にあらわれる不法行為法において、法解釈学の行詰りが、いわれるところの法政策学を要請する理由だとされている。現代の問題が集中的にあらわれるのは、何をおいても第一に行政法の分野である。現実の行政法はこれに苦悩している。ところが永年の眠りをむさぼっている行政法学は、現実の行政制度の構造的変化もよそに、前世紀の遺物のように古くしかもガタのきた理論に執着している。実定制度のあり方を「構想」する法政策学まで進むかどうかは別にして、実定制度のあり方を少くとも「分析」することは今日の行政法学にとって最小限度必要なことではないかと思われるのである。

(3)　最初に例にとりあげた武蔵野市マンション指導要綱事件あるいはこれに類似した多数の現実の事件において、伝統的な行政法学が拾い上げることのできるものは、建築確認、上水道利用、下水道使用、小中学校建設というバラバラな法現象である。建築確認は警察許可、上水道利用は公企業利用関係、下水道使用は公共施設利用関係、学校建設は公共施設の建設・設置の問題である。ここには、住宅問題、環境問題、広く現代の都市問題は完全に脱落してしまう。

おそらく二〇〇年前のある農村的社会においては、封建的諸制約は別として、家を建てることは私事であり、上下水道もなく、教育もまた私事であり学校も不要であったろう。このような社会にはそれにふさわしい社会管理機能のあり方があったに相違ない。また、都市問題、住宅問題などが激化する以前においては、家を建てることは必要最小限の条件を守るかぎり自由であり、好きな所に家を建てては、必要な上下水道を利用し、税金によって建てられた学校に子女を通学させることができたであろう。このような社会にふさわしい社会管理機能のあり方というものがある。極めて大ざっぱにいって、行政法学が前提としている行政法制度の基本的構造とはこのような時代の産物である。しかしながら、この前提は現代の大都市時代には妥当しない。超過密の現代社会における社会管理機能のあり方は今後の検討課題であるが、現代の問題を古い道具概念によってバラバラの現象としてとらえるだけではなく、これらの問題を問題としてとらえるだけの理論的枠組みが必要である。周辺住民の同意を得ることは、単なる処分要件の追加にとどまらず、地域環境管理という社会管理機能のあり方が地域住民自身の手に委ねられるものとしてとらえることもできる。環境影響事前評価に関する法令について、原田尚彦教授は「意見交換の場」を作り出すものだという評価を与えているが、社会における物事の決定過程のあり方が、国家機関の手から、直接に利害関係者間の交渉の場に委ねられるものとなっているのである。

(4)　制度には様々の性質のものがある。今日の地方公共団体の多数の開発指導要綱は、国法上の法律形式的な承認は受けてはいないものの、その実際上の実効性において、一種の制度とよびうる実態をもっている。法制度もこれらの制度とともに社会管理機能の重要な部分を担当している。自閉症的な自己完結的な解答群の体系を提供することに満足していては、法制度のもつ意味すら明らかにはなるまい。行政法学は、制度内在的論理としても多くの課題を持ち、あわせて制度化のあり方をも研究の対象とすべき困難な状況に直面している。いわば行政法学を建設するとともに、現代的課題にも応えなくてはならない。これらの作業を行うにあたって、お手本となるべきものは、わが国にはもちろん、諸外国においても極めて乏しい。われわれは地道に現実の各論的な諸問題の研究の中から、理論体系の建設の第一歩を歩み始める他はない。一気に表面だけの完結的な解答群の体系を示すことではなく、ノロノロとした試行錯誤の歩みである。完結的な解答を争い、賽の河原の石積の繰り返しではなく、集団的な試行錯誤を生産的に行うための道具概念が今日ほど必要なことはないように思われる。

(追記)　本稿執筆後(昭和五一年一一月四日)に日影規制を内容とする建築基準法の改正が成立した。全体の論旨には関係ないため、校正段階で本文の関係部分に手を加えなかった(一九七七年四月二五日)。

(田中二郎先生古稀記念『公法の理論(下Ⅰ)』、一九七七年)

2　戦後三〇年における行政法理論の再検討

一　序　説

(1)　筆者（報告者）に与えられたテーマは、表題の通り、戦後三〇年における行政法理論を再検討せよ、というのであった。しかし、この三〇年間にわたる厖大かつ多様な行政法理論の動向を正確・精細に追うことは、極めて困難であり、不可能に近い。そこで、筆者は、ここ一〇年間における行政法理論の、しかも、一つの主要な潮流に焦点をあてて検討を加えることとしたい。この一〇年間における潮流といえども、おのずから、それの遡る戦後二〇年の動向や、さらには、それ以前の流れと無関係ではありえないと考えられるからである。

また、非常にさいわいなことには、丁度一〇年前の昭和四二年の公法学会総会において今村成和、室井力両会員によって『現代の行政と行政法の理論』というテーマの報告がされている。この一〇年前の学会においては、園部逸夫、兼子仁、相原良一、河合義和、金沢良雄、田中二郎の諸会員による部会報告をもふくめて戦後二〇年における行政法理論の再検討が行なわれたということができる。部会報告の最後の締めくくりは、田中二郎会員による「行政法理論における『通説』の反省」というのであった。したがって、戦後三〇年における行政法理論の再検討をテーマとする本報告は、この一〇年前の学会の成果を前提としたうえでそこで提出されていた主要な問題点がその後の一〇年間にどのような動きをみせることになったか、というところに焦点をおいて論ずることが適当であろうと思われる。

(2)　ところで、右の今村会員の報告（公法研究三〇号一一六頁以下）では、憲法原理の転換と行政法理論、行政機能の拡大と行政法理論という二つの側面から、行政法理論の再検討が試みられている。室井会員の報告においても、全く同様の問題意識がみられる（同一三五頁以下、一三七頁など）。このような問題意識は、それよりもさらに五年前の塩野宏会員による『オットー・マイヤー行政法学の構造』の第三章オットー・マイヤー行政法学の限界において、価値関係的限界と素材的限界（なお、技術的限界というのもあげられている）としてのべられているところにも共通のものがあって、わが国の行政法学界において相当広くみとめられているものであるといってよい。ただ、今回の報告においては、憲法原理の転換と行政法理論の問題については橋本公亘会員が報告を担当されることになっているため、私は後者の側面の問題について検討をすることといたしたい。すなわち、行政機能の拡大その他現実の諸問題が行政法理論にどのようなインパクトを与えているのか、これに対する行政法理論の対応の仕方にいかなる問題があるのか、あるいはさらに、このような対応の仕方もありうるのではないかということなどをのべることにする。もちろん、このような問題を論ずる場合に憲法上の原理にふれないわけにはいかないし、また、何が憲法上の原理であるかについても、後で少しふれるところがあるように、多くの問題があるが、ここでは憲法上の原理を正面からとりあげて、行政法理論との関係を論ずることはしない。

(3)　行政の現実の行政法理論への影響という問題を提出した場合、たちどころに現実の法理論への影響とは一体いかなる性質のものであるのかという疑問が発せられるに相違ない。また、行政法理論とは何かという問いも発せられるであろう。しばらく前のことであるが、公害法専攻の民法学者から、公害法に関する私法学者の研究は進んでいるのに公法学者のそれは余り進んでいないといわれたとき、公害問題と公害行政、これに関する行政法、さらに、行政法理論は、それぞれ別のものであって、民法不法行為法などの一般的な手懸りを欠く行政法学としては、公害問題の発生と学問的取組みの間にはタイムラグをさけがたいものであると答えたことがある。学説としての行政法理論にも実定制度の主要部分を構成していると考えられるものもあれば、制度を対象としてこれを客観的に分析検討しているものもあって、行政法理論に対する現実の影響を論ずる場合にも、行政法理論といわれるものをさまざまの見地から分類しておかなくてはならない。しかしながら、このような入口の問題に時間を費やす余裕は今日与えられていないから、これらの根本的な方法論上の問題は一切合財他日に譲ることとして、ごく常識的意味での現実のインパクトとこれに対する行政法理論の反応について論ずることとする。ある雑誌の座談会で雄川一郎会員も、行政法理論というものはある程度は現実の行政（la vie administrative）の反映だという面が否定できないといっておられる（自治研究五三巻一号四八頁）が、本稿もそのような観点からともかく話に入ることにしたい。

二　法律による行政の原理

(1)　一〇年の公法学会報告やその当時の学界の空気は、可及的に行政を法律によって拘束しようとする見解が大勢をしめていたように思われる。いわゆる侵害留保説を否定し、すべての行政作用について法律の根拠を要求する全部留保説をとることを明言しないまでも、全部留保説により親近性を示した学説がよくみられたからである。

たびたび引き合いに出して恐縮だが、上記の今村報告においても、給付行政について法律の根拠を必要とするかについて予算統制だけで十分であるとの考えは疑問であるとされ（前掲一三一頁）、また、室井報告においても、給付行政についても法律の授権を要求する説があるとしてイェシュ、フォーゲル等の説を紹介したうえ、「法規、法律の留保および侵害留保の諸観念がわが現代行政法においてもはや使わるべきではない」ものとし、「権力的であれ、非権力的であれ、国民の権利自由にかかわる公行政については、その恣意を認めないという意味での行政の法律による民主的統制を考えるべきであろう」とされている。侵害行政と給付行政との二分論にも批判が加えられている（前掲一三九頁以下）。今村会員は、その著『行政法入門』（昭和四一年）においても、侵害留保の考えは憲法四一条に違反し、命令・強制の作用にかぎらず、相手方に利益を供与する場合であっても、およそ行政権の行使と認められるものについては当然に法律の根拠を要すると書いておられる（同書一二頁以下）。

しかしながら、この今村会員の『行政法入門（新版）』（昭和四九年）では、「非権力的手段による行政活動が次第に多くなってきている」これも「行政の複雑多様化に起因する現象であり、実質的には、法の欠陥を補うためのやむを得ない措置と解される場合もないとはいえない」と書かれている（同書一二頁）。もちろん安易に放置してはならないという言葉が続けられているのではあるが、「法の欠陥を補うためのやむを得ない措置」と解される場合の存在をとくに新版において書き加えられたことの意味は、それほど小さくはなく、むしろ重大だと思われる。また、原田尚彦会員の『行政法要論』（昭和五一年）は、目的追求活動としての行政にとって全部留保説が疑問であるとのべておられるのである。

(2)　学説のひとつふたつの言葉尻をとらえて、かつての全部留保説から侵害留保説へと学界全体の傾向が逆転したかのようにいうのは、もちろん早計であろう。それでは曲解のそしりをまぬがれないであろうし、また、もともと文字通りの全部留保説というのは見かけなくて、「行政権の発動」とか「権利自由にかかわる公行政」とかの留保付きが常であるため、いわゆる伝統的学説との差異についても、もう少し精細にその内容を確定しておく必要があるであろう。しかしながら、少なくとも、この一〇年間、かつての全部留保説的な学説の傾向にもかかわらず、法律によらない行政がますます現実においてみられたこと、しかも、この現実（少なくともそのある部分）に対して学説の攻撃はあまり強くなかったことは否定できないように思われる。少しく皮肉ないい方をすれば、伝統的学説に立つ者よりも、むしろ、全部留保説に親近性をもつ学説であって、法律によらない行政をきびしく追及するはずであったものこそ、法律によらない行政とくに環境行政をはじめとする地方公共団体によるいわゆる先導的試行の類を場合によっては歓迎こそすれ、これを否定はしなかったと思われるのである。

それは、環境保全行政をはじめとして、住民や消費者などの重大な生活利益が侵害され、ときには生命・健康さえ重大な危険に直面し、行政の対応が要請されているにもかかわらず、「法の欠陥」や「立法の不備」があり、これを補うためのやむを得ない措置が多様な形で登場せざるをえなかったからである。かつて第二次大戦後の「戦後」の行政法学が念頭においた利益状況は、行政対私人の単純な二面的関係であって、哀れな被害者である私人の利益のために、行政を法律によって拘束し、その公権力優越性の過剰な承認を否定し、行政の活動にブレーキをかけるところに眼目があった。ところが、ここ一〇数年来、公害問題、環境問題をはじめとする諸問題にあっては、私的活動による深刻かつ広範な被害者の救済のために行政の活動が要請されるという状況が登場してきた。いわば国の立法や行政の怠慢によって、基本的人権ないし重大な生活利益が侵害されているために、地方公共団体による先導的試行など法律によらない行政を是認し積極的にこれを承認する必要が生じたのである。ここでは行政の活動にブレーキをかけることではなく、行政の活動をうながすことの方にむしろ眼目がおかれることになった。

(3)　このような事態に応じて、さまざまの試みが学説上にもみられることになったが、とくに目についたものをひとつ、ふたつとりあげることとしたい。

ひとつは、ここでの被害者の被侵害利益を憲法上の環境権という基本的人権に高め、また、このために行われる地方自治体のさまざまの試みを、ときには国の法律によっても奪うことのできない固有の自治権にもとづくものとして構成するなど、憲法規範の助けを借りることによって、望ましい結果を達成しようとするものである。西ドイツなどでも、第二次大戦後においては、行政法を憲法に超然たるものとしてよりも、むしろ具体化された憲法としてとらえることが一般的となっている。このような傾向は、憲法が行政法にとって、単なる上位法にとどまることなく、三権相互の関係や国家権力と私人との関係など、行政法の構造や内容を規定するものである以上、当然のことといってよい。憲法が行政法に対してもつ意味については橋本会員の報告にゆずりたい。ただ、しかしながら、現代社会において複雑な利害の対立があり、その調整が求められているところにおいて、ある一面のみを憲法規範化することによって問題の妥当な解決が得られるかどうかについては疑問がある。少し憎まれ口をたたけば、現代は憲法規範の花盛りの観があるが、憲法がまるで自分の好む結論をとり出す手品箱のようなもので、全く相反する答えでも引き出せる便利さもある反面、憲法自体は内容豊富となったようでいて、かえって無内容となりつつあるのではないかという疑問を禁じ得ないのである。

もうひとつの方法は、被害者の権利利益等を憲法規範化するのではなくて、むしろ、いわば加害者側の権利自由を相対化するというやり方がありうる。単純化していうと、かつて問題におかれた利益状況が行政対私人の二面的状況であったのに対して、行政・加害者・被害者という三面的状況において、被害者ないし行政の地位を憲法規範化することによって高める方法に対して、加害者の地位を低めることによって同様の結果を得る方法がありうるわけである。たとえば、原田尚彦会員の論文「環境行政法の位置づけ」（『公法の理論』中巻）によれば、企業による環境汚染をともなう土地利用や営業活動が空気、水等の「有限」の資源利用であり、いわば公物の特別使用にあたるものとして、絶対的なものではなく、さまざまの制約に服すべきものであって、このような制約を実現するための手段であるところの公害防止協定などの法的効力が承認されるなどしている。

さらに、国家賠償法一条の危険責任論や同法二条の公物管理責任論を拡張することにより、社会における危険管理責任や危険防止責任、環境管理責任などを構成することによって、行政の積極的な責任を構想することも考えられないわけではない。

(4)　このような問題をとりあつかうにあたって、現代行政法の構造を問題とすることも可能ではないかと思われる。それは、政策の手段としての法、筆者のいう計画法の存在である。

実定法上すでにみられる現代法の特色のひとつは「基本法」と名づけられた法律を頂点として、そこにかかげられた基本的政策目標実現の手段として、各種の具体的政策を内容とする法令群の存在である。形式的・階層的法秩序と別に、政策目標実現という実質的価値内容に照準を合わせて、関係当事者の地位や責務を定め、政策手段を体系的に整序することをねらいとしている。たとえば、公害対策基本法という法律をとりあげてみると、関係者の責務として、国、地方公共団体、さらに事業者、住民それぞれの立場における責務を定めている。これらが狭義の法律上の義務でないことはたしかであるが、国と条例との関係や公害防止協定の法的効力などを考える場合に考慮に入れられるべき重要な要素のひとつであることはこれまた間違いがないであろう。ある政策の体系の中でしかるべき関係者の役割りがゆるやかな形であれ、法律の上で定められている以上、この基本法の定める政策目標実現のためにとられる法的手段を法的に評価するにあたって当然考慮に入れられて然るべきであると考えられる。

また、この公害関係法令において特筆に値することは、法令の明文の規定において行政府の立法に関する責務ないし権能を定めていることである。たとえば、公害対策基本法では、政府のとるべき基本的政策が列挙されている（公害対策基本法一〇ないし一七条の二）が、それらの大部分が法律の制定を予定するものである。もちろん、政府という言葉には立法府をふくんだ用語例もありうるが、そこでは国会に対して政府は毎年報告書を出さなければならないとされている（同法七条）ことが示すように、もっぱら行政府をさすものと思われる。さらに個別の公害規制法の分野において、いわゆる都道府県上乗せ条例や市町村上乗せ条例について環境庁長官や都道府県知事などに設定変更の勧告、必要措置をとることなど、立法のイニシアティブを行政がとるべきことを法律が定めているのである（大気汚染五条、水質汚濁四条、農地汚染七条、なお、騒音四条二項、振動四条二項、悪臭九条参照）。行政が立法のイニシアティブを握っているという前に手島会員が報告された行政国家の現実をみとめたうえで、法的義務といえないまでも、むしろイニシアティブをとるべき責務を法律自身が行政に課していること、しかも基本法のみならず、個別の規制法が定めていることは極めて注目に値することでもあるといわなくてはならない。

形式的階層的な法秩序の存在はここにおいても明確にみとめられるのであるが、それに加えて実質的な政策の体系とこれに見合った行政の責任が実定法上にも問題とされているのである。

(5)　法律による行政という言葉がただ単に形式的に理解されてはならないことは、ドイツでいわれる法律による行政の原理が、英米の法の支配の原則とはもちろん、フランスにおけるものとも異なるなど、比較法的見地からもいうことができるし、その他さまざまの見地からいうことができる。

この点に関連して、わが国の特色としてあげるべきは、明治憲法、現憲法を通じて、法律について主任の大臣したがって所管の省の存在を予定していることである（憲七四条、明憲五五条二項参照）。これは法律の制定改廃について主管の省に専属的な地位がみとめられていることを意味する。さらに省令などの行政立法による法律内容の具体化の権能、訓令通達による法令解釈権ないし運用統一の権限、行政官庁の法理や行政行為論による処分権限の独占、これらに加うるに、機関委任事務の法理や行政争訟制度などの組み合わせによって、法律が所管の省の産物であり、主管省による政策実現の道具としての性格をもつことが示されている。法律が議会や裁判所による行政のコントロールの核心的な道具であることはいうまでもないが、主要な法律の制定改廃が主管の省（さらにその担当部局）のイニシアティブによるものであることをさておいても、法律は処分行政庁である主務大臣に権限を付与すると同時に、上記の諸権限を活用することによって、相当広範にわたる自由な形成権能をも付与することになるのである。とくに計画法をはじめとする現代の諸法律は、その内容上の非完結性を特色としている。政令等による規制基準の数値の如何によって公害行政法の性格が一変することがあるのがその例である。公害行政法も古典的な警察法の範疇で説明がつくという学説も存在するようであるし、西ドイツのイェシュ流の憲法構造論によって全部留保か侵害留保かという議論もみられるようであるが、現代の複雑な法と行政の関係を論ずるには余りにも単純な問題のとらえ方だと思われる。

法律には、所管の省の政策の道具だといえる側面があるとすれば、法律の制定改廃ならびにその運用には、所管の省を中心とする利害の調整機構としての意味があることになる。この点から、法の空白の場合、法があるときでもその非完結性をおぎない、または、法に加えて、たとえば、武蔵野市マンション指導要綱事件で日照影響をうける周辺住民の同意が要求されるなど、いわゆる住民参加が多様な形で要求される場合に、これらは現地において、あるいは当事者間において利害の調整がはかられているという性格づけをすることが可能である。いわば現地主義ないし当事者自治主義だといってよい。このような現地主義や当事者自治については、法に根拠のない場合については法律による行政の原理より、その他法の画一平等性や予測可能性の見地から、消極的評価もある反面、議会制民主主義の機能不全を補う直接民主主義の要請とか、地方自治の要請から、これに積極的評価を与える傾向もある。しかし、ここでは単なる被害者ではないが、広い意味での利害関係者間の取りきめによって物事の決着がつけられる仕組みがとられているわけであって、一般的な直接民主主義でも地方自治でもないわけである。立法、行政をふくめて全体の社会における物事の決定過程そのものが変っている。一体、法とは何か、民主主義とは何かということが根本的に問い直されているといわなくてはならないと思われる。

三　行政行為論と行政過程論

(1)　法治主義の徹底と並ぶもうひとつの主要な潮流は、公権力優越性の過剰評価に対する否定的態度であるということができる（今村・公法研究三〇号一一八頁参照）。行政法学上の最も主要な問題である「公法と私法」の問題をめぐって論じられた数多くの議論がそれであった。

そこにおいては、私法一般法・公法特別法説や公法手続法説など、包括的な公法関係ないし公法的特色の承認を否定するための努力が続けられてきたのである。しかしながら、その努力の向けられた先は主として、いわゆる管理関係であって、公法関係の核心である行政行為論は無キズのままに残されているように思われる。近年あらわれた数多くの概説書類をみても、伝統的な行政行為論がそのまま祖述されているという驚くべき現象がある。その方法からみても、現行実定法上の妥当性からみても、きわめて問題の多い行政行為の分類が従来通りかかげられていたり、その内容上の多義性からいって学問上の用語として用いることには疑問のある「公定力」という言葉が相も変らず用いられているのがその例である。

「学説」にもいろいろな次元のものがありうるであろうが、ここで問題としている「行政法理論」としての学説は、少なくとも学問的研究の成果の上につくられた学説でなくてはならないであろう。この点からいって、行政行為の意義とは何か、に関する学説が存在したのかというと、残念ながら、ないに等しいといわざるをえないのである。例を農地法八〇条による買収農地の旧地主への売払いの性格についてみると、①これは行政庁の職務権限規定であって、旧地主には反射的な利益があるにすぎないとする行政解釈、②同条一項の認定もしくは二項の売払いに行政処分性をみとめて、第三者に売却されたような場合に旧地主に取消訴訟の提起をみとめた下級審の諸判例、③一項所定の客観的事実の存在するときには、旧地主には民訴によって実現しうる買受請求権があるとした昭和四六年一月二〇日最高裁判所大法廷判決（民集二五巻一号一号）がある。①の場合に比較して、②の立場は一定の場合について旧地主に訴訟上の救済がみとめられたものの、行政庁の認定判断がされないときには、義務づけ訴訟が排斥されたのに対して、③の立場では、このような場合についても、行政庁の認定判断をまたずに、直接民事訴訟手続による救済がみとめられることとなった。しかし、まったくの私法行為だとすると、あやまって第三者に売却されてしまった場合に、旧地主の権利救済について一抹の不安を残すことになっている。この例ひとつをとりあげてみても、行政行為の存在をみとめることの意義は、実に多種多様な要素を考慮したうえでなければ論じられないことがわかるのであるが、このような議論をすることのできるだけの行政行為論というものがあったであろうかというと、概説書的な行政行為の定義や特色の叙述をのぞいて特段のものがなかったと思われる。また、近年、講学上に形式的行政行為、判例上に非権力的な行政行為とよばれるものがあって、行政事件訴訟法三条の関係では「行政処分その他公権力の行使にあたる行為」であるが、同法四四条でいうそれには該当しないものの存在がみとめられているが、それについての立入った検討はまだない。というよりも、立入った検討をするとき前提となるべき行政行為論がまだないのである。

(2) 行政行為論がまだないという意味はいろいろあるが、そのひとつは、行政行為とこれが問題となる当該法律関係との関係が、一般抽象的なレベルでも、具体的なレベルでもなお十分に検討されていないことである。それは、いわば行政行為を包摂している法律関係との関係においてもそうであるし、行政行為の前提ないし先決問題として考えられる法律関係との関係においてもそうである。前者については、いわゆる管理関係における行政行為や私法関係から分離しうる行政行為（ないし二段階説）について問題点が指摘されている。後者については、たとえば農地買収処分の前提問題ないし先決問題として誰が真実の所有者であるかに関する調査義務が問題となっているものであるにもかかわらず、公法関係における私法規定の適用の問題であるとし、農地買収処分の本質は権力的行為であるから、民法一七七条の適用なしなどという、まことに奇妙な議論さえ行なわれていることは、これまでにも指摘したとおりである。行政行為の効力や瑕疵の問題を考える場合に、一般抽象的な行政行為固有の本質や属性の問題としてとらえるのではなくて、全体としての制度の仕組みや、その中でどのような形で問題となっているのかとか具体的利益状況とは何かとかいう問題としてとらえるべきであるとの考えを一〇年前に示したことがあるが、近時の最高裁判決の中にはこのような趣旨のうかがわれるものがある。不当利得返還請求に関する昭和四九年三月八日最高裁判所第二小法廷判決（民集二八巻二号一八六頁）、課税処分無効確認請求に関する昭和四八年四月二六日最高裁判所第一小法廷判決（民集二七巻三号六二九頁）などがその例である。これらの事件はいずれも特殊なケースであり、その他の一般的な平凡なケースでは、最高裁判所もことさらに深く立入った検討を必要としないために、伝統的な法概念や例文を活用して判断を下している。それは実務上の実用性の見地からして是認できるものであっても、行政法学も同じ次元の境地に安住していてよいというものでは決してあるまい。

また、管理関係論に否定的見解をとる学説の中には、管理関係をみとめる実益ないし実定法上の根拠としてあげられることのある公法上の当事者訴訟の意義を、それが実質的に民事訴訟手続と特段の差異がないことなどを理由として、消極的ないし否定的に評価するものがある。元来、わが国の伝統的学説においても、権力行政ないし行政行為論とワンセットとなった抗告訴訟に考察の重点がおかれて、当事者訴訟に関する研究は乏しかった。しかし、このような抗告訴訟中心主義は、抗告訴訟それ自体にとっても、その対象等のいたずらな拡大や形式的行政行為をはじめ種々雑多な異質のものを一つの袋の中にほうり込む結果、問題を必要以上に複雑化し特に利用者である一般市民にとってわかりにくいものにしつつある。また、義務づけ訴訟や給付訴訟などについても、西ドイツにおいてさえ抗告訴訟の鋳型の中に閉じ込められていないものもすべて無名抗告訴訟として抗告訴訟の枠内で論じられ、さらに、フランスにおける完全審理訴訟など、公法と私法を論じ、法律関係と行政行為との関係を論ずるにあたって、参照、検討することが不可欠と思われるものも、なお通り一辺の制度的紹介をこえる研究がなされてこなかったように思われる。管理関係論や当事者訴訟の活用なりを結論として肯定しようが否定しようが、それはどちらでもいい。内容に立入った検討が乏しいことが問題だと思われる。

(3)　筆者が主張する「行政過程論」は、行政行為を具体的法律関係の中において具体的事情に即して検討すべきであるという立場を出発点としている。『行政行為の無効と取消』において行政行為を具体的法律関係の中で論ずべきことを主張し、「複数当事者の行政行為」において利害の相対立する当事者が存在する行政行為を取扱い、「行政権限の競合と融合」や『計画行政法』において現代型の行政過程の諸問題を論じたものも、一般抽象的な行政行為の本質論や性格論を論ずるだけではじまらないと思ったからである。伝統的な学説により行政行為の特殊性ないし本質論とこれに密接に結びついた行政主体の優越性や三権分立論的な憲法構造の中で占める行政権の地位という一般抽象的レベルの議論から具体的解釈問題に対する解答が引き出されていることに対応して、これに反対の立場をとる学者も、これと類似の思考の枠組みをとっていることが少なくない。このような抽象的レベルの議論がたたかわされることが不必要だというのではないが、しかし、それだけでは困るわけである。訴訟状態説が訴訟行為の存在を否定するものではないのと同様、行政過程論も行政行為の存在を否定するものではなく、行政行為や行政手続などを部分的プロセスや全体としてのプロセスに焦点をあてる行政過程論のレンズを通して具体的に精細にみることによって、具体的な問題点をめぐる議論を活発化させようというねらいをもっている。やや具体的に問題となるタイプをとりあげて話を進めると、次のようなものが考えられる。

(a)　さきほどの農地買収処分と民法一七七条の関係をめぐる議論にみられるように、行政処分をする場合の行政庁の調査義務という問題がある。有名な群馬中央バス事件の第一審判決でも現地調査の必要性について言及されていたが、裁量行為であっても、裁量権行使の前提となるべき調査、検討が全くなされなかったものは違法であるとした判決例（東京高判昭和五一年三月三〇日行裁例集二七巻三号四二三頁）をはじめ、行政庁の調査の義務や権能等についてふれる判例が少なくない。このほか、行政庁の釈明義務、答弁義務など行政過程のひとこまにおける当事者の権利義務を論ずる必要性がある。

(b)　実定法上の制度それ自体が、単一の行政処分の効力やこれに関する争訟を考察するだけでは片のつかない場合が珍しくないのである。いくつかの処分が複雑にからまり合って存在したり、処分はひとつでもそれにいたる手続が複雑な過程をたどるものであるため全体の過程の正常性を考えざるをえないものなど雑多な場合がある。にもかかわらず、単一の単純な行政処分を想定して作られた行政行為の定義を形式的に適用して、訴訟の対象の有無が論じられるなどしているのである。思いつくまま気がついたものを拾いあげてみると、次のようなものがある。①公有水面埋立法における免許の手続と漁業法による漁業権の放棄、変更等の手続との相互関係、②原子力発電所等の大規模開発事業にかかわる免許等の手続、③農地法八〇条をめぐる訴訟あるいは農地買収処分の有効性をめぐる訴訟が行なわれている係争地についての土地収用手続、④土地収用手続終了後、手続上の当事者とされなかった真実の土地所有者のとるべき権利救済手続、その他、すでに最高裁判決もいくつかある⑤税額確定手続における個々の更正決定のもつ意味、⑥開発事業計画の争訟のあり方等々、いくらでも法律上の諸制度が入り組んでいる複雑な過程が存在している。このような実定制度を理解し、分析し、さらに進んでは将来、相互に比較検討し、立法的批判を加える作業が必要である。抽象的な行政行為一般の本質ではなく、行政行為が具体的にいかなる全体の過程の中で、何を処分要件とし、そのため他の処分や手続といかなる関係に立っているかなどの検討が必要なのである。これなくして行政行為の意義も効力も特色も論じえないはずであるし、実体法上にも複雑に入り組んだ上に、さらに行政手続や広く争訟過程との関係もあわせた法的処理の仕組みを理解するのでなくては、実定法解釈論とも切り離された宙に浮いた、ときには有害無益な行政行為論とさえなりかねないのである。

(4)　さらに、個々の行政行為をそれとして論ずるのではなくて、全体としての行政過程を論ずることの意義として考えられるものをあげておきたい。

(c)　現代の行政が複雑な過程をたどって行われることが多いのは、右にのべる実定制度上の仕組みによることもあれば、実定制度上とくに法律の上ではごく簡単な処分の手続をとることが予定されているにもかかわらず、実際上に複雑な過程をとる結果であることも少なくない。群馬中央バス事件の最高裁判決が「全体として適正な過程」といっているのは実定制度の仕組みが要請するものであったが、それ以外にも複雑な過程を、いわば時には行政の一存でたどり、そこでも全体としての過程の正常性が問題とならざるをえなくなっている。

たとえば、技術的な確認さえすればよいとする趣旨から、許可でなく確認といわれ、さんしち二一日間にすべきものとされている建築確認について、武蔵野マンション指導要綱事件に象徴されるように、周辺住民との間に紛争が発生し、これの収拾に行政指導等の形で行政が関与せざるをえない状況が生じている。一定要件のかなった行政指導について法の趣旨にそったものとして不作為の違法が生じないとした注目すべき判決（東京地判昭和五二年九月二一日行裁例集二八巻九号九七三頁）があるが、行政指導をはじめ法律の根拠もなく活用されている多様な非権力的行政手段も、一般の概説書類で整理されているように、それだけをとりだして、法律の根拠、要件、効果等を論ずるというのだけではなく、このような行政手段が組み合わせられ、時には不当に相関連せしめられて、一体としてのプロセスをなし、あるいは新しい行政機能を生み出していることを問題としなければならないのである。このように全体としての過程の正常性を問題とすべき場合はきわめて多い。紙数の関係上、ここでも思いつくまま主要な判例を列挙して、検討の材料に供したい。

①ことさらに作為的な行政過程によって処分要件を充足する事実状態が作り出された場合については、個室付浴場と児童遊園に関する仙台高裁昭和四九年七月八日判決（行裁例集二五巻七号八三三頁、その後最判昭和五三年五月二六日判例時報八八九号九頁が出た）、未墾地買収事件に関する最高裁昭和四〇年八月一七日判決（民集一九巻六号一四一二頁）、②国家賠償請求事件で、具体的な事件の経緯あるいは成り行きを追ったうえで、行政の誠実義務違反や作為義務違反を肯定したものに、住宅団地計画変更に関する熊本地裁玉名支部昭和四四年四月三〇日判決（判例時報五七四号六〇頁）、高知廃ビニール事件に関する高知地裁昭和四九年五月二三日判決（判例時報七四二号三〇頁）、③歩道橋設置に関する全体の過程を個々の行為に分解することなく一体として把握して抗告訴訟の対象とすべきだとしたのが有名な国立歩道橋に関する東京地裁昭和四五年一〇月一四日決定（行裁例集二一巻一〇号一八七頁。ただし、これに反対趣旨を示すものに、東京高判昭和四八年一〇月二四日行裁例集二四巻一〇号一一七頁、名古屋地判昭和五二年九月二八日判例時報八七七号三〇頁などがある）、④計画決定等にあたって住民意思の反映や住民運動への誠実な応待を要求する宇都宮地裁昭和五〇年一〇月一四日判決（判例時報七九六号三一頁）などがある。

最後の④の判決の具体的妥当性については判例評釈などでも疑問がのべられているが、その具体的当否をぬきにして、物の考え方ないし発想としては似た立場にたつ判決例が、いわゆる環境訴訟の分野などではとくによくみられる。ここでは、被害者の救済もさることながら、同時に公共施設等の立地の合理性が問われざるをえない。そこで、訴訟の当事者としても単なる被害者でもなく、しかし、抽象的な市民や住民でもなく、広い意味での利害関係者が計画の具体的合理性を確保するためには当然考慮に入れるべき利害を主張する者として登場し、また、訴訟の本案における判断にあっても、合理性の判断において適正な利害の比較衡量がなされていたかどうかが手続面と実体面の両側面から検討されることになるのである。これは先に法律による行政の原理のところでのべた、筆者のいう計画行政法としての現代行政法の構造的特色に由来するところが大きい。現地主義や当事者自治的要素が加味された現代型の行政過程が行政訴訟段階にも複雑かつ困難な問題を惹起しているわけであって、現代型の行政過程の分析検討が理論上にも実際上にもきわめて緊急の課題であるわけである。

四　各論の重要性

(1)　これまでのべたところから明らかな通り、法と行政との関係を論ずるにしても、行政行為や行政訴訟の問題を論ずるにしても、一般抽象的に論ずるだけでは足りず、具体的法律関係について具体的事情に即して論ずることが不可欠の作業である。訴訟状態説が訴訟状態において訴訟行為をとらえ、刑法における構成要件説が総論的諸問題を個別具体的な犯罪構成要件について論ずべきことを要求し、法律行為論が民法解釈学において導入的意義をもち、これ以上に債権各論、契約各論等々が精細に論じられているのも至極当然の話である。行政行為一般の本質論やきわめて大雑把な分類などによって解釈論的諸問題に対する結論が出されている現状は、他の法学の分野と比較しても、いささか奇異の観をまぬがれない。かつて美濃部達吉博士は、数々の各論的問題にも取り組まれ、また実に数多くの判例評釈を書いておられる。今日でも、雑誌企画による判例評釈は花盛りではあるものの、判例研究は他の分野と比較して相対的に乏しいし、また、各論の問題が論じられるときもいわば総論的に論じられることが多い。判例評釈も総論の教科書による問題整理の枠に合わせて論ずることが多いわけである。たとえば、解釈論でちょっと立入った問題について公務員法では労働法学者、国家賠償法では民法学者、行政訴訟法では民訴学者その他の諸問題について実務家の書いたものを参照することが多い。行政法学者による学説が乏しいためである。行政法全体については通説もあれば、批判的見解も存在しているのであるが、それにもかかわらず（それゆえにこそ？）、個々の問題については通説はおろか学説さえ存在しないことが珍しくないのである。

たしかに、各論的な素材をある程度犠牲にしてはじめて行政法学の成立が可能であったという成立当初の必要はあったにせよ、今日にいたってもなおまた同じような事情にあるというのは少し異常にすぎはしまいか。すでに一〇年の公法学会報告で、園部会員はリアリズム法学の話をされ、相原会員は各論の重要性を強調されるなど、各論研究の必要性は強く意識されていたと思われる。にもかかわらず、その後この方向は十分には進展しなかったようである。

(2)　一九七一年公法学会で塩野会員は「行政作用法論」について報告をされ、行政作用法各論の存在意義について疑問を提示された。その際、田中会員の提唱にかかる「規制法」について、伝統的な「警察法」の法理におけるほど明確な法理を形成することに成功していないという趣旨のことをいっておられた。しかしながら、この警察の法理もよくみてみるとそれほど明確な内容をもった法理かどうかについては疑問があるのである。

まず、警察権の根拠と限界としてのべられている法理が、いわれるところの警察作用に固有の法理としての通用性をもつかについて疑問があることは、別の機会にのべた（拙著『行政法Ⅱ（各論）』一三九頁以下参照）からここでは省略するとしても、たとえば、「警察許可」という概念ひとつをとりあげても、その内容が十分の検討を経たものであり、類似概念等との差異が明確にされているかといえば、まだ、されていないというほかはない。営業開始に関する許認可制についても、大別すれば、①許可と②特許があるといわれているが、この両者の差異の詳細、この両者の中間的な③計画許可ないし調整許可、④一般営業許可と風俗営業許可、⑤公企業ないし公益事業特許と財政特許、⑥公企業内部におけるそれぞれの特許のもつ差異、⑦距離制限規定（配置規制）をもつ許可（公衆浴場）と計画（調整）許可との差異等々検討すべき点はいくらでもある。また、営業開始に関する許可と個々の営業上の行為に関する許可（いわば営業許可と行為許可）の区別も、違反行為の法効果等に関連して重要である。さらに、視野を広げて、土地利用に関連する許可制、その他の危険行使に関する許可、資源利用に関する許可等を比較検討し、分析したうえでなければ、「警察許可」などという言葉は、そう簡単には使えないはずである。近年のわが国の実定法上、立法上にも行政実務上にも、許可制を再検討すべき材料は、主だったものだけでも余りにも多い。それにもかかわらず、そのような検討もしないままで、昔々実定法制度も単純であった時代に、きわめて単純かつ素朴な見地からされた許可等の分類やその特色づけを無批判のままに祖述しつづけているのは、あまりにも怠慢だというほかはない。ただ怠慢なばかりでなく実務にも悪影響を及ぼしている場合さえ少なくないのである。

(3)　行政法学の怠慢と考えられるものをあと二つだけあげることにしたい。筆者の考える怠慢が伝統的な行政法学の方法に由来する、いわば構造的なものと考えられるものである。

ひとつは「公企業」と「公企業の特許」をめぐってである。公企業の特許は、国家独占事業の経営権を付与する行為であるというかつての学説に対する第二次大戦後の学説の批判的作業の結果は、一部には、実定法に即して公企業の特許を再構成をするという説を生むとともに、他方で、公企業の特許も、警察許可、統制許可、財政許可などと並ぶ許可にすぎない、一般の営業に関する警察許可と公企業の特許も同じ許可であって、その違いは程度の差にすぎないとする見地も生んでいる。さらに、後者の見解ないしその基礎にある物の見方を前提として、民間のいわゆる特許企業に関する規制は公共企業規制法として規制法の中に入れ、国営にかかる公企業は公企業法の中に入れるという分類もみられることになった。公企業の特許が、国家独占権の付与であるとか、特許企業に対する国の監督が特別権力関係の一種だとか、実定法上の根拠もなくして超実定法的な公権力を承認することに対する反発が、公企業の許可説を生んだ一因だと考えられる。国家対私人（業者）との関係において、過剰な公権力の承認を排除し私人の権利自由を可及的に尊重しようとする発想が許可説にはみとめられるわけである。しかし、国家独占事業の経営権に対する批判からする出発が再び国営にかかる事業と民営にかかる事業という経営形態に着目した分類を結果しているという、公企業利用者である消費者の観点を欠落した公益事業学説からみた方法上の問題はさておいても、その結果生まれた余りにも空漠とした「公企業」とか「公共企業規制法」、さらに警察許可も統制許可も財政許可も公企業許可も同じ許可だとする考え方は、何といえばよいのであろうか。私は学説にはいろんな学説があってよい、ある問題に対する解答も複数あるのが当然だという考えをもっている。結論として公企業の許可説があってもよいと思う。しかし、他の許可との違いが程度の差にすぎないにせよ、具体的にいかなる点がどのように違うかを詳細に検討したうえでいうのでなければ、すなわち、相当具体的に明確な内容をもつものでなければ、学説とよべないのではないかと思われる。特別権力関係という言葉を別の言葉でいいかえている例も散見されるが、そこでも伝統的な特別権力関係論批判以上の積極的内容が具体的に展開されているのでなければ、他の法分野で一般にいわれる学説には該当しないであろう。第二次大戦後の学説の傾向の一つに伝統的学説に対する批判的検討の作業をあげることができる。それはたしかに不可欠の前提作業であったが、その作業の仕方にみられる上記の特色のほかに、それ以上の積極的な次の作業を伴わないものが少なくないという特色がみられるように思われる。

⑷　最後に、もうひとつとりあげたいのは開発行政法である。一九六六年の公法学会において「公用負担」がテーマとしてとりあげられ、杉村、雄川両会員によって報告がなされている。土地収用法の大改正などを契機として公用負担法理の客観化と体系化が論ぜられているわけである。そこでは、いわゆる「点と線」の収用から「面」的収用へという変化に応じた新しい法理が問題提起され、収用手続や補償の面での客観化、体系化と並んで、公共性の変貌とか、利害の調整や争訟の仕組みについて、その当時としてはきわめて大胆というべき問題提

起がされていたのである。その後、わが国の立法、行政実務さらに裁判の実際では、そこにあらわれていた問題提起を具体化し、場合によってはさらにそれを進めたとみられるものも登場した。ここ一〇数年の間、めざましく開発行政が日本全国で進められ、それに伴う深刻な紛争が生じたことは周知の通りだからである。

しかしながら、この開発行政法については行政法学界ではその後目ぼしい成果に乏しかった。それはやはり開発行政法が「公用負担」という、古めかしいばかりでなく、元来が固有のまとまった意味をもたない雑多な寄せ集めの中に封じ込められているからだと思われる。開発行政法という言葉自体、荒会員、塩野会員の著書論文にみられるくらいで開発行政法が正面から論じられることがなかった。公用負担を全体として論じて、その性格の変貌を論ずることはやはり少し大まかにすぎるように思われる。土地収用における公共性を論ずるにも、今なお昔通りの古典的な公共性の説明で足りる場合も相変らず存在している。小学校や小さな都市公園を作るための土地収用については、伝統的な公共施設用地の取得で説明が十分である。しかしながら、都市計画事業のための土地収用や用地取得となってくると少し事情が変ってくる。ことに大都市圏にかぎってみとめられている都市計画事業となると開発行政の一部である大都市圏行政の一環としての色彩が強くなってくる。さらに電源開発ダムや大空港となれば、開発効果の大きな公共施設まさに開発行政の戦略的手段としての性格があきらかとなって、その具体的公共性についても、利害の調整の方法についても、小学校や小さな都市公園を作ることと同日に論じえないことはあきらかだといわなければなるまい。これは決して筆者独自の個人的見解や価値判断を示しているのではなくて、この種の事業については、わが国の実定法制度上すでに「公共用地の取得に関する特別措置法」により用地取得上に特例をもうけ、不完全ながら計画策定につきそれぞれ各種の手続を定めるほか、利害の調整についても、筆者のいう、いわゆる「公共施設周辺地域整備法」の類をもうけるなどのことによって、一般の場合と異なる特別扱いをしているからである。不幸にして開発行政について極めて深刻な紛争が生じている例が少なくない。それにはさまざまの原因があってのことであって、法律問題とは無縁の政治的要因も強く働いていることも否定できない。その責任を法律制度に求めるのは筋ちがいだという反論は十分に予想できるところであるが、しかし、筆者は、その責任の少なくとも一端が、土地収用であれば、小学校であろうが、ダムや国際空港を作るためであろうが同じだとする法律学や法学教育にあることは否定できないと思われるのである。

五　結　語

(1)　田中二郎会員は一〇年前の学会の部会報告（公法研究三〇号一九八頁）において、「戦後、行政制度は根本的に改革され、行政法のよって立つ基盤が変遷し、行政法の基本的な考え方が反省を迫られるに至り、美濃部理論はそのままでは到底通用しなくなった」といっておられる。美濃部・田中理論として今村会員などの戦後の学説によって攻撃の的とされている観のある田中二郎会員ご自身が美濃部理論は到底通用しないとされるのである。ところで、田中二郎会員をはじめ多くの学説により、この美濃部理論は民権学派として穂積八束等の官権学派ないし神権学派による過剰な公権力性の承認や公法・私法峻別説的な考え方に対して批判的立場をとったものという性格づけが与えられているのは周知のところであろう。単純化していうと、戦後学説は田中理論を批判し、田中理論は美濃部理論を批判し、美濃部理論は官（神）権学派を批判しているわけである。しかも、その批判的姿勢には共通項がある。それは公権力性ないし公法性の過剰な承認に対する批判がそれである。かつて田中耕太郎博士は商法学の建設にあたり民法と区別された商法の特色として「商的色彩論」をとなえられたことがある。これになぞらえて物事を単純化していうと、伝統的学説が「公的色彩論」のレベルで議論をしてきたのに対し、戦後の数多くの学説がこれに対するアンティ・テーゼとしてむしろ「私的色彩論」のレベルで議論をしようとしたともいえる。そこには公的色彩の濃淡をめぐって、連綿たる議論が長年にわたって続けられてきた。戦後三〇年あるいはここ一〇年の現実が深刻な問題を生じさせているにかかわらずこれを正面からとらえる努力をおこたり、これを横目にみながら、それぞれの過去の理論に対する批判に精力を集中している様子は、金井克子の「他人の関係」のジェスチャーの形に似ているように思われる。

(2)　田中二郎会員は右の文章に続けて「われわれ学究の非力と怠慢のためもあって、美濃部理論に代るべき確固たる通説というべきものは、未だ形成されるに至っていない」と書いておられる。筆者は一〇年後の今日においても、この言葉の結論は文字通りにその通りだと考える。しかもそれは当然だと思う。けだし、個々具体的な問題について数多くの学説の集積があり、個々の問題について通説があってはじめて、行政法理論について通説の存在を論ずることが可能となると考えるからである。個々具体的問題について通説はおろか学説さえ乏しい状況で、行政法全体についての通説があったり、個別分野について信頼できる学問的研究集積の熟成の上にできあがった権威的文献に乏しい状況で、行政法全体についての権威がいるというのが非常識だからである。ところが、これまで連綿と続いてきた公的色彩濃淡論という、学界の主要な潮流を形成してきた問題意識は、行政権力と私人の関係を対象とする行政法学の性格上核心的な問題に焦点をあてるものではありながらも、他面において、いわば問題の入口で立ち止まってその入り方を議論しているようなところがあって、具体的問題を論じる場合にあっても、具体的内容のある法解釈論が展開されないという傾きがあるように思われる。この点での過剰な問題意識が、現実の問題の把握や法解釈学としての徹底を妨げているといってよい。

もうひとつの阻害要因は方法論についての過剰な意識でないかと思われる。前にロブソン教授やドラーゴ教授来日の折に、なぜ行政法学から行政学に転向されたのかという質問をして戦時中に行政実務を担当するといった個人的体験のような返事しか返ってこなかったことがある。また、私の書いたものについてソウル大学の徐教授から行政学との違いをどこに求めるのかという批判をいただいたことがある。私自身方法論が必要なことは百も承知のつもりではあるが、ただ少なくとも現在の段階すなわち現実の諸問題について法解釈なり法的側面からの取扱いの試みがあまりにも乏しい段階では、少なくとも交通整理の意味での方法論は、洋行帰りの王様が砂漠や孤島の車の通らない道に大がかりな交通規制をしくようなものであって、あまり生産的でないばかりか場合によっては試行錯誤の試みを早い芽のうちにつみとることになって、余り歓迎できない場合もあるように思われる。行政行為論ひとつをとりあげても、ベルナチック、コルマン、W・イェリネック、さらにジェーズのものなど、今日の目からみれば、あるいは方法的には欠陥だらけであり、実に無駄な努力をしているようにみえるかもしれない。方法的にはヒッペルの小論文が余程明晰かもしれない。しかし、後からみて途方もなく無駄な努力の蓄積があってはじめて、ドイツなどの行政行為論があるのであって、わが国ではこの種の努力が乏しいように思われる。

(3)　予定の制約枚数をすでにこえてしまったため、最後にひとつの問題提起をして結語に代えたい。問題提起といっても確固とした研究成果にもとづくものではなくて、全くの暗中模索の手さぐりの最中にあって、おぼろげながら、そこに問題がありはしまいか、と思われるものを提示して、いろいろご教示をいただきたいと考える。

第二次大戦後、伝統的学説に対する批判も旺盛であるし、外国法研究も判例はもちろん時に実務に立入った詳細なものまでもが豊饒に出されている。しかし、研究業績の豊富さにもかかわらず、行政法理論の内容の貧困感があり、せっかくの外国法研究の成果も必ずしも生かされず、また、「憲法は変われど行政法は存続する」という命題には批判的である一方、「現実は変われど行政法は存続する」とでもいうべき現実に超然とした行政法理論が旧態依然として存在するのはなぜか、といえば、それは「学究の非力と怠慢」のためではなくて、われわれがお手本としてきたドイツ公法学、とくにそれが形をととのえた一九世紀ドイツ公法学の方法論に原因があるのではないかと思われる。小さなことをいえば、われわれが英米法やフランス法をやる場合にも、学生時代からしみこんでいるドイツ法学の目で理解しているために、豊富な外国法研究にかかわらず、比較法の成果に乏しいように思われる。さらに、われわれの思考の根本的な枠組みが、「国家」「権利自由」などの基本的な概念のほか、「国家観」や「歴史観」なども、一九世紀ドイツ公法学によって与えられるものであるため、無意識のうちに固定的な枠の中に閉じ込められているのではないのかという気がしてならないのである。

現代行政の展開に応じた行政法理論の形成は、一〇年前の公法学会の報告者によっても共通に意識された課題であるが、このためには現代行政の各論的な現実の諸問題に対して試行錯誤の努力を重ねる一方で、いわば近代行政法の生成期に立ち帰ってその意味を問うことが不可欠の作業であるといわなくてはならない。われわれは完成した制度の世界に安住しているために国家とか法とか、その他の問題を固定的な制度の目でみている。しかし、これらも議論の前提におかれるべき自明のものか、固定的なものかが、現代問われていると筆者は考える。そうだとすれば、制度の形成期のドイツ公法学における制度形成の仕方や物の見方を、彼ら自身の目以外の目でもって再検討する必要があるはずである。公的色彩の濃淡に関する学説も、伝統的学説に忠実か批判的かを問わず、その源流がそこにあるように思われるのである。

(4)　本稿は昨年秋の公法学会報告を記憶をたどりつつ書いたものであるが、時間の制約で当日喋れなかったことも書き加えてある。また、誤解をさけるため注記すれば、本稿ならびに学会報告において行政法学のいわば怠慢なり問題点なりを指摘している部分は、その批判はもちろん自分自身をふくめたもの、むしろ、種々の問題点を脱却ないし克服できずにいる自分自身に対して向けられている。さらに、本稿の指摘は学界におけるひとつの主要な潮流をきわだたせたものであるにすぎない。具体的問題についての法解釈論的業績が少ないといっても、研究者の数の豊富な他の法分野と比較した相対的なものであって、広岡会員による行政強制に関する研究など、数多くの法解釈学の成果が存在することを否定するものではないし、また、最後の問題提起にしても、宮崎良夫会員による司法権の研究、芝池義一会員による公用収用制度の研究をはじめ、近時の若い世代の研究者による着実な歴史研究の諸成果に触発されて書いたものである。なお、本稿でのべたところは、おおむね近年の筆者の著書論文ですでにのべたものであるため、こちらの方も参照していただければ幸いである。

（公法研究四〇号、一九七八年）

3 経済法と現代行政法

一　序　説

(1)　本日、経済法学会において話をする機会を与えられたことは大変光栄である。しかしながら、与えられたテーマである経済法と行政法の比較については、何分私自身経済法は不勉強であって、耳学問の域をこえないため、皆様方のお役に立てるような話はできないと思われる。ただ、この機会を利用して、現代行政法について思い悩んでいることのいくつかを述べ、皆様方からご教示を得ることができれば大変幸いである。

まず、概説書類や若干の論文を拝見すると、「経済法とは何か」について諸説があり、統一をみていないようである。大まかに何を経済法の対象としてとらえるかについてみても、広く経済に関する法の全体をとらえるものと独禁法を中心としてとらえるものの二つがあるようである。法律学全集の金沢教授による「経済法」は、前者であり、経済法とは何かを意識的に論じておられる若干の方々はむしろ後者であるといえる。また、独禁法の性格づけについても、さまざまの方が議論をしておられるようであって、いくぶんの共通性もありながら、やはり統一をみていないと思われる。さらに、他方で、わが国には独占形成法とでもいうか、憲法や独禁法の建前にもかかわらず、競争制限的あるいは業界調整的な数多くの立法や行政措置がみられるわけであるが、これらのものの性格づけ、なお、古くは経済統制法をめぐる活潑な議論があったようであるが、今日のきわめて複雑化した、いわゆる構造改善等と結びついた経済規制の数々、これらのものの性格づけなどについてもなお統一がみられない現状にあると思われる。ズブの素人の印象批評にすぎないから、間違いを後日改めるにはいささかもためらわないが、比較の一方の対象である経済法自体はなはだ流動的であって、とらえどころがないという印象をもったわけである。

(2)　他方、行政法の方はどうかというと、何かしら固定的でしっかりした体系のようなものがあるという考えをもつ方が多いようである。とくに行政法の専門外の方にはこのような印象をおもちの方が少なからずいらっしゃる。しかし、行政法もまたはなはだ流動的で確固たる体系を欠いているといわなくてはならない。

まず、いうまでもないが、「行政」と「行政法」さらに「行政法学」とは区別していただきたい。たとえば、公害行政の立ち遅れをまるで行政法学のせいでもあるようにいわれる私法学者に出会ったことがあるが、私どもそこまで責任はもてません。まして、「行政法学」とその中の「伝統的学説」とを同視されるのは大変困る。昨年秋の公法学会でも何人かの方がいわれたように、美濃部・田中行政法でよばれる伝統的学説はすでに一〇年も前から通説ではなくなっている。いわば戦国乱世のように学説が互いに相競っていて、これが通説だといえるものがない。行政法理論もまた流動的であって、行政法の中心に何を考えるかについてさえ、人の意見が分かれている。そこで行政法とは行政に関する国内公法であるといった伝統的学説の単純な図式的説明は今日の行政法学界では通用していない。しかし、他方で、それに代るべき、わかりやすくて見通しのきいた体系ないし議論の枠組みというものもまだ出来上がっていない。折角の機会であるから宣伝をさせていただくと、私自身、行政過程論というものを主張しているが、残念ながら、学界でそれほど多くの支持を得ていない。行政過程論の内容がよくわからないという批判も少なからず存在する。また、経済法と具体的に関連があると思われる、いわゆる行政作用法各論についても、そもそも各論などというのはいらないという説さえ有力に唱えられていて、この点についての議論もやはり、統一をみるというに程遠い現状にあるといわなくてはならない。

(3)　このようにみてくると、経済法と行政法とを比較するというテーマは出発点からしてまことに悲観的である。比較すべき一方の経済法も他方の行政法もあいともに不確定・不統一なとらえがたいものだとしたら、ことは絶望的というほかないことになる。しかし、経済法も行政法も、ともにさまざまの問題をかかえて議論が帰一するところをみないかにみえるのも、それぞれ現代的な課題に直面して活潑な学問的活動が行われている証左ともいえる。しかも、以上の事情にかかわらず、従来、経済法と行政法とは実際上に密接な関係があることが屢々指摘されている。

たとえば、実定経済法の多くが実定経済行政法であり、それは実定行政法の一部であるといわれる。このように重複する場合に経済法のアプローチと行政法のアプローチがともに必要であることもこれまたみとめられている。たとえば、公正取引委員会の組織、手続、審決の効果、司法審査などの問題については行政法（学）のアプローチが必要であるが、公正取引委員会のなすべき実体判断については経済法（学）的アプローチが必要であるとされるのが、その例である。なお、古く経済統制法をめぐる議論や第二次大戦後の公正取引委員会による行政審判をめぐる議論をはじめ、実定経済法が素材として行政法理論再検討のための問題点を数多く提供してきたこともいうまでもないところであろう。

このように実際上に密接な関係がありつつも、相互にアプローチを異にするというのは、租税法、教育法等々と行政法との関係においてもみられるところであって、そこにおいても、他の法分野が主として実体的判断の側面を守備範囲とするのに反して、行政法は、主として、機関とか行為、行為の効果などの形式的・手続的側面を守備範囲とすることが一般にいわれている。このような理解は、大まかな傾向を理解するものとして、それなりにわかりやすい。

(4)　本稿は、経済法と「現代」行政法というテーマにさせていただいた。それは従来何人かの方がやってこられた経済法と行政法とのちがいの検討を全面的に否定するものではないが、ひとつには、行政法（学）自体近年非常に変わっていて、従来比較にとりあげられている行政法はすでに支配力を失っている伝統的学説にすぎないこと、したがって、かつて幾分誇張されていわれたきらいのある両者の差があまりなくなっているのではないかということを述べたい。もうひとつには、それと同時に、現代的諸問題に直面する現代法としての性質上、共通の課題に対する研究においてより一層協力できる分野が多いのではないかということを述べたいためである。それぞれ、対象を共通にする場合が多くありつつも、アプローチの方法を異にするというのは、おたがいの境界を守って平和共存するうえで意味あることであろうが、守備範囲のちがいは当然の前提としながらも、現代的課題に対して共同戦線を張ることも必要ではないかということを述べたいのである。

広い意味での経済法の発展は、同時にさまざまの形で行政機能の拡大をもたらしていることはいうまでもない。呼び名はともあれ、国家と経済全般の関係は深く広くなる一方である。そこでは、ただ素材としての経済法が行政法理論にインパクトを与えているというにとどまらない深刻な事態が生じていると思われる。租税法、教育法、環境法などと並んで、経済法の発展によって、たとえば、行政行為論、行政手続法、行政計画、行政指導、司法審査等々に関する行政法理論の内容が豊富なものとなるというだけではなくて、いったい行政と法の関係はいかなるものか、大げさにいうと法とは何かとか、公共部門と私的部門間のさまざまの負担の配分のあり方等々、行政法の構造の核心的部分に及ぶ深刻な影響がみられるのである。いわば現代法の悩みがそこにある。

二　相違点の検討

(1)　公法と私法　　これまで経済法と行政法の相違点としてとりあげられている主な点のいくつかに簡単な検討を加えることとしたい。まず、行政法は公法を対象とするのに対して、経済法は私法をも対象とするといわれる。

たとえば、金沢良雄教授『経済法』（法律学全集）は「経済法は、経済的・社会調和的要求を満たすために、公法的規制ばかりでなく、私法的規制も用い、公法・私法の分野にわたるのであり、また両者の関連・交錯現象が生ずる場合がある」（二三頁）、「経済法は、主として行政作用に及ぶものといえるが、そのすべてに及ぶものでないとともに、他面では私法分野に及ぶ場合のあることに注意しなければならない」（二七頁注八）としておられる。

たしかに「行政法とは行政に関する国内公法である」という伝統的学説による定義はよく知られている。しかしながら、従来の行政法が対象としたものは公法にかぎられていたわけではなかった。

(a)　古く美濃部達吉博士に「公私混同関係」という言葉が用いられ、田中二郎博士における「管理関係」もまた原則として私法関係としての実質をもった関係をさしていた。

(b)　行政目的を達成するために私人の行為を直接に規制することはよくみられる。古くから、行政法規違反（警察取締規定、経済統制法規違反）の私法上の効果如何として論ぜられてきた。また、農地を買収し、または換地処分等にあって、前提問題たるべき私法関係や転換されるべき私法上の権利関係が問題とならざるをえないのは当然であって、公法・私法の交錯、関連する場合は行政法上きわめて多い。

(c)　現代行政は、行政目的を達成する手段として私法手段を活用することが多くなった。行政手段（公共施設の用地取得・建設、事務用品等）の調達の方法としてでなく、行政そのものについて私法手段（住宅供給、補助金等）によるわけである。「私法への逃避」や「行政指導への逃避」は経済行政のみならず他の行政分野にもみられる。学説上にも、公法契約・私法契約の区別にかえて、行政契約論が有力に主張されるにいたっている。

(d)　なお、私法の特別法である国家賠償法が講学上の行政法の主要な内容を構成していることは周知の通りである。

(2)　実体と手続　　経済法は実体を対象とするのに対して、行政法は手続を対象とする、あるいは形式的・手続的な考察に甘んじているというのもよくみられる所説である。

たとえば、金沢教授（前掲書二七頁注八）は「行政法学は、行政に関する法一般に共通する基本原理を発見し、その体系化と行政作用の類型別を行うのに対し、経済法学は、（中略）経済実態的側面からそれを整序する」ものとされ、また、今村成和教授（「経済法の基礎理論」『私的独占禁止法の研究（三）』三〇八頁）も、「行政法的アプローチの下では、作用の類型的把握など、行政法的視点にのみ注意が向けられ、制度の客観的機能を明らかにする上には、著しく不十分とならざるを得ない」とされ、また行政法学が「単なる政府活動の諸類型の法的分析に満足している」旨の言葉ものべておられる。さらに、丹宗昭信教授（「経済法と行政法」公法研究三四号二六二頁以下）も、行政行為論中心に構成された行政法は「行政作用法の中で行政庁の行為形式の問題としてのみ処理」している（二七〇頁）が、行政が経済に介入する場合は「行政庁の当該行為は、常に経済法的評価を受けることにならざるをえないことになり、単なる行政庁の行為形式の問題としてすまされなくなっている」（二七五頁）ものとされている。

伝統的な行政法学説における行政行為論が、右の諸説からもうかがわれるように、はなはだしく単純で形式的な類型化等に甘んじていたこと、しかも、きわめて残念なことに、近年にいたるまでこのような事態にあまり改善のきざしがみられなかったことは否定できない。しかしながら、近年、室井力教授の主張される行政領域論にせよ、私のいう行政過程論にせよ、あるいは形式的行政行為論にせよ、あまりにも形式的・画一的な行政行為論に対する批判は次第に強くなりつつあるのであって、具体的法律関係を離れた行為の類型化は過去のものといってよい。

(3)　抽象的・形式的と具体的・実質的　以上のことはより広く、行政法理論の抽象的・形式的アプローチに対して、経済法の具体的・実質的なアプローチとして対比されることがある。

たとえば、さきほどの金沢教授も、行政に関する法一般に共通する基本的原理を発見しその体系化を行うのが行政法学であるとされていた。また、今村教授〔前掲書〕も、「伝統的行政法理論は、権力分立制の下で、自由主義思想を背景に成立した」〔三〇六頁〕「しかるに、経済法成立の基盤を為す社会状況は、このような消極的国家観をもってしては説明し切れない法現象を生じて来た」〔三〇七頁〕「行政法学が法律による行政の原理のもつ形式性に無自覚」〔三〇八頁〕であるとし、さらに、経済分野での非権力的行政について、伝統的な行政法学の立場からは法律の根拠を必要としない〔三一九頁〕のに対して「経済法の観点よりするならば、資本主義的経済構造に対する国家的介入を目的とする行政が法の根拠なくして行なわれることに対しては強い批判を免れぬ」〔三二〇・三二一頁〕ということすら述べておられる。なお、伝統的行政法学の骨格が行政行為論にあり、警察行政を基軸とするものであったとする教授の認識は、岩波講座『現代法4』の折込みパンフレット「行政法と経済法」にもみられる。さらに、丹宗教授〔前掲論文〕も、「行政法の一般法・形式法たる性格に対して、経済法の個別的・実質法たる性格」〔二六五頁〕、「経済法の規制対象は〔中略〕少くとも独占段階における独占的経済現象を重要な規制対象としている〔中略〕。国家活動を広く行政として規制対象として考える行政法よりも、経済法の規制対象の範囲がはるかに狭く限定されている」〔二六六頁〕多様性の捨象された「伝統的な行政作用法〔各論〕の形式性・抽象性」〔二七四・二七五頁〕といっておられる。

しかしながら、今村教授の所説は、とくに伝統的な行政法理論に対して向けられているのであるし、また、行政作用に対する法の根拠については、行政法学説にもさまざまな考えがあることはいうまでもないが、経済法学だと当然法の根拠が必要だというのも理解しがたいところである。丹宗教授によって明快にのべられている経済法における規制目的や規制対象等の具体的限定性は、それなりにわかりやすいが、しかし、伝染病予防法であれ食品衛生法、風俗営業等取締法であれ、個別の行政法規のどれをとりあげても、程度の差はあれ同じことがいえる。かりに行政行為論上で許可という性格づけが与えられても、これらの個別法規上の免許がそれぞれの法規の趣旨目的にかかわりなく同じと考えるものはいないであろう。それは経済法を独禁法を中心にしてとらえ、しかも、独禁法が実定法典をもっているため、その解釈論として議論を展開できるという事情によるところが大きいのではないかと思われる。

もちろん、以上の諸説が指摘する行政法学の特色は相当程度にあたっている。田中二郎博士は公法学会シンポジウム（公法研究三四号二八一頁）で「行政法的な見地から把える場合、その社会関係に対する見方が一面的になる危険があるのは事実だが、それは租税法学者、経済法学者が究明すべき部分ではないか」とこれをみとめる発言をしておられる。たしかに、餅は餅屋で、学問にもそれぞれ守備範囲をきめた方が良いこともある。しかしながら、行政法学が伝統的学説にみられるような総論中心主義でよいとする考えは次第に薄れつつあるのではないかと思われる。先程の行政領域論であれ、行政過程論であれ、また、現実に環境行政法やさまざまの個別分野での議論に現にみられるように、むしろ、個々の行政法の分野に即したキメ細かい議論をしようとする、いわば、各論志向の潮流が有力になりつつあるのである。

(4)　二面的と三面的　行政法が国家対私人という単純な二面的構造をとるのに対して、経済法はより複雑な三面的構造をとるといわれることがある。

たとえば、丹宗教授（前掲論文）は「行政法の場合は、国家対私人という二面的な法構造であるのに対し、経済法は、三面構造（事業者対事業者、事業者対一般消費者といった二面に対して国家が一定の政策的観点から介入する）である」（二六六頁）とされ、また別の機会の公法学会シンポジウムの際に「経済法、労働法、社会保障法等では「行政官庁の行為という面からでなく、下からとらえる」（公法研究二八号二二二頁）という発言をしておられる。また、今村教授も、従来における行政法学が「警察行政を基軸とする、国家と個人との権力・服従の関係を内容とするものであった」（前掲パンフレット）とし、さらに、競争制限政策のため計画にもとづいてなされる規制行政について「これを単なる行政機関による一方的な規制行政にすぎないと解するのは誤りであって、（中略）業界内部のいわゆる自主調整が困難な場合における権力的補強の手段」（前掲書三一七・三一八頁）だとされている点にもその趣旨がうかがわれる。

伝統的な行政法学説が主として念頭においたのはたしかに右にいう二面的なものであったといえよう。ところが、原告適格の拡大によって、行政処分を相手方以外の第三者が争う場合だとか、あるいはそのようなことが典型的にみられる環境行政訴訟の分野において利害の相対立する私人が登場することが珍しいことではなくなってきた。バス料金値上げを利用者が争うことをみとめた広島地裁昭和四八年一月一七日判決（判例時報六九二号三〇頁）も、このような事情をもって原告適格をみとめる有力な根拠としている。このような三面的構造が問題とならざるをえないことは、ひいて規制の具体的・実体的部分に踏み込まざるをえなくなったことを示しているのである。

のみならず、利害の対立が個別当事者間の利害の衝突にとどまることなく、相当の範囲をもった社会集団ないし階層間におけるそれでもあることが、経済法におけると同様、ひろく行政法においても、計画行政、審議会、行政過程への参加、環境訴訟その他の集団訴訟等々の形をとってする複雑な利害調整のメカニズムを必然的なものとし、深刻な問題を生じさせることとなったのである。

三 現代行政法の課題

(1) 計画法　前節での検討は、決してそこでとりあげた比較論が全くの的はずれということではなくて、むしろ、ここ一〇年の間に、かつて比較論で指摘されていたような行政法学の形式性が次第に克服されてきたといった方がより正確だと思われる。それは一面で行政法学の努力によるものであるが、他面、行政ないし行政法の急激な変容が行政法学をして、その形式主義を克服せざるをえなくしたというところもはなはだ大きかった。現実の行政の必要が従来の問題意識をこえてはるかに深刻な問題を投げかけているからである。

とくにとりあげたいことの第一は法と行政との関係である。今日もはや行政に法の根拠を要求すれば足りるといった単純な問題でなくなってきているのである。

(a)　計画法としての現代行政法の構造から、法律があるにもかかわらず、具体的な計画の策定その他の行政措置をまたないことには、法の目的とする公共性の内容とか権利制限の予測可能性とかが与えられないなど、立法過程の非完結性と行政過程の独自性ないし固有性がみられることは屢々指摘してきたとおりである（拙著『計画行政法』参照）。経済規制においても、法によらない行政指導にかえて、法による規制をもちこむことに対して、話し合いによらない強権的な官僚統制の再現として業界あたりから反対があることがあるが、それは法が必ずしも行政をコントロールする機能をはたさず、むしろ、行政が用いうる数ある手段のうちのひとつ、しかもきわめて強力な手段を与えるものであり、その手段がいかに用いられるかについては法のコントロールが十分に及びえないことを示している。計画法において、法そのものが政策のひとつの手段たるにすぎないのである。

(b)　東京地裁昭和五二年九月二一日判決（行裁例集二八巻九号九七三頁、判例時報八八六号一五頁）、同じく東京地裁同年一二月一九日判決（判例時報八八四号八二頁）は、周辺住民との間に日照紛争が生じ、その収拾のための行政指導の間、建築確認を留保することは、かりに形式的には確認申請が建築基準法に適合し確認すべきときでも、一定の要件をみたす場合には、むしろ建築基準法の趣旨・目的を実現するものとして違法ではないとしている。形式的には法の規定に違反するかにみえる行政指導が、実質的には法の趣旨・目的にそうもの、すなわち当該法令が実現すべき目的を達成するための合理的な手段として、適法という評価をうけている。

(c)　大阪高裁昭和五三年九月二六日判決（判例時報九一五号三三頁）は、建築基準法違反の建築物に対する水道の供給拒否（いわゆる水攻め）について、指導要綱にもとづく行政指導は、水道法一五条の「正当な理由」に該当しない違法の拒否としつつ、諸事情を総合しんしゃくすると不法行為法上の違法ではないとしている。

(d)　なお、毒物劇物取締法による輸入業の登録について、拒否事由が法定されていない場合だが登録をみとめると、法定されている拒否事由の場合以上の弊害があるものとして、その「類推適用」によって登録を拒否することをみとめたものに東京地裁昭和五〇年六月二五日判決（行裁例集二六巻六号八四二頁）がある。しかし、これは控訴審（東京高判昭和五二年九月二二日行裁例集二八巻九号一〇一二頁）において「立法の問題」だとして破棄されている。

ここにあげた諸判例を例外的なものとして排斥しさる立場をとれば事は簡単である。しかし、判例に登場するのは文字通り氷山の一角であり、最近の武蔵野市長の刑事事件が単なる個人的事件でないことを考えると、現実の要綱行政の類を肯定するにせよ否定するにせよ、法と行政との関係をとらえる新しい枠組の必要性を痛感せざるをえないのである。

(2)　当事者自治　ひとは代表民主主義の機能不全を補うための住民参加、市民参加あるいは地方（分権）の時代などという言葉をいうことが珍しくない。法の不備を補うため地方でみられた先導的試行のいくつかを説明するためにこのようなことがいわれている。しかし、これらの言葉は必ずしも適切でない場合が多い。すなわち、住民一般でも、市民一般でもなく、ある行政措置もしくは行政が取り扱うべきだとされる問題について直接の利害関係をもった当事者について何がしかの発言権をみとめようとするものだから、当事者自治とよんだ方がより適切であろう。

(a)　もちろん当事者「自治」といっても、当事者に決定権限やそれに等しい最終的・決定的な発言権をみとめるものではないから、いわゆる住民同意方式をみとめるものではないし（東京地判昭和五二年一二月一九日前掲九〇頁参照）、周辺の住民意思に反することが当然に違法事由となるものではない（広島地判昭和五二年三月一〇日判例時報八四四号一七頁）。

(b)　しかし、場合によっては、住民運動に誠実に対応しないことが違法事由のひとつとされ（宇都宮地判昭和五〇年一〇月一四日判例時報七九六号三一頁）、また、有名な武蔵野市マンション指導要綱事件（東京地裁八王子支部昭和五〇年一二月八日決定・判例時報八〇三号一八頁）において住民に対する説明会開催を給水申込が権利濫用にあたるかどうか判断の重要な要素としてみている。

(c)　ひろく環境訴訟においては、公害防止措置等につき周辺住民に説得をし納得を得るための手続をふんだかどうかを違法事由存否ないし仮処分可否の判断において重視しているものが少なくない。いわゆる環境アセスメントも、環境影響情報の公開と住民意見の反映のための仕組みとしての意味をもっている。このような手続がふまれたかどうかを訴訟で論ずることの意味は、ときにいわれることのある行政の民主的コントロールという言葉では足りないものがある。行政過程・争訟過程のこのような仕組みを通じて、社会における物事の決定過程そのものが変っているといわなくてはならない。立法過程で既にきめられたところを行政が解釈適用し、その審査を裁判所がするという枠組みをこえている。上記の意味での当事者自治を加味した行政過程においてはじめて利害の調整が行われているといえるのである。

事柄の性質上、立法過程において利害の調整がつけられていない。そこで、行政過程において適正な利害の調整が行われなくてはならない。このため、従来の決定過程の偏りを是正する目的をもって、調整のハカリにかけられるべき利害であって、これまで無視されがちな利害の主張者に行政過程において発言の場を与えているわけである。ここで法や裁判の役割は決定されるべき内容でなく、その過程のあり方の適正にかかわっている。

(3)　行政の責任　　右のような当事者自治的要素を加味した行政過程における行政の責任とはいかなるものであるべきかは大変困難な問題である。同様に、法律の明文の上では必ずしも明確には定められていないものの、常識的には行政の責任がみとめられるような場合をいかに考えるかもきわめて困難な問題である。

(a)　上記の東京地裁昭和五二年九月二一日判決（前掲九九二・三頁）も、当事者による自主的解決、事後の純法律的司法的判断のみに委ねることなく、「地方公共団体の調整及び紛争解決機能」が建築基準法の趣旨目的に明らかにそう、といっているが、右のような地方公共団体の機能を当然の前提としているわけである（なお、伝統的考えでは、行政の民事上の法律関係不介入の原則というのがあった)。

(b)　伝統的考えでは、行政庁の権限が明文で定められている場合であっても、それを行使するかしないかは行政庁の裁量であって、不行使が著しく不合理である場合にかぎって違法となるとされている。ただ、国賠法関係判例においては、昭和四九年の宅造法事件(大阪地判昭和四九年四月一九日判例時報七四〇号三頁)、高知廃ビニール事件(高知地判昭和四九年五月二三日判例時報七四二号三〇頁)、新島爆弾暴発事件(東京地判昭和四九年一二月一八日判例時報七六六号七六頁)の三つの判決をきっかけにして、行政の不作為を理由としてその責任をみとめる判決が陸続としてあらわれることになった。

(c)　不作為による国家賠償責任をみとめた判例の多くは、少なくとも行政庁の権限・権能の存在は法の明文上明らかな場合にかかわるものであったが、この点で注目に値するのは東京スモン訴訟第一審判決(東京地判昭和五三年八月三日判例時報八九九号四八頁)と福岡スモン訴訟第一審判決(福岡地判昭和五三年一一月一四日判例時報九一〇号三三頁)である。旧薬事法上医薬品の製造等の承認の取消(撤回)の根拠規定が明文上にはなかったにもかかわらず、この権限とその行使の義務をみとめる必要があった。前者は、これを昭和四二年の薬務局長通知いわゆる「基本方針」によって「薬事法の改正」にひとしい事態が生じたものとし、また、実質的にも、法益の比較と承認取消が業者にとって必ずしも不利益でないことをあげている。後者は、やはり生命健康と経済的利益という価値の比較と営業の内在的制約を根拠として右権限をみとめ、さらに、この権限がないとしても、わが国においてその影響力の強さが半ば公知の事実であるところの行政指導を実施すべきであったとしている。前者の行政解釈による法改正をみとめるかのごとき説に対しては学説の批判もみられる。また、先の建築確認事件において行政指導をしたための処分の留保が適法とされたのに対し、後者では積極的に行政指導をなすべき義務がみとめられている点が注目をひく。

この二つのスモン判決は、結論として行政の責任をみとめた点は恐らく世間の常識に合っているであろう。では、先程の毒物劇物取締法事件で類推解釈を排除した判例はどうか。利益の比較衡量や営業の内在的制約から行政庁の権限をみとめてよいか等々の難問はつきないのである。将来の行政法の体系は、権限の体系から任務と責任の体系に変りそうではあるが、それにいたる道程には難問が山積しているといわなくてはならない。

(4)　制度の崩壊・融解現象　　行政法学が形式主義を克服せざるをえない状況に追いこまれていることは、現実の行政（法）そのものが伝統的な形式にとらわれることが少なくなったことによるところが大きい。簡単にいって、行政も行政法も、きらに行政法学も、現実の必要という要請にこたえているわけである。それにはそれなりのきわめて大きいメリットがみとめられる。しかしながら、他面、それには同時にはなはだ大きなデメリットをともなっていた。いたるところでみられる制度の崩壊・融解現象がそれである。法律制度の特色である確定性とか予測可能性、体系的な整合性等々がいたるところでくずれているのである。

(a)　当事者自治的要素を加味した行政過程における責任の所在は不明確である。たとえば手続の遅延の責任を誰に問えばいいのか。

(b)　行政の不作為による国家賠償責任をみとめた千葉県野犬咬死事件の控訴審東京高裁昭和五二年一一月一七日判決（判例時報八七五号一七頁）は、賠償責任をみとめたといっても、結局は過失相殺によって一〇〇万円の額をみとめたにすぎない。四才の幼児が野犬に咬まれて死亡した事故について、ただ見舞金的な補償をしたにすぎないとする見方も学説の中にみられる。本件は野犬による被害であるが、薬害訴訟をはじめ他に加害者・原因者がいる場合の国の危険管理ないし防止責任を根拠とする不作為賠償責任の性格は必ずしもはっきりしない。各種の被害者救済制度との間の境界線がきわめて不明確となっている。

(c)　さきほど北海道新聞に、例の特定不況業種離職者臨時措置法による給付金だったか、何かその種の給付金について、札幌の大手のキャバレーのウェイトレスだった人に、昔の源氏名でも給付がうけられるとやらで、「昔の名前で出ています」などという見出しが出ていた。この種の給付金にかぎらず、北方水域におけるサケ・

マス漁船団に対する補償、三大都市圏内で行われることになっている住宅街区整備事業に対する助成、逆に指導要綱による開発負担等々、経済的負担に関する諸制度なり運用なりが混乱をきわめているために、法制度上明確なはずの国家による賠償、補償、あるいは受益者負担、原因者負担といったものも、はなはだ不明確なものとなっている。農地法八〇条に関する最高裁判決がいまひとつはっきりしないのもこのためであろう。

(d)　開発行政や都市計画の分野でも、外部からみるかぎり物理的形状において全く同一の事業が、あるときは民間により、あるときは公共事業として行われている。都心で従来のいくつかの建物をとりはらってビルを建てるという至極あたりまえの日常みかける工事でさえも、ときには市街地再開発事業という御墨付をもらって、強制的な権利変換（第一種）や収用（第二種）の特権を用いて行われることがある。近時沿道において防災ないし防公害（防音）効果をもった建築物の建築に対して助成をしようとする動きがあるようであるが、ここでも公共の負担の根拠や範囲はきわめてわかりにくい。

以上は近時目についたものを拾い上げただけであって、制度の崩壊・融解現象としてとりあげるべきものは、他に重要なものがいくらでも転がっている。このような事態を目前にして、行政法学は新しい体系化を求めて苦悩しているわけである。

四　結　語

(1)　自分の日頃の研究上の悩みを断片的にぶちまけただけで、結論らしい結論はあるはずがないが、最後に、お願いないし願望をのべさせていただきたい。

まず第一にいいたいのは、行政法学は伝統的な行政行為論中心の形式主義から脱皮しつつあるのであって、経済法とのアプローチのちがいは以前ほどの差がなくなりつつある。したがって、今後共通の課題についてより協力的な関係に立ちたいということである。

(2)　行政法学が直面している課題の重要なもののひとつは、やはり法と行政の関係の変化あるいは法の構造が私のいう計画法としての性格をもつにいたったことである。経済法も、独禁法を念頭におくかぎり、消費者訴訟を別にして、それほど伝統的な法の枠組みを問題とする必要もないようだが、経済諸分野の「基本法」制や、具体的経済状況に応じて生まれた諸立法、あるいは計画による規制を内容とする立法については、西ドイツの学説にもみられるように、計画法として論ずべき問題があるように思われる。計画行政法で論ぜられる素材の重要な分野のひとつがこの経済法の分野であり、もうひとつが土地利用の分野だからである。

(3)　政府部門と民間部門との区別があいまいになり、経済的負担の配分等にみられるように、その整序の必要性が痛感させられるとともに、法の経済分析[1]の必要性も感じられる。わが国でも、損害賠償について経済学的分析を試みたものは既にみられるし、アメリカの文献などでは営業規制その他規制を経済的に分析したものが珍しくない。とくにケインズ主義に対する見直しの気運に乗ってこの種のものが多くなっているようである。今後、法律学は、実定法解釈学にとどまることなく、法政策学の分野に足を踏み入れないかぎり、他の学問分野から完全にとり残されてしまうであろうが、政策と密接な関係をもち、しかも経済学と密接な関係をもつ経済法学において、この分野での先頭を切ってもらいたいと思う。経済秩序の基本法である独禁法の解釈の仕事は、もちろんこの上なく重要な仕事ではあるが、これに矛盾するような法現象を道徳的に非難し、あるいはこれをはみ出る法現象に目を閉じるのではなくて、もっと広い見地から経済と法の関係をとりあげてもらいたいのである。個人的願望をいえば、開発行政や都市計画の分野にも、経済と法と接点のようなところがずいぶんとある、これをも論じてもらえれば幸いである。

(4)　法学と経済学の間で近年行われた論争で興味深かったのは、経済史学の岡田与好教授を中心として行われた「営業の自由」をめぐる論争であった。数多くの法学者の弁解にもかかわらず、法学の論理が歴史的実証を欠いた、あるいは、これと別次元での説得・説明の論理にすぎない独自のものであって、他の学問分野に対して主張すべきものをもたないことをよく示していたように思われる。

法学にもいろいろあって、専門外の分野をあまり知らずに、こう断言するのは無謀であろうが、法学はどうも人権が次第に伸張してきたという単純な図式にもとづく啓蒙主義に基礎をおいているようである。そして、制度化されたものを対象とするという技術的制約から、国家と個人の間の社会が欠落している。社会法という言葉が特にあるが、それ自体一般には社会的弱者の保護という程度の認識によるもののようであるし、それ以外の法分野では法主体性をもたない社会などが出てくる余地がない。社会を抜き去った抽象的な国家と個人、その他の法人等が論ぜられることとなる。制度化されたものを対象とする法学の性質上やむをえないことではあるが、しかし、制度が多くの面で崩れつつあるという状況下で制度をキメ手として理論を組み立てることが問題とされる今日、その基礎を他に求めることが要求される。それが何であるかをのべる能力は私にはない。しかし、何らかの形で「社会」を再発見して、これを入れた理論の枠組みを作る以外にないのではないかとの推測をほしいままにしている。「行政」という言葉に代えて「社会管理機能の制度化」などというわけのわからぬことをいい出したねらいもそこにある。

貴学会において浅学菲才の身にこのような機会を与えられたことに深謝したい。

（1）　この問題について簡便な概観を与えてくれるものにHeinz-Dieter Assmann, Christian Kirchner, Erich Schanze (Hrsg.) Ökonomische Analyse des Rechts（1978）がある。

（経済法二二号、一九七九年）

4　田中先生の行政手続法論

一　はしがき

「土地所有者不明のときの土地収用手続を論ぜよ」というのが田中二郎先生の行政法第三部の試験問題であったと記憶している。もう早くも二〇年あまりの年月が流れて、学生時代の試験問題などすっかり忘れてしまった今日、この問題にかぎって記憶に残っているのはなぜかというと、講義にも出ないで教材出版部の講義ノートをたよりに受験をして単位をかせいだ科目もいくつかあった反面、田中先生の講義には、一部、二部、三部を通じて欠かさず出席をして比較的前の席で聴講していたにもかかわらず、右の問題については講義で話をされた記憶がいささかもなかったからである。そこで、答案作成のときに並の場合以上に苦労したことが、今でもこれにかぎって想い出す理由であると思われる。当時はまだ不明裁決の制度（収用四〇条二項、四七条の三第二項、四八条四項但書等参照）がなかった時代であるから、法律の条文上には直接の解答もなく、むしろ、今日条文化されているような内容を、手続の段階のそれぞれについて手続の公正の要請と効率の要請等とを調整しつつ、みずから導き出さなくてはならなかったわけである。あるいは、不明裁決の制度がすでに検討段階に入っていて、田中先生ご自身これについて考えをめぐらしておられたのかもしれない。この出題の数年後に不明裁決の制度が立法化をみるにいたったからである。

ともあれ、この一例が示唆するように、行政手続法論は、田中先生の終生かわらぬ関心事であったと思われる。行政手続法論という名前の著書さえないものの、先生のご研究の各分野に多様な形でその姿をあらわしているのである。その全貌をこの小稿で論ずることは困難であるため、主要なものを若干とりあげて、検討しつつ、田中行政法学の特色の一端を明らかにするべく試みてみたい。

二　多様な行政手続法論

⑴　行政行為の瑕疵論　まず最初にとりあげるべきは、先生の最初の論文である「行政行為の瑕疵」（昭和六年『行政行為論』一頁以下）である。そこでは、第二章第二節手続の瑕疵（前掲六七頁以下）において、「行政法上の諸手続規定の主たる目標は『行政権の行使に関する秩序と節度との重要なる条件を為す』点にある。即ち行政上の諸手続規定の定めらるる立法政策的動機は、Merkl の指摘して居る如く（S. 216）、個々の場合に行政庁より権利を得、義務を課せらるる人々に対して、恰も裁判上の諸手続規定が裁判せらるる者に対する法的安定を目的とするのと同様、其の適法性即ち行政法規の正しき適用に対する保障を供せんとするにあるものである。Fleiner によれば手続は行政庁の意思決定の正当性に対する保障を与ふるものであり（S. 190 Anm. 32）、Andersen は之は『行政行為の内容に有益なる影響（günstige Einwirkung）を与ふることを目的とする』ものと解する（S. 110）」（以下の傍点は遠藤、以下同）との基本的立場に立ち、「その手続を経ることが利害関係人を保護する為めに必要であり、正当なる行政内容の決定に欠くべからざる要件と認め得べきときは、之を有効要件たる手続と解し得る」との解釈基準をもって⑴公告又は通知、⑵利害関係人の参加及び協議、⑶諮問 Anhörung（意見の聴取）の各点にわたって検討しておられる。⑴については、ドイツの許可制度において「其の前提手続として、其の許可を受くべき事業草案等を一般に公告し、利害関係人に対し異議申立の機会を与ふる制度を採用して

をり（Gew. O. §§ 16, 17）、かかる手続を経ずして為されたる許可は有効たるを得ざるものと解せられて居る」ことを紹介し、(2)について、「之等の手続は利害関係人の権利利益を不当に侵害せざる為の必要条件で、Merkl の指摘する如く（S. 216）、行政の適法性の最も有力なる保障を与ふるものである。従つて若し法の規定に違反し、利害関係人に参加の機会を与へざるときは当然に行政行為の無効を結果するものと解せねばならぬであらう」とし、(3)について、「諮問さるべき行政庁が其の事項に付て直接の利害関係を有するときは、其の手続違反は利害関係者としての権利利益を保護するの見地から当然に無効と解すべく、若し行政活動の内容を合目的ならしむる為の一手段としての諮問に過ぎざるときは、単に手続の違法を理由に取消の原因となることがあるに止まるものと解する」とするのが、その内容の一端である。のみならず、同論文の第二章第一節主体に関する瑕疵（前掲二九頁以下）においても、正当に組織せられざる合議機関の行為、二機関の協力を必要とする場合に於ける一方の欠缺、行政行為の前提要件の欠缺、意思決定に関する瑕疵等々の部分に実に多くの手続的問題への言及があることを知って手続的関心の深さに驚かされるのである。合議体への欠格者の参加をもって決議の当然無効事由とする（前掲三九頁）がごとく相当きびしい見解が開陳されているのは、手続重視の立場によるものであると同時に、先生ご自身有名な論客であって、一人の意見がよく合議体全体の動向を制しうるとの自信の程をもうかがわせるものがあって、先生の公物の時効取得に関する判例評釈をめぐる話とともに、学生が先生の話振りを共感の微笑をもって楽しみつつ聴講した部分であったことが想起される。

(2)　確定力論　つぎにとりあげるべきは「行政法に於ける確定力の理論」（昭和九年前掲一七三頁以下）である。先の助手論文の三年後に美濃部達吉先生の還暦記念論文集のために書かれたこの論文は、法学上の難問にいどんだ意欲的な力作であって、よく整理された論点のすべてに周到な議論が展開されており、半世紀後の今日なお新鮮な香りを失っていない。

そこでは、この問題をめぐる論争、ことにドイツ学派とオーストリー学派の対立論争等を紹介したあと、行政法上の確定力の本質に関する学説として、⑴法規範説または法妥当説、⑵拘束力または不可変更力説、⑶訴訟的確定力説の三つを検討して、第三の訴訟的確定力説をとることを明らかにしている。いわく「確定力は、権威ある国家機関が一定の争訟手続に従つて争を解決する行為に、法律生活に於ける公平と安定、裁判の権威の尊重、訴訟経済等の諸要求に基いて、実証法上賦与せられる一種の法的効力であり、更に其の本質に付ては、見解は様々に岐れるけれども、何れも争の平和的最終的解決を目的とし、単に拘束力又は不可変更力を意味するものでなく、仮令其の成立に瑕疵があり、其の決する所が真実に合しない場合に於ても、特に実証法上再審等の特別の手段の認められる場合を除き、同一物、同一原因（eadem res, eadem causa）に関し、而も同一人間（inter eadem personas）の争に関する限り、其の決する所に従つて、法律関係を最終的に確定するの効力であるとなす点に於て、共通性を有するのである。従つてかやうな確定力は、行政法の領域に於ては、一般の行政行為には原則として認められるものでなく、一定の争訟手続に従つて為される行為に付てのみ認められるに過ぎない」と。さらに、「確定力は法の単純な拘束力又は不可変更力ではなく、積極的に訴訟法上に具体的法を形成することによつて、一定内容の規準性（Massgeblichkeit des Inhalts）を与へるものであり、其の反面として、消極的に、当事者に対してはこれと異なる主張を為し得ざる、国家に対してはこれを取消変更し得ざる拘束を生じ、従つて、第二の争訟に於て、同一物の存在を認定し得る限り、これを再び審理裁判し得ざる（ne bis in idem）の拘束を其の内容とする高次の綜合的観念」である（前掲二〇八、二〇九頁）とし、各種の論点を検討したうえで、行政法上確定力を生ずべき行為としては、行政裁判判決のほか、訴願の裁決その他争訟の裁決・決定をあげている。その際、裁判機関の独立性、口頭弁論主義・公開主義は確定力を生ずるための絶対的要件ではなく、「缺くべからざる要件は、如何なる形に於てにせよ、争が存在すること、而してこれを解決するに当り、当事者に其の意見を述ぶべき機会を与へ、一定の手続に従つて、解決すべき点のみに在る」（前掲二三六、二三七頁）とする。その反面、確認行為、形成行為等の「通常の行政行為には、行為の性質上又は法的安定の理想に基き、不可変更力を生ずることはあるけれども、これは私の言ふ訴訟法上の確定力とは異る」（二四一、二四二頁）ものであるとしている。

(3)　外国の行政手続法の紹介　若き日の田中先生がいかに燃えるごとき情熱を傾けて内外の文献立法等を紹介・批評し、吸収しようとしていたかは、多数の紹介・批評の仕事によってうかがい知ることができる（田中二郎先生古稀記念『公法の理論』下Ⅱ末尾の主要著作目録ではこれらの仕事は一切省略され、わずかに最後の「雑」の部分にパッペンハイムの著書紹介等が言及されるにとどまっている。しかし、国家学会雑誌だけをみても、憲法裁判等を内容とするドイツ国法学者大会の紹介＝四四巻一〇号一六〇二頁、ヘルマン『公法の基礎づけ』（一九三一年）＝四六巻一号一四二頁、日本憲法に関する最近の二、三の著書＝四六巻四号五八〇頁、浅井清『日本行政法総論』（昭和七年）＝四七巻一号一四三頁、ドイツ公法学界の近況＝四八巻四号四六九頁等々の紹介・批評が、論文集所収の論稿や多数の判例評釈と並んで存在しているのである）。そのような仕事の中には、当然、一九三〇年前後の時期において法典化の作業が進行し、あるいは実現していた行政手続に関する立法、これに関する著書等がふくまれていた。

まず、一九三二年のヘルンリットの著書『行政手続』（R. Herrnritt, Das Verwaltungsverfahren, Systematische Darstellung auf Grund den neueren österreichischen und ausländischen Gesetzgebung）の紹介（国家学会雑誌四六巻一〇号一五一六頁）をあげることができる。全体を数頁で紹介した概観であるものの、当時における法典化や行政手続立法化の傾向の根拠として、(1)「戦後の財政的窮迫に基いて行政機構を出来るだけ簡素化、経済化せんとする要求」、(2)「中欧諸国の憲法並に行政秩序に民主主義的思想が浸潤して行くにつれ、それは必然的に、公の行政に不正なる政党的影響を及ぼす危険を伴ふものであるから、従来各種の規定の中にマチ〳〵に散在していた行政手続に関する規定を系統的に整理統一し、総ての行政的活動を確固たる法的基礎の上に置かんとする要求」、(3)「私権の保護をより完全ならしむる為めに、行政手続を一層司法化せんとする要求」の三つを指摘するところが注目される。この当時、先生の関心事の一つは、論文や紹介・批評の仕事の多くからうかがわれるように、ドイツ学派とオーストリー学派の対立であり、ことに後者ウィーン学派との対決であったと思われる（前掲のドイツ国法学者大会の紹介、浅井清の著書の紹介・批評に顕著である）。そのウィーン学派の影響のもとでオーストリーに行政手続法が制定、施行をみたことは、先生の学問的興味を著しくそそらずにはおかなかったわけである。ただ、先生の内面的関心は別として、外にあらわれた仕事の上では「実証法」的関心に限定しておられるようである（前掲の浅井・著書についても実証法上の諸問題について実際的常識的な結論に落着き、ウィーン学派の立場に立たないものとの間に特段の径庭がないことをもって安心しておられる）。このような点から、右の(3)で「行政手続の司法化」がいわれているのは、司法と行政の同質性（Parität）を説くウィーン学派と対決的立場にあった先生の理解の仕方の一端を示すものとして興味がある。また(2)について異論をのべることはたやすいが、その後のオーストリーの歴史的状況や今日の議会制民主主義の機能不全を理由とする住民参加論などにてらして、これまた興味深いものがあるのである。

つぎに、「行政行為の無効と其の限界――独墺の法典的立法を顧みて――」（昭和八年『行政行為論』一〇九頁以下）や「行政法に於ける法典的立法の傾向――ヴュルテンベルグ行政法典草案を中心として――」（昭和八年『公法と私法』三〇五頁以下）、「行政法通則に関する一資料――ヴュルテンベルグ行政法草案を中心とする行政法通則の研究、其の一――」（昭和一六年前掲三一九頁以下）等による立法や立法草案の紹介を通じて、行政手続をふくんだ広く通則的問題についての法の一般原則の存在を明らかにされている。

(4)　行政手続法制定の主張　　第二次大戦後、英米法型の行政手続の紹介、西ドイツをはじめヨーロッパ諸国の動向などをうけて、わが国においても行政手続法の制定が現実味を帯びた議論として展開をみるにいたった。このとき学会報告として公にされたのが先生の「行政手続法の諸問題」（昭和三六年『司法権の限界』二一一頁以下）である。これより先、昭和二七年の国家行政運営法案、同二八年の国家行政運営法案要綱（試案）が公表され、同二九年の日本公法学会および日本行政学会の共同研究のテーマとされたが、先生はこれらに対して、「その規定は、いずれも不備不徹底のそしりを免れず、特に異議の申立、訴願、訴訟等の事後救済手続には触れることなく、また、それらの手続との関連についても、何らの考慮も払っておらず、したがって、その制定実施には格別に実効を期待し得ないように思われた。当時、私は、このような案によって、かえって、真に行政手続法の名に値するものの制定が看過されることを惧れ、それらの案に対しては、むしろ反対の態度をとった。しかし、それは、決して行政手続法の制定に反対したのではなく、かえって、事前の公正な行政手続と、それとの関連における事後手続とをあわせ、より整った行政手続法の制定こそ、今後の課題であると考えたからにほかならない。第二次大戦後、諸外国が競って行政手続法の整備を企図しているのを見聞するにつけても、わが国においても、行政の実質的公正を保障するための一般行政手続法の制定の必要を痛感せざるを得なかった」との態度を示しておられる（前掲二一五頁）。そこでいわれる「真に行政手続法の名に値するもの」とは何か。それは行政手続法制定の理念的意義としてのべられているところがこれに該当しよう。やや長文ながら引用すると、「行政権の発動が、形式的に、法律に基づき法律に従ってなされるべきことを要求するのみで、若し行政権の発動が法律を無視し、法律に違反してなされ、その結果、人民の権利又は利益を侵害するようなことがあっても、行政監督の方法によってこれを是正する以外には、事後に、争訟手続を認めるだけで十分であるとした（中略）ドイツ的思考方法に対する反省と批判とが、行政手続法を生み出す背景となっているといってよいであろう。すなわち、行政は、形式的に、法律に基づき法律に従って行なわれるという建前をとるだけでは足りないのであって、実質的に、その公正性と適格性とを保障する必要があり、殊に、人民の権利又は利益の侵害にわたる行政権の発動にあたっては、事後の救済は当然として、事前に公益と私益との調整を図る必要があるという見地から、行政についても、司法手続に準じ、手続の法的規制をなすべきであるとするのである。そこでは、人民は、単に行政権の支配の客体にすぎないとするドイツ的思考方法を捨て、行政権と人民とを統一的基盤に立たしめ、人民の意思や主張を、行政権の発動にあたって、行政そのものの上に反映させようとするもので、ここに民主行政の理念が表現されているということができる。行政手続法にとり入れられている公正手続の保障の狙いは、このような民主行政の理念の一つの具体的表現にほかならない。行政の手続的規制とかその司法形式化ということは、かように、現代行政の基本的なあり方に関する問題であって、どのような規制を妥当とするかという技術的見地からの批判を越えた基本的問題がそこに潜んでいることを忘れてはならない」と主張されるのである（前掲二二七、二二八頁）。

この理念的意義を前提として、行政手続法制定の実際的意義を、(1)行政運営の民主化と公正化、(2)人民の権利保護の的確化、(3)行政の円滑化と能率化、(4)立法の簡易明確化と教育的効果、(5)行政救済制度の合理化の諸点に見出しておられる（前掲二二八頁以下）。

(5)　現代行政の適正化　　現代行政に期待される利害調整的機能をはたすためにも手続過程の整備が要請される。この点については先生の「行政適正化への途」（昭和五一年『司法権の限界』一九六頁以下）がある。次のようにいわれる。「現代行政は、ますます複雑多様化し、専門技術化する傾向にあるので、行政もこれに即応しうべき組織体制を確立しなければならない。例えば、現代行政のなかには、公正中立の立場に立つ機関の専門技術的な判断にまつべきものがあり（中略）、また、特に対立する利害関係人の意見を反映しつつ合理的に判断すべきものもある（中略）。これらの行政を適切に行ない、国民の信頼を確保するためには、このような行政の特性に応じ、国民の納得のいく組織体制、例えば、行政委員会制度の一層の拡充強化とか審議機関の独立公正化等を図る必要がある。現代行政に対する国民の不信の一因は、系統的行政組織がしばしば大企業と密着し、秘密裡に、大企業に偏した行政に堕しているのではないかとの疑惑を生じているところにある。したがって、行政の種類によっては、国民の納得のいく独立の機関組織により、ガラス張りのもと、公正な行政を行ないうる体制を確立することが右の疑惑を一掃し、国民の信頼を回復する途であると同時に、行政そのものの適正化を確保するゆえんであるといえよう。次に、現代行政は、計画行政の名で呼ばれているように、しばしば、長期的な見通しのもとに一定の計画や方針を立て、一定の基準に従って行なわれるべきものとされる。そして、それは、直接間接、国民の社会経済生活に影響をもつことが多い。また、一般の行政は、公共の福祉の実現を目的とするものとされているが、さきに述べたように、現実には、複雑に錯綜した利害関係の調整的機能を果たすべきものといえる。それは多くの場合、直接、国民の利害にかかわり合いをもつものである。したがって、行政が計画を樹立し基準を設定するについても、行政が右の調整的機能を果たすについても、それを事前に公示ないし告知し、そこに民意を反映させることは、単に民主行政の理念に合するだけに止まらず、行政の適正化を図り、行政に対する国民の信頼を確保するうえにきわめて重要といってよいであろう。諸外国において競って行政手続法を制定実施したり、現にこれを準備したりしている例が多いのは、行政過程に手続的正義を実現するという理念的要求に応えるとともに、行政の適正化・納得のいく行政の実現という現実的要請に応ずるものといえよう。」(前掲二〇八、二〇九頁)。この要請にそう例として、環境アセスメント法案をあげ、その成立の難航ぶりを右の見地からなげいておられる。

三　若干の検討と今後の展望

(1)　限られた紙幅の中で、先生の行政手続法論と他の学説や判例等との相互関係の詳細を検討する余裕がないため、最後に、一、二の基本的問題をかかげて、今後の検討課題としたい。

まず、行政手続法論は、第二次大戦前からの先生の先駆的な仕事があるとはいうものの、第二次大戦後の英米法の影響によるものが大きいことは否定できない。先生ご自身「ドイツ的思考方法に対する反省と批判が行政手続法を生み出す背景となっている」といわれるとおり、行政手続法は、ドイツ型行政法から英米型行政法へ、または、ドイツ型行政法に加えるに英米型行政法へ、といった行政法全体の大きな潮流の変化の中でとらえられ、構造的変化の最も主要な内容の一つとしてとらえられているということができる。

ところで、このような一般的理解は、一方において、西ドイツにおける行政手続法（一九七六年）の制定施行と、他方において、英米法ことにアメリカ法における行政手続法ないし行政の過剰な司法化に対する反省と批判（Administrative Law Review所収の諸論稿の大勢といってよい。なお、cf. M. E. Dimock, Law and Dynamic Administration 1980）の傾向にてらして、その前提となる区別が著しく相対化しつつあるのである。のみならず、従来、ドイツ、フランスなどの大陸法との対比でいわれてきた英米行政法の特色が実際にいかなる形で具体的に存在するのかについては検討の余地がある。一九七九年半年ほど私のところに滞在したM・F・ラッター氏（元オックスフォード大学講師、当時カナダ、アルバータ大学準教授）を収用委員会の審理の見学に誘った際、北海道の収用委員会では平均五回程度の審理を行い、少なくとも三回の審理を開く旨話したところ、言下に時間のムダだから一回で充分であるといわれてびっくりしたことがある。かりに準司法手続という言葉がそのまま妥当するとしても、モデルとなっている司法手続そのものがはなはだ簡素なものであるわけである。ましていわんや、その略式手続よりもさらに簡略に行われていたかつての治安判事による許可事務等をも司法形式によるものであるとし、英米型の司法国家を云々することは現実離れのした空論のそしりをまぬがれないであろう。また、法の支配で知られるダイシーは、近時の伝記（R. A. Cosgrove, The Rule of Law ; Albert Venn Dicey, Victorian Jurist 1980）によると、ベンサム流の集団主義を嫌い、労働組合に民事免責をみとめる一九〇六年の立法は法の支配に反するものとし、第一次大戦中のストライキを反逆罪をもって鎮圧すべきものとし、国家はストライキ・ブレーカーとして介入すべきことを要求したなどの社会主義的傾向嫌いはかねて予想されたものであるが、さらに、このような傾向を助成するおそれなどのゆえに、選挙権の拡大、下院の権限強化、上院の拒否権の制限等に反対するばかりか、政党制を基礎とする政府に反対するのあまり、むしろ下院権限の制限を主張する反面、政党政治の専制をチェックするものとしてのレフェレンダム、さらに、この夢に代るものとして国王の政治介入を要請するという想像もつかない考えをもっていたとのことである（op. cit., pp. 105, 130, 161, 180, 207, 214, 234, 238, 250, 255, 274, 289 and passim）。しかも、その背景にはアイルランド問題を中心として大英帝国の興隆を願う終生変らぬ愛国心があったようである。近時の村岡著『ヴィクトリア時代の政治と社会』などによる時代背景にてらせば、少しも驚くにはあたらぬことではあるものの、英米行政法の基礎にある法の支配とは何かは今一度検討しなおす必要があると思われる（なお、J. M. Roberts, French Revolution 1978, J. G. A. Pocock (Ed.). Three British Revolutions 1980 などによると、フランス革命やイギリス革命の市民革命としての性格そのものが問題とされているようである。前者によれば、フランス革命は歴史上には存在せず、歴史家の本の上にしか存在しないとのことであるし、後者では、例のクリストファー・ヒル〈同書一〇九頁以下〉をのぞいてイギリス革命に市民革命としての性格を否定しているようである。また、ヒル自身〈同書一三一頁〉イギリスをドッブのいうプロイセン型であると規定している。われわれが比較行政法の前提においている歴史の見方が動揺している今日、諸外国の行政法の特色づけやそれとの関連におけるわが国の行政法の位置づけは一層困難を極めることとなった）。

(2)　つぎに、先生は、最後に紹介した論稿などによって、現代型の行政過程の適正化についても考慮をめぐらしておられたことがわかる。ところで、近時の判例上、現実の行政需要の必要に迫られてとられた自治体の要綱行政の一つである紛争収拾の過程や行政指導の過程が形式的な法治主義とは衝突することをいかに考えるかという難問が現れている（拙著『国家補償法上巻』四三八頁以下参照）。この問題についても、実は、先生は早くから関心をいだいておられたものであって、先生の「『法律による行政』の原理とその修正――ドイツ行政判例に現われた一の問題――」（『法律による行政の原理』四一頁以下）において、全く今日のわが国におけると同様に、建築法上の個々の規定には適合するものの、建築法の根本原則と衝突する建築行為の許可を拒否すべきかどうかに関するナチス期のドイツの判例が紹介・検討されている。その詳細の検討は他日に譲るほかないが、先生は、先のヘルンリットの紹介の文章において、むしろ民主主義に対立すべきものとしての法治主義の手段としての行政手続という把握を示されつつ、第二次大戦後、民主的行政の理念の具体的表現としての行政手続という性格づけをされたあとで、さらに、これに加えて、あたかもハーバード大学のスチュワート教授のいわれるような「偏した行政」を是正すべき「ガラス張り」の公正な行政のための利害代表的行政過程という現実的要請にもとづくものを主張しておられる。このようなそれぞれの性格づけ相互の関係は、ときとして、それらの理念の具体化されたもの相互間に対立関係を生じさせるものであるだけに、法と行政という基本的問題をめぐり深刻かつ緊急の課題の一つだといわなくてはならない。この問題について、先生はどのようなお考えをもっておられたのであろうか。理念は理念として、実証的問題については、その歴史的性格のゆえをもって、弾力的に現実に適合する解決を求めるべきであるとの態度をここでも示されるのであろうか。

以上、検討と展望と題しつつ、とりとめもない文章をつづったゆえんは、右の疑問について、適当な機会に先生のご意見をお質ねしたいものと考えておりながら、ついにその機会を永遠に失ってしまったからである。もはや答えてはいただけない課題を自分自ら探究するほかはない。

四　あとがき

卒業後の進路を当時法学部長をしておられた田中先生に相談に上ったのが現在のこの道に入るきっかけであり、先生が最高裁に入られたため最後の弟子の一人となり、また、昨秋、今村教授の退官記念論文集の題字の揮毫をしていただき、同論文集献呈会でお話をしていただいた。さらに、塩野さんによると、先生の書斎の机上に拙著（『国家補償法上巻』）があったそうで、先生が最後にお読みになっていた本であるらしい。下巻が完成したら、みんなで国家補償法の問題を議論しましょう、というお手紙を昨年暮れにいただいたが、入院前にお出しになったようで、最後まで不肖の弟子のために温かい心くばりを惜しまれなかった。昔うかがった西片町の先生のお宅の書斎には美濃部達吉先生の写真が先生を見守るかのように飾られていた。わずか二〇年後、音容日に新たなる先生のはげましを支えとして研究に専念すべき立場に自分自身がおかれることになるとは全く思いもよらぬことであった――。

謹んで先生のご冥福を祈る。

（ジュリスト七六七号、一九八二年）

遠藤博也著『行政法研究（全4巻）』の刊行にあたって

Ⅰ　行政法学の方法と対象
Ⅱ　行政過程論・計画行政法
Ⅲ　行政救済法
Ⅳ　国家論の研究
　　―イェシュ、ホッブズ、ロック

栞
信山社
23.7.13

本書は先生ご逝去の時（一九九二年）から関係の先生方のお力添えをいただき鋭意準備を整えて参りましたが、やっと刊行の運びとなりました。遠藤博也先生のお仕事はなおその魂魄とともにこの世に存在しておられるように思い、ここに生前からのご厚意に感謝して刊行致します。

（信山社、二〇一一年七月一三日）

遠藤博也：その行政法研究の特徴と成果

――遠藤博也先生のご経歴と業績――

畠山武道

故遠藤博也教授は、昭和四一年二月に助教授として着任以来、二六年間にわたり北大法学部で、行政法を中心とする研究・教育にあたられた。その間、多数の業績を発表されたが、ここでは、教授の行政法理論を特徴づけると思われるいくつかのキーワードを提示し、それにそって教授の業績の一端を振り返ることにしよう。

なお、文献の引用は、後出の業績一覧に依拠し、著書については書名のみを、論文については、論文名と発表年次のみを付記するにとどめる。

一　利益衡量

遠藤教授の行政法研究の第一の特徴は、利益衡量的な視点である。その視点ないし発想は、教授の論稿に底流として一貫して流れており、終生、変わることがなかったといえる。ただし、ここでは、「利益衡量」の意義を、それほど厳格には考えず、たとえば遠藤教授が、行政行為論については、一般抽象的な行政行為の本質論や性格論から求められている解答をひきだすのではなく、行政行為を具体的法律関係の中において具体的事情に即して検討すべきことを強調されるように、具体的な利益状況とその状況に応じた判断を重視し、概念法学的・演繹的思想を排除することを、一般的に広く指すこととしたい。

博士論文であり最初の著書である『**行政行為の無効と取消**（一九六八）』は、利益衡量的な視点を明確にした最初の著作である。この著書の意義は、従来の概念論的、規範論的な瑕疵論を排し、具体的な利害状況・利益状況を念頭に概念の区分や解釈論を展開すべきことを主張したことである。たとえば、従来の瑕疵論によれば、無効と取消の区別は瑕疵が重大・明白かどうかで区別され、取消と撤回の違いは、瑕疵が原始的な瑕疵か後発的な瑕疵かで区別された。しかし、同書は、具体的な利益状況の違いに着目して「職権取消」と「裁判による取消」という区別を提唱し、明白性の意義や公定力の及ぶ範囲についても、それぞれの場合を区分して、細かい解釈論を展開している。その後、職権取消と裁判取消の対比、取消と撤回の相対化などの主張が、広く支持されつつあるが、遠藤教授の主張は先駆的意義を有するものといえる。また、本書では、行政過程論的な発想が、すでに随所に見られることも注目される。

ただし、本書は、行政行為の無効と取消に関するドイツ・フランスの判例・学説が膨大な文献を駆使して縦横に分析されているため、従来の見解を崩すような優れた指摘が随所にみられる一方で、遠藤教授が、行政法理論体系の中心的なテーマであった行政行為の瑕疵論に対して、どのような体系を新たに提示するのかという点が、読者に十分理解されたとはいいがたい。むしろ、「**行政行為の無効と取消の区別の基準**（一九七二）」、「**行政行為の瑕疵**（一九七九）」、「**違法行為の転換**（一九七九）」、「**職権取消の法的根拠について**（一九八四）」などに、さらに明解で、こなれた説明がみられる。

利益衡量的な思考は、瑕疵論（ただし、遠藤教授は、「瑕疵」にかえて、「欠陥」という言葉を用いている。『**実定行政法**』一一三頁）のみならず、実定法の理解や解釈においても発揮される。その発想を実定法において広く示したのが多くの土地法・都市法に関する論稿であり、なかでも、「**公共施設周辺地域整備法について**（一九八一）」は、利害調整メカニズム、ないし費用負担調整の仕組みとしてこれらの多数の法律・法制度を統一的に把握し、さらに社会影響アセスメントにまで発展させることを課題として提示した貴重な作業である（なお、『**行政法スケッチ**』第一二章参照）。また、『**都市計画法五〇講**（一九七四、改訂版一九八〇）』は、都市法研究のための基礎作業であると同時に、優れた法律解説書でもある。その他、「**都市再開発法の位置づけ**（一九六九）」、「**政令指定都市と行政区の問題**（一九七五）」、「**土地収用と公共性**（一九八〇）」など。

しかし、遠藤教授の利益衡量論の総仕上げ・到達点は、大著『**国家補償法（上）（中）**』であるように、筆者（畠山）にはおもえる。この著書において、遠藤教授は、損害塡補・被害者救済的機能、利害調整・資源配分的機能、行政の活動を規制する行為規範機能という三つの機能（役割）を国家補償法の中心的課題とすべきことを提案する。記述は、特に具体的事実関係を重視し、ケース毎の考慮事項、被害法益の判断要素、財政的制約その他の特殊事情の有無、他のケースとの比較検討など、詳細かつ膨大な作業量に裏打ちされたもので、執筆の苦労がしのばれる。

しかし、その後、同書が注目されることになったのは、国家補償法の役割・機能として利害調整・資源配分的機能を強調し、「なすべき行政措置に必要な財政支出が、一般に予想される危険に比較して客観的な期待可能性がなく、現実に生じた損害との関連においても、手落ちとしてとがめだてするのは実際上酷だと判断される場合に、その責任を否定するという考えは十分なりたちうる」（五六頁）と述べて、学説が責任成否の判断の際に判断要素として考慮することを躊躇してきた財政的制約を、正面から取り入れたところにある。周知のように、昭和五九年の大東水害訴訟最高裁判決は予算制約論を判示し、それがその後の水害訴訟を支配することになったが、遠藤教授の論稿は、最高裁判決以前に公表されたものだけに、とくに、その影響が注目される（なお、『実定行政法』二九二頁参照）。

また、「行政法における法の多元的構造について（一九八五）」「危険管理責任における不作為の違法要件の検討（一九八五）」なども、一種の利益衡量論であって、その提唱する「違法性相対化論」が議論を呼んだことも、周知のとおりである（『国家補償法（上）』一七六頁、『行政法スケッチ』第六章参照）。

二　危険管理責任

遠藤教授の危険管理責任論も、その後の判例学説の発展に大きく寄与した。危険管理責任とは、行政活動の対象となるべき社会の中においても多様な危険が存在することに着目し、警察権限を適正に行使するなどによって社会に存在する危険に対処すべき行政庁の責任をいう。この種の行政責任は、規制権限行使義務、行政介入請求権などともいわれるが、行政権力自体が内包する危険責任と区別して、行政庁の危険管理責任を自覚的に議論したのは、遠藤教授が最初である。この考えは、『行政法Ⅱ（各論）』一四七頁でまず示され、『国家補償法（上）』三七七頁以下、『実定行政法』二九八頁以下、「危険管理責任における不作為の違法要件の検討（一九八五）」などによって、さらに事例別・

類型別に詳細な検討がなされている。この考えは、たとえば阿部泰隆『国家補償法』一八〇頁（一九八九）の「行政の危険防止責任」論など、有力な学説に受け継がれている。

また、遠藤教授は、行政庁の危険管理責任を認める一方で、私人にも責任の分担を強く求め、私人の危険管理責任を強調していたが（『行政法Ⅱ（各論）』一四九頁、「危険管理責任における不作為の違法要件の検討（一九八五）」四八二頁）、私人の危険管理責任論は、「動物園の猿」という比喩はともかく、解釈論的な範疇にまで練り上げられることのないままに終わった。

三　行政過程論

行政法解釈にあたって具体的な利益状況を考慮すべきことは、従来の通説を形成してきた美濃部・田中理論も、ある程度、主張してきたところであって（例えば、取消権・撤回権の制限、法規裁量と自由裁量の区別等）、個々の法令の適用や解釈にあたって当事者の利益を考慮するという程度の主張では、それほど画期的なものとはいえない。むしろ、利益衡量の仕方こそが問題であるといわなければならない。そこで、遠藤教授が展開したのが、行政過程論である。遠藤教授の行政過程論は、『行政行為の無効と取消』にもみられるが、その後、「複数当事者の行政行為―行政過程論の試み―（一九六九）」、「行政法学の方法と対象について（一九七七）」、「行政過程論の意義（一九七七）」、「戦後三〇年における行政法理論の再検討（一九七八）」、「行政過程に関する判例の検討（一九八一）」、「規制行政の諸問題（一九八三）」などの論稿によって、本格的な展開をみることになった。

遠藤教授の行政過程論は、やや晦渋であるが、対象としては、従来の行政行為論が念頭におかれ、行政行為を具体的法律関係の中において具体的事情に即して検討すること、抽象的な行政行為一般の本質ではなく、行政行為が具体的にいかなる全体の過程の中で、何を処分要件とし、そのため他の処分手続といかなる関係にたっているかなどを検討すること（「戦後三〇年における行政法理論の再検討（一九七八）」一七四頁）が、基本的な課題とされる。

では、従来の行政行為論との関係はどうなるのか。教授は、その点を、「行政過程論も、行政行為の存在を否定するものではなく、行政行為や行政手続などを部分的プロセスや全体としてのプロセスに焦点をあてる行政過程論のレンズを通して具体的に精細にみることによって、具体的な問題点をめぐる議論を活性化させよう」（同一七三頁）とするものであり、行政過程論は、「物の考え方」「行政上の諸現象をどのようにとらえるかという物の見方である」（「行政過程論の意義（一九七七）」五八七頁）とも説明される。

しかし、そうすれば、さらに、行政過程論とは別に、何によって行政活動の適法律性、適目的性を判断するのかという問題が生じる。そこで、遠藤教授が、個々の行政行為や単一の行政処分の効力を考察するだけでは足りず、全体の過程を考える必要があるとしてあげたのが、行政過程全体の正常性という基準である。たとえば、「行政権限の競合と融合（一九六九）」、「トルコ風呂と児童遊園―行政過程の正常性をめぐって（一九七五）」、「手続による行政の原理と行政過程の正常性（一九七八）」などが、その具体的な例証である。また、この考えは、対象を計画化された行政全体の合理性へと拡大することによって、次にみる計画行政論へと連なっていく。

このような行政過程全体の正常性を強調する論旨に対しては、行政法規のもつ規範的・拘束的意義を相対化しかねないとする批判が強い。しかし、遠藤教授の見解を行政作用全体に及ぼすことにはためらいがあるとしても、宅地開発指導要綱事件に典型的にみられるような一連の指導行政、誘導行政については、教授の見解が、伝統的な法律の留保論・法律の優位論より、はるかに有益で生産的であるように、筆者にはおもえる（畠山「石油ヤミカルテル事件最高裁判決の検討―行政指導分析に関する従来の理論の再検討」経済法学会研究年報六号七一頁参照）。

ただし、遠藤教授の行政過程論は、必ずしも厳密に定義された方法論ではなく、また、多数の実定法を咀嚼した上で縦横に議論が展開されているので、議論の背景を知らない一般の読者が、その輪郭や実際の意図を理解するのは困難な場合が少なくない。行政過程論が注目をあびながら、広く支持されるまでには至らなかった原因のひとつが、ここにあるといえよう。行政過程という言葉は、遠藤教授以外にも、いく人かの有力な行政法学者によって用いられており、それらの論者の主張が出そろうのをまって、再度、本格的な議論がされるべきであろう。

四　計画行政

さて、個々の行為の法適合性からはなれて、行政過程全体の正当性・妥当性を議論し、判断するために、遠藤教授の提示したもうひとつの理論的枠組みが、「計画行政法」である。「計画行政」とは、特定の「〇〇計画」を指すものではなく、そのような特定の計画が存在していない場合においても、法律そのものが計画実現の手段として政策体系の中に位置づけられ、法律や各種の行政措置が、目的＝手段の関係で幾重にも重層しているような一般的法構造をさす。すなわち、そこでは「異種複数の行政権限を体系的に組織化し、それが全体として新たな行政機能を生み出し、これによって、一定の目的が動態的に達成されることを狙いと（し）、そこには、常に具体的状況依存性と多数の政策との関連性とがある」（「**土地所有権の社会的制約**（一九七二）」一〇三頁）という状況認識ないし問題関心が議論の出発点である。遠藤教授の問題関心は、このように、法律自体が政策化し、法律の規範的な意義が希薄化した現代行政を、どのようにコントロールするかということにあったものといえよう。『計画行政法』は、その本格的な論証であり、「**都市再開発法の位置づけ**（一九六九）」、「**行政過程における公共の福祉**（一九七〇）」、「**土地所有権の社会的制約**（一九七二）」、「**計画における整合性と実効性**（一九七九）」、「**規制行政の諸問題**（一九八三）」など、さまざまの論稿を通してその雄弁な主張が展開されている。

遠藤教授の計画行政法も、論点・内容が多岐にわたるために、方法論については論者によってさまざまの受けとめ方があり、個々の論点や指摘には多くの論者が納得するものの、計画行政論が、どのような方向へ、どのような形で収斂していくのか（あるいは、しないのか）という点は、結局、判明しないままに終わったようにおもえる。遠藤教授の問題提起を正面からうけとめ、さらに実証的な研究を積み重ねることによって、その行政過程論を、学界共通の遺産とすることが、われわれ後進の任務である。

五　公共性

公共性というキーワードも遠藤教授が好んで用いられたものである。公共性分析の必要を最初に提示したのが「**行政過程における公共の福祉**（一九七〇）」であり、「**土地所有権の社会的制約**（一九七二）」、「**公共性概念の検討**（一九七四）」、「**交通の公共性と環境権**（**交通問題**）（一九七五）」、「**公共性**（一九八二）」などを含む多数の論稿で、問題が議論されている。公共性とは、従来、公共の福祉として一括されてきたものと、部分的に重なるが、行政機能の拡大は、行政作用の目的である公共の福祉の内容を著しく拡大するとともに、公共性の意味を不明確なものにしている。そこで、遠藤教授によれば、公共性の判断にあたって、「一般抽象的スローガンで一刀両断できるような単純きわまりない場合は稀で、複雑困難な比較衡量が要求され」、「公共性の判断が具体的状況に依存する結果として、考慮すべき諸要素・諸利益について、具体的状況を抜きにした一般抽象的な価値の序列をつくることは不可能である」（『**計画行政法**』四九頁）。こうして、「公共性とは、具体的な計画なり行政措置なりの合理性であ（り）」、公共性分析とは、「多種多様の事情の具体的な比較衡量による総合的な判断」（「**公共性**（一九八二）」一五頁）であるということになるのである。

このような遠藤教授の公共性論に対しては、従来の行政法学が、「行政の公共性・公益性を法律上すでに確定したものとして前提し、その内容を具体的に分析することなく、価値中立的、無媒介的にさまざまな法律技術論ないし法解釈論を展開してきた」ことを批判する点では問題意識を共通にしつつ、「公共性論は、諸利害の対立・矛盾を調整・克服し、市民的生存権的公共性確立のための立法論や解釈論を導くにあたっての法的基準を明らかにするところに、その法律学的作業の重点を見いだす」（室井力「国家の公共性とその法的基準」室井力編『現代国家の公共性分析』一五頁（一九九〇））べきであるとする観点からの批判がされている。しかし、遠藤教授は、すでに指摘したように、「考慮すべき諸要素・諸利益について、具体的状況を抜きにした一般抽象的な価値の序列をつくることは不可能である」と述べて、一義的な法的基準の定立を最初から度外視しており、議論はすれ違いに終わっている。私見（畠山）は、法解釈論としてはともかく、法制度論・制度批判には、資源配分、費用便益性、費用効果性、効率性、公平性などのさまざまの法的基準以外の基準が必要と考えており、遠藤教授の主張に、より魅力を感じる。

しかも、遠藤教授の公共性分析は、まったく無原則な利益衡量ではなく、「現代行政の構造の著しい変貌は、公共の福祉の内容だけではなく、その具体化の過程にも重大な変革を生じさせずにはおかない」という観点から、へーベルレを引用しながら、「公益はむしろ創造的活動を通じて形成される」（『**計画行政法**』四八頁）と述べていたことを忘れるべきではない。すなわち、公共性が、決定過程の公開、プロセスへの参加などの手続的側面を同時にもつということが、遠藤教授の主張の眼目であり、その点では、室井教授の最近の主張（同前八頁）と軌を一にするのである。「都市再開発法の位置づけ（一九六九）」、「土地所有権の社会的制約（一九七二）」、「公共性の変貌と現代行政法（一九七九）」、「土地収用と公共性（一九八〇）」などは、利害の錯綜する土地法制における公共性をより具体的に検討したものである。また、『行政法スケッチ』第四章、『実定行政法』五頁以下も参照。

六　請求権的行政法理論

従来の行政法理論体系のなかにあっても、せいぜい「私人の公法行為」なる範疇でしか捉えられなかった私人の地位を、理論上も実際上も重視し、さらには中心に据えて、行政法理論を作りなおすという構想は、見果てぬ夢のごとく、常に行政法学者の脳裏に去来する考えであった。遠藤教授は、「行政行為の抽象的性格によって事を決しようとする従来の行政法学は、議論が抽象的であるのみならず、なによりも個別実定法と乖離する傾きがあった」という批判のうえに、「取消請求権をはじめとする請求権を中心とした行政法の体系」の構成を提案された（「行政法上の請求権に関する一考察（一九八八）」一〇四一頁。他に、「取消請求権の構造と機能（一九八九）」、「収用裁決取消判決の第三者効について―取消請求権に関する一考察（一九八九）」、「取消請求権に関する一考察（一九九〇）」参照）。その基本的な構図は、私人の権利自由を前提に、許認可手続・給付手続など、請求権実現・具体化のための行為過程、権利の救済回復をはかる是正措置のための手続、賠償・補償など利害調整のための手続、権利実現のための訴訟手続を配するというもので、『実定行政法』は、その全体像を示したものである。

本書は、「主として法学部学生のための教科書」として書かれたものであるが、国家補償・行政訴訟を除いて、従来の行政法教科書の体系と著しく異なること、聞きなれない用語が氾濫することなどから、講義で使用するには、若干の勇気を必要とする。しかし、従来の教科書の多くが、基本的に田中行政法学の体系を祖述し、あるいはその概念の多くを言い替え、もしくは裏返して利用したものにすぎなかったのに比べると、本書は、行政手続法もふくめて、従来の教科書に記載された事項を、ほとんど漏れなく網羅し、明確な意図のもとに徹底して組み替えた点で際だった特徴を有しており、類似の試みを圧倒するものといえる。

本書の試みが成功しているかどうかは、今後さらに検討される必要があるが、すでに若い世代の研究者からは、「実体法主体の行政法の構想を総合的な形で示すものとして注目に価する」（高木光「当事者訴訟と抗告訴訟の関係」雄川一郎先生献呈論集『行政法の諸問題（中）』三六七頁）として、遠藤教授の試みを高く評価する声があがっており、今後の世代の研究者への影響が注目される。

七　国家論

最近の遠藤教授が全力投球していたのが、**国家論研究**である。その準備・構想は、精緻かつ壮大なもので、博覧強記な二つの論稿「**戦争と平和の法—ホッブスの自然状態について**（一九九〇）」、「**キーヴィタースとレース・プーブリカ**（一九九二）」を通読するだけで、その尋常でない打ち込みぶりがうかがわれる（なお、ジュリスト一〇〇一号八頁の筆者の追悼文［後掲］参照）。したがって、ここで遠藤教授の論稿を批評することは不可能である。この短文では、遠藤教授が、国家論研究に情熱を傾けるに至った理由に関し、筆者なりの推測を記すにとどめよう。

遠藤教授の国家論研究は、『**行政法Ⅱ（各論）**』の「制度の枠をとり払ったとき、行政とは何かといえば、国家作用の一つではなく、社会管理機能であるといえよう。（略）近代行政法の対象となる行政が国家作用の一つとされることは、社会管理機能が国家に集中されていることを意味する。そのすべてではないまでも重要の社会管理機能を国家が独占していること、いいかえると、近代国家は、かつて社会に遍在していた社会管理機能を自らの手に集中し、かつて社会管理機能の担い手であったものを解体し、抽象的に自由平等なバラバラの個人と相対立することをいみするのである。（略）この歴史的過程のあり方は国によって様々であるが、この過程の中から、封建的制約をとりはらった自由な所有権などに基づく私法の体系とこれと対立する公法の体系や、権力分立、地方自治などが生まれてくる」（九頁）という記述が、出発点になっているようにおもえる。

このような国家論の視点には、無論、伝統的なマルクス主義者からの批判を含めて、さまざまの批判がありうる。しかし、遠藤教授の国家論研究は、国家や国家成立に関する歴史的研究ではなく、近代国家論あるいは近代市民社会論の論理構造の分析に、そもそもの目的をおいたものである。また同時に、社会管理機能が国家に独占されている結果として、社会管理機能の主体ではなく、行政の相手方もしくは利害関係人としての地位に貶められ、その執行を職業的な公務員集団に委ねるしかなくなった私人(市民)の自己回復の試みであり、それを当然視して理論体系を築いてきた近代行政法理論を相対化しようとした野心的な試みであったという評価を、ここではしてみたい。

遠藤教授は、原典にかえって国家論を研究するために、病室でギリシャ語、ラテン語の勉強をしておられた。古典古代から現代まで、さらには日本の近中世までをも視野にいれた壮大な試みの未完に終わったことが、重ねて残念でならない。

八　まとめ―普遍的なもの、変わらないもの

『行政法スケッチ』を手にした読者は、遠藤教授が、たいへんな読書家で、法律書以外の哲学書、文学書、歴史書等に広く目を通していたことに、すぐに気づかれるだろう。特に、第一六章は、教授の面目躍如というところである。また、教授は、クリスチャンではなかったが、聖書に理解が深く、日曜学校に通ったこともあると話しておられた。これらの事実から、遠藤教授が、一方で、果てる事なく続く立法改正や判決の整理・解説からの避難口を求め、さらに、普遍的で変わらないもの、すなわち実定法の改正や判例の変更に左右されない「市民と行政の一般理論」を構想し、そこから、長年の関心を温めていた国家論研究へと傾倒していったと推論するのは、おそらく短絡にすぎるだろう。

しかし、今日のシステム化された情報化社会において、一人の研究者が、膨大・最新の情報を独占し駆使する国・自治体・企業等に立ち向かうのは、槍で風車に立ち向かう以上に難しい。情報の量や早さに一喜一憂している限り、行政法研究者は、急速に変化する行政現象を永遠に後追いするしかない。そのむなしさに気づいたとき、行政法に関する理論の役割とはなにか、さらに、その研究を生業《なりわい》とすることにいかほどの意味があるのか、という問いかけが始まる。しかし、それを遠藤教授に問いかける方法は、いまとなっては、四次元空間における再会(『行政法スケッチ』のむすび)を願う以外に、残されてはいない。

(北大法学論集四三巻三号より転載)

遠藤博也先生ご経歴

昭和一一年　六月一〇日　徳島市に生まれる
昭和三五年　三月　東京大学法学部第二類卒業
昭和三七年　三月　東京大学大学院法学政治学研究科修士課程修了
昭和四〇年　三月　東京大学大学院法学政治学研究科博士課程単位取得退学
昭和四一年　二月　北海道大学助教授（公法講座担任）
昭和四一年　三月　東京大学大学院法学政治学研究科博士課程修了（法学博士）
昭和四二年一〇月　北海道収用委員会予備委員（昭和四四年一月まで）
昭和四四年　一月　北海道収用委員会委員（平成四年四月まで）
昭和四四年　九月　札幌市公害対策審議会委員（昭和五四年九月まで）
昭和四五年　八月　北海道大学法学部教授（公法講座担任）
昭和四六年　五月　北海道公害対策審議会委員（平成四年二月まで）
昭和四八年　七月　札幌市居住環境審議会委員（昭和五四年七月まで）
昭和四八年一〇月　日本土地法学会理事（平成四年四月まで）
昭和四九年　一月　北海道自然環境保全審議会委員（昭和五一年三月まで）
昭和四九年　八月　北海道公害審査会委員（平成四年四月まで）
昭和五二年一一月　建設省沿道環境整備制度研究会委員（昭和五三年三月まで）
昭和五四年　八月　北海道大学評議員（昭和五七年一二月まで）
昭和五七年一二月　北海道大学法学部長（昭和五九年一二月まで）
北海道大学大学院法学研究科長（昭和五九年一二月まで）
北海道大学評議員（昭和五九年一二月まで）
昭和五九年一一月　北海道環境影響評価審議会委員（平成四年四月まで）
昭和六〇年　二月　札幌市がけ地対策調査専門委員（昭和六一年四月まで）
昭和六〇年　七月　札幌市スパイクタイヤ問題対策審議会委員（昭和六一年九月まで）

昭和六一年　四月　日本計画行政学会理事（平成四年四月まで）
昭和六一年　六月　北海道都市環境指標作成検討委員会委員（昭和六三年三月まで）
昭和六三年　六月　社団法人北海道都市再開発促進協会顧問（平成四年四月まで）
昭和六三年一〇月　北海道公文書開示審査委員会委員（平成四年四月まで）
平成　元年一〇月　日本公法学会理事（平成四年四月まで）
平成　元年一一月　公共用地審議会委員（平成四年四月まで）
平成　四年　四月　六日　逝　去

遠藤博也先生業績一覧

（北大法学論集四三巻三号をもとに作成）

Ⅰ　著　書

一九六八年

行政行為の無効と取消　東京大学出版会

一九七四年

都市計画法50講　有斐閣

一九七六年

計画行政法　学陽書房

一九七七年

行政法Ⅱ（各論）　青林書院新社

行政法入門（原田・小高・田村共著）　有斐閣

教材行政法判例（熊本・秋山・畠山共編）　北大図書刊行会

一九七八年

講話　行政法入門（〔講話〕と略）　青林書院新社

行政法学の基礎知識（1）（2）（広岡・田中舘共編）　有斐閣

一九八〇年

都市計画法50講〔改訂版〕　有斐閣

一九八一年

国家補償法（上巻）〔現代法律学全集61〕　青林書院新社

一九八二年
講義行政法Ⅱ（行政救済法）（阿部泰隆共編著）　青林書院新社
一九八四年
国家補償法（中巻）〔現代法律学全集61〕　青林書院新社
一九八七年
講義行政法Ⅰ（総論）（阿部泰隆共編著）　青林書院新社
一九八九年
行政法スケッチ（〔スケッチ〕と略）　有斐閣
実定行政法　有斐閣
一九九〇年
行政法入門〔新版〕（原田・小高・田村共著）　有斐閣

Ⅱ　論　説

一九六八年
イェシュにおける憲法構造論―憲法と行政法との関連に関する一考察　一
（北大法学論集一八巻三号、〔**本書第四巻*1***〕）
一九六九年
行政権限の競合と融合
（北大法学論集一九巻四号、〔**本書第二巻*1***〕）
複数当事者の行政行為―行政過程論の試み一、二、三
（北大法学論集二〇巻一号〜三号、〔**本書第二巻*2***〕）
都市再開発法の位置づけ（特集・都市再開発法の課題）
（ジュリスト四三〇号、〔**本書第二巻*8***〕）
一九七〇年
行政過程における公共の福祉（特集「公共の福祉」の現代的機能）
（ジュリスト四四七号、〔**本書第二巻*3***〕）
取消訴訟の原告適格『実務民事訴訟講座8　行政訴訟Ⅰ』
（日本評論社、〔**本書第三巻*5***〕）
一九七一年
土地所有権の社会的制約（臨時増刊）〔特集・土地問題〕
（ジュリスト四七六号、〔**本書第二巻*9***〕）
一九七二年
行政行為の無効と取消の区別の基準〔特集・判例展望〕
（ジュリスト五〇〇号、〔**本書第一巻*11***〕）
一九七三年
景表法上の公正競争規約認定判決に対する消費者（団体）の不服申立資格の有無―いわゆる果汁規約と主婦連の原告適格をめぐって―
（ジュリスト五三八号、〔**本書第三巻*12***〕）
一九七四年
「公共性」概念の検討（特集・大阪空港公害訴訟）
（ジュリスト五五九号、〔**本書第二巻*10***〕）
一九七五年

政令指定都市と行政区の問題
ジュリスト増刊　総合特集1〔現代都市と自治〕
（有斐閣、〔本書第二巻*11*〕）

公共施設と環境訴訟　（季刊環境研究九号、〔本書第三巻*9*〕）

トルコ風呂と児童遊園―行政過程の正常性をめぐって―
（（〔講話〕所収）時の法令九一二号）

交通の「公共」性と「環境権」
ジュリスト増刊　総合特集2〔現代日本の交通問題〕
（有斐閣、〔本書第二巻*12*〕）

一九七六年

損失補償の基本原則
不動産法大系7『土地収用・税金』　（青林書院新社）

公権の放棄　公法関係と民法一七七条　行政法違反の法律行為　（『ワークブック行政法』有斐閣）

自治立法論　（『行政法（3）地方自治法』有斐閣）

勧告審決取消訴訟の原告適格
（ジュリスト六〇七号、〔本書第三巻*13*〕）

行政庁の釈明義務　上水道と下水道　法律と条例　行政庁の調査義務　行政行為の事後的違法　行政手続上の権利　行政庁の作為義務　権利の内在的制約　当事者訴訟的義務づけ訴訟
（（〔講話〕所収）時の法令九二五号～九四九号）

地方公共団体における計画行政の課題
（日本都市企画会議年報三号）

一九七七年

行政法学の方法と対象について　田中二郎先生古稀記念『公法の理論』下I　（有斐閣、〔本書第一巻*1*〕）

行政過程論の意義
（（今村献呈）北大法学論集二七巻三・四合併号、〔本書第二巻*4*〕）

災害と都市計画法　（法律時報四九巻四号、〔本書第二巻*13*〕）

競馬の公共性とおもちゃのピストル　環境行政訴訟の問題点（一～三）　内閣総理大臣の権限　公務員の期限付任用　地方自治と行政争訟　酒屋、たばこ屋、まあじゃん・ぱちんこ屋　公企業あれこれ　計画許可ないし調整許可　営業規制と消費者保護　都市施設の設置
（（〔講話〕所収）時の法令九五二号～九八五号）

一九七八年

国土総合開発法と国土利用計画法、土地利用基本計画と国土利用計画、〔本書第二巻*14*〕　基礎法律学大系実用編12『土地法の基礎』　（青林書院新社）

行政行為の意義、公定力、不当利得
（『行政法を学ぶ I』有斐閣）

戦後30年における行政法理論の再検討

土地収用法の性格と土地収用手続の諸問題
（公法研究四〇号、〔本書第一巻*2*〕）
公共施設の管理　法律に暗い老人　公共施設の利用
（全国収用委員会連絡協議会研究集会講演録）
（〔講話〕所収）時の法令九八八号〜九九四号）
手続による行政の原理と行政過程の正常性
（札幌市例規通信一〇〇号記念特集号、〔本書第二巻*5*〕）

一九七九年

行政行為の瑕疵〔本書第一巻*12*〕、行政計画〔本書第二巻*16*〕、行政権限の融合〔本書第二巻*6*〕、演習法律学大系３『演習行政法』
（青林書院新社）
公共性の変貌と現代行政法
（土木学会誌六四巻五号、〔本書第二巻*17*〕）
経済法と現代行政法
（経済法二二号、〔本書第一巻*3*〕）
計画における整合性と実効性
（計画行政二号、〔本書第二巻*15*〕）

一九八〇年

財産権補償と生活権補償に関する覚書
（建設月報三六八号、〔本書第三巻*10*〕）
土地収用と公共性　ジュリスト増刊〔行政法の争点〕
（有斐閣）

一九八一年

公共施設周辺地域整備法について
（〔小山退官記念〕北大法学論集三一巻三・四合併号、〔本書第二巻*18*〕）
土地利用規制と行政指導
（法令資料解説総覧20号、〔本書第三巻*15*〕）
行政過程に関する判例の検討
（今村教授退官記念『公法と経済法の諸問題』（上）有斐閣、〔本書第二巻*7*〕）

一九八二年

公共性（特集・大阪空港公害訴訟上告審判決）
（判例時報一〇二五号、〔本書第二巻*19*〕）
田中先生の行政手続法論（特集・田中二郎先生と行政法）
（ジュリスト七六七号、〔本書第一巻*4*〕）

一九八三年

権力と参加
（岩波講座『基本法学６―権力』岩波書店、〔本書第一巻*5*〕）
規制行政の諸問題
（『現代行政法大系』第一巻　現代行政法の課題
（有斐閣、〔本書第一巻*6*〕）
現代型行政と取消訴訟
（公法研究四五号、〔本書第三巻*1*〕）
法の不備と行政責務
（法と社会研究　第２輯）

一九八四年

職権取消の法的根拠について
（田上穣治先生喜寿記念『公法の基本問題』有斐閣、〔本書第一巻*7*〕）

一九八五年

注釈地方自治法74条（『注釈地方自治法』第一法規）
行政法における法の多元的構造について
（田中二郎先生追悼論文集『公法の課題』有斐閣、〔本書第一巻*8*〕）
一つの行政　二つの法・裁判　三つの法根拠　四つの基本原則　五つの法過程　六つの法局面　なぜか行政行為の諸分類　八つの行政委員会　民法七〇九条と憲法二九条（〔〔スケッチ〕所収〕月刊法学教室五五号～六二号）
危険管理責任における不作為の違法要件の検討
（〔富田追悼〕北大法学論集三六巻一・二合併号、〔本書第三巻*8*〕）
都市再開発について
（都市問題研究三七巻一二号、〔本書第二巻*20*〕）

一九八六年

国家賠償法総説　『基本法コンメンタール　行政救済法』（日本評論社）
時効一〇年　一一時間目に来た男　一二の法律　行訴一三条・請求と訴え　武器平等の原則　取消判決の効力　行訴四四条・仮の救済　一七条の憲法　一八番・本稿のまとめ
（〔〔スケッチ〕所収〕月刊法学教室六四号～七二号）
国家賠償法の基本論点
（法学セミナー三八四号、一九八六年、〔本書第三巻*7*〕）

一九八七年

都市計画・建築法制の課題〔特集・転換期の日本法制〕
（ジュリスト八七五号、〔本書第二巻*21*〕）

一九八八年

行政法上の請求権に関する一考察
（〔山畠退官〕北大法学論集三八巻五・六合併号、〔本書第三巻*2*〕）

一九八九年

取消請求権の構造と機能
（雄川一郎先生献呈論集『行政法の諸問題』下　有斐閣、〔本書第三巻*3*〕）
収用裁決取消判決の第三者効について――取消請求権に関する一考察
（〔藪・五十嵐退官〕北大法学論集三九巻五・六号（下）、〔本書第三巻*6*〕）

一九九〇年

取消請求権に関する一考察

（高柳信一先生古稀記念論集『行政法学の現状分析』勁草書房〔本書第三巻**4**〕）

戦争と平和の法―ホッブスの自然状態について―（深瀬・小川退官）北大法学論集四〇巻五・六合併号（上）、〔本書第四巻**2**〕）

土地収用と公共性（ジュリスト増刊〔行政法の争点〕（新版）有斐閣、〔本書第二巻**22**〕）

一九九一年

キーヴィタースとレース・プーブリカ――ロックの市民社会について（（石川退官）北大法学論集四一巻五・六合併号、〔本書第四巻**3**〕）

一九九二年

国家賠償請求訴訟の回顧と展望（（特集・国家賠償法判例展望）ジュリスト九九三号、〔本書第三巻**19**〕）

Ⅲ　判例評釈・判例解説

一九六六年

免職処分取消請求事件（法学協会雑誌八三巻一号、〔本書第三巻**11**〕）

一九六八年

不服申立期間の徒過と「やむを得ない事由」（別冊ジュリスト17〔租税判例百選〕）

残地収用の性格、未登記無届権利者と換地予定地指定なき移転命令（別冊ジュリスト19〔土地収用判例百選〕）

更生処分の取消訴訟係属中に再更生および再々更生処分が行われた場合と訴えの利益（〔ジュリスト年鑑〕一九六八年版　ジュリスト三九八号）

工場誘致奨励金打切事件（臨時増刊〔昭和43年度重要判例解説〕ジュリスト四三三号、〔本書第三巻**16**〕）

明治憲法前の法令の効力（別冊ジュリスト21〔憲法判例百選〕新版）

一九六九年

基本権類似の権利（別冊ジュリスト23〔ドイツ判例百選〕）、〔本書第一巻**9**〕）

設権的行政処分の取消（別冊ジュリスト25〔フランス判例百選〕）、〔本書第一巻**10**〕）

一九七〇年

違法性の承継、瑕疵の治癒、違法行為の転換（別冊ジュリスト28〔行政判例百選〕（新版））

一九七三年

更生処分の取消訴訟係属中に再更生および再々更生処分

が行われた場合と訴えの利益

（ジュリスト増刊〔昭和41・42年度重要判例解説〕）

一九七四年

宅造法上の規制権限の不行使と国家賠償責任

（臨時増刊〔昭和49年度重要判例解説〕ジュリスト五九〇号）

明治憲法前の法令の効力

（別冊ジュリスト44〔憲法判例百選〕第三版）

一九七五年

宅造法上の規制権限の不行使と国家経営責任

（ジュリスト臨時増刊『昭和四九年度重要判例解説』、**〔本書第三巻*17*〕**）

一九七九年

違法性の承継、瑕疵の治癒、違法行為の転換

（別冊ジュリスト61〔行政判例百選Ⅰ〕）、**〔本書第一巻*13*・*14*・*15*〕**）

一九八〇年

明治憲法前の法令の効力

（別冊ジュリスト69〔憲法判例百選Ⅱ〕）

一九八六年

処分事由の追加

（別冊ジュリスト88〔公務員判例百選〕）、**〔本書第三巻*14*〕**）

パトカーに追跡された逃走車両（加害車両）が第三者に生じさせた損害について国家賠償責任が否定された事例

（判例評論三三四号（判例時報一二〇九号）、**〔本書第三巻*18*〕**）

一九八八年

明治憲法前の法令の効力

（別冊ジュリスト96〔憲法判例百選Ⅱ〕第二版）

Ⅳ　その他

一九七七年

今村成和教授の経歴と業績

（（今村献呈）北大法学論集二七巻三・四合併号）

一九八六年

いま、国家賠償責任訴訟は（特集・シンポジウム）

（法学セミナー三一巻一二号）

一九八七年

公法学会第二部会討論要旨（シンポジウム　現代行政の手法）

（公法研究四九号）

遠藤博也先生を思う

畠山武道
（はたけやま・たけみち＝当時、北海道大学教授）
早稲田大学大学院法務研究科教授

遠藤博也先生が、一九九二年四月六日　早朝、亡くなられた。最近の先生は、八時に登校、五時に帰宅、夕食後は九時前後に就寝という規則正しい生活をおくられ、心身ともに好調にみうけられた。また、私とは、昨年一一月一一日、国税局のきき酒会に参加し、先生は酒類判定コンテストで優勝して大いに鼻を高くしておられた。それだけに、その後ほどなく入院し、逝去されたことが、今でも信じられない思いである。先生は、心から北大法学部を愛され、また、多くの教職員、院生、学生が先生の人柄を慕い、先生に接するのを楽しみにしていただけに、五五歳という若さで先生を失った悲しみは、はかりしれないほど大きい。

葬儀の後、親族の方々と、研究室で先生を偲んだ。書架や床には文献が山積みされ、机の上も、わずかにノートを広げることのできるスペースをのぞいて、文献があふれていた。中でも、最近購入した「アウグスティヌス著作集」「荻生徂徠全集」、Loeb Classical Library の中のプラトン、アリストテレス、キケロなどのシリーズや、独、仏、伊、ラテン語で詳細に書き写されたキケロ・マキュアベリに関する多数の研究ノートなどが目をひいた。さらに、新しい教科書や著書の目次、構想などを細かくメモ書きしたポケット・ノートの数々が、突然に研究を中止せざるをえなかったご本人の無念さを物語っていた。先生は、よく「普通の学者の三倍は勉強したよ」と話しておられたが、筆の速さは学界でも有名だっただけに、これらの著書が日の目をみることなく終わったことは、学界にとっても大きな損失である。

遠藤先生は、温厚で誰とでも気軽に親交をもたれ、学部長のころの教授会運営も、名人芸であった。また、法学部教職員ビール・パーティーも、先生が学部長のときに始められたものであり、先生の美声がその彩りであった。同時に、その反骨ぶりも相当なもので、公法学会で、遠藤先生が、恩師である田中二郎博士ほかを公然と批判されたのを覚えている人も多いことであろう（公法研究四〇号一八二頁参照）。

さらに、改めて述べるまでもないが、『行政行為の無効と取消』（東京大学出版会）、『計画行政法』（学陽書房）、『国家補償法（上・中）』（青林書院）、『行政法スケッチ』（有斐閣）、『実定行政法』（有斐閣）などの代表的著作は、孤立や批判に臆することなく、反権威の立場を貫いた先生の生き方の所産ともいえる。また、余談であるが、北大行政法スタッフのユニークな顔ぶれも、先生の人望に負うところが大きい（という声もある）。

法要のとき、田鶴夫人が、「遠藤なら、きっと、葬式はにぎやかにススキノでやってくれ、といったでしょう」という遺言（?）をもらされたが、参加者で違和感をもったものはいなかった。もはやススキノを徘徊し、最近は小唄に凝っていた先生の美声をきくことはできない。ススキノの灯が目に入るたびに、北海道の人と自然をこよなく愛した先生のことを思いだしたい。

〔ジュリスト一九九二年六月一日号（一〇〇一号）〕

日本立法資料全集

塩野　宏編著

高木　光解説

行政事件訴訟法

行政事件訴訟法（昭和37年）⑴

行政事件訴訟法（昭和37年）⑵

行政事件訴訟法（昭和37年）⑶

行政事件訴訟法（昭和37年）⑷

行政事件訴訟法（昭和37年）⑸

行政事件訴訟法（昭和37年）⑹

行政事件訴訟法（昭和37年）⑺

塩野宏・小早川光郎編

仲　正・北島周作解説

行政手続法（全6巻）

5　権力と参加

一　序　説

(1)　二つの見方

すでに過去の語り草となっている大学紛争はなやかなりし頃、参加は日常最もよく耳にする言葉であった。事情は今日もあまり変っていないようである。昭和五八年三月一四日臨時行政調査会による「行政改革に関する第五次答申（最終答申）」においても「行政の意思形成の過程において、できる限り国民の参加を実現するという観点からも行政手続の整備が求められている」という言葉がみられるし、同年二月神奈川自治総合研究センター国政参加研究会による「『国政参加』制度の構想——新たな国・自治体関係を求めて——」と題する自治体の国政参加を内容とする報告書があり、また、同年四月兼子仁教授による『行政法総論』（筑摩書房）は「国民参加の権力行政手続の法」の体系化を試みたものであるなどがその例である。参加は時代の合言葉であるといってよい。

国政レベル、自治体行政レベル、さらには民間企業における経営参加など、さまざまなレベル、さまざまな形における参加がみられるわけであるが、時代の趨勢というべき参加に対する評価には、積極、消極の二つの見方が存在する。

積極的見方は、参加をいわゆる民主化の徹底として歓迎するものである。あるいは、代表制民主主義の機能不全を国民ないし市民の直接参加によって補完し、あるいは、公権力の正当性を補強するものとし、あるいは、行政過程の正常性の一内容として当事者参加による偏向の是正をあげ、あるいは、過剰な官僚制の進展による管理社会において当事者の自治、自律による主体性の回復が主張される、などがその例である。

これに対して、消極的見解は、手続の遅延、非能率、費用増などの効率性の点でのマイナスのほか、さらに、事実上の力関係が決定過程をゆがめ、そこに恣意的要素が混入することをあげ、ときとして、法治主義がまげられることがあるばかりか、いうところの民主化についても何ら民主的正当性を有しないものの関与はかえってこれに背馳し、正当性を欠く事実上の権力に対して少数者の保護の途のないことなどを強調する。加えて、参加の増大は、国家と社会の境界の不明確化を推進し、民主主義にとっても不可欠であるはずの責任体制をゆるがせ、過剰な参加による混乱は、かえって全体主義の恰好の温床となる、とする。

本稿の目的は、このいずれかの立場に与することによって、その正当性を主張することではない。問題の全体を概観する鳥瞰図を作ることによって、問題を位置づけ、問題に対する判断の枠組み作りを試みるための準備作業とするものである。ただ、紙幅の限られた本稿にあっては、その鳥瞰図たるや、きわめて大ざっぱなものであることをあらかじめおことわりしておかなくてはならない。

(2)　権力とは何か

実定法上に「権力」という言葉でいいあらわされる内容は多様である。

行政事件訴訟法には、「行政庁の処分その他公権力の行使に当たる行為」(三条二項、四四条)という言葉が用いられ、行政法学上にも、しばしば権力的作用とか権力的関係という用語がみられる。これらは警察権、土地収用権、課税権などの行政権の行使によって私人の権利義務が一方的に左右される場合をさしている。しかし、これらの場合は、行政庁の一方的判断によって私人の権利義務が左右されるとはいっても、それらはことごとく営業規制法なり、土地収用法なり、税法なりの法律にもとづくものであって、個別的な法的権限の行使にすぎない。したがって、個別的にみるかぎり、「権限」ではあっても、「権力」ではないといわなくてはならない。

そこで、つぎに、個別的にみた権限ではなく、権限の総体的な総称としての権力を考えることができる。右に警察権、土地収用権、課税権というのがその例であり、また、憲法が行政権（六五条）、司法権（七六条一項）といい、さらにまとめて「国権」（四一条。なお、九条一項参照）というのがその例である。憲法前文が「国政は、国民の厳粛な信託によるものであつて、その権威は国民に由来し、その権力は国民の代表者がこれを行使し、その福利は国民がこれを享受する」とするのもその例に数えることができよう。

しかしながら、いうまでもなく、ここにいたれば、諸権限の単純な総称の域をこえているのであって、ひとつひとつの権限行使の前提となるべき制度全体の性格づけが問題となっているというべきであろう。すなわち、国家権力の全体が物理的強制力と公共的正当性とを独占したいわゆる主権国家の公権力であり、諸権限の行使はその発動として性格づけられることを意味している。このことは右の憲法前文が「権威」と「権力」とを相関連する全体の中で一対のものとしてのべている(1)ところによくあらわれているのであって、しかも、両者いずれも全体としての国民によって根拠づけられているところにその顕著な特色を見出すことができるであろう。

ところで、権力は、このように単に諸権限を束ねたものの総称にとどまることなく、すなわち個別の決定過程ではなく、制度全体としての決定過程のあり方にかかわるものであるが、個別であれ、全体であれ、決定過程における支配力を重要な要素とするものであるといえる。ときとして、ありうる反抗、抵抗を排除して決定過程において自己を貫徹しうる力であるがゆえに、その根拠をはじめとする決定過程のあり方が問題とされるゆえんである。しかし、同時に、決定過程のもつ資源配分的な効果の側面にも注目する必要があると思われる。けだし、反抗、抵抗がありうるのも何らかの意味で関係者の利害関係にかかわりがあるためであり、権力そのものの必要性もそこにあるといえるからである。右の憲法前文が、「権威」「権力」同様にあまりにも抽象的とはいえ、「福利の享受者」としての国民一般をあげているところにその趣旨が示されている。そうだとすると、権力は、効果の享受者なり決定過程の関係者としての広い意味での参加者を不可欠の要素としているといわなくてはならない。積極的な参加（participation）でないまでも消極的な参加（involvement）を当然に前提としていることになる。

(3)　参加とは何か

われわれは、参加という言葉によって、権限行使過程ないし政策執行過程への参加を思い浮べるのが普通である。建築紛争をめぐる数多くの判例や環境アセスメントをめぐる諸論議がその例である。そのため何とはなく参加が例外的な現象であったり、または、現代的な現象であるかのごとき錯覚が横行している。しかしながら、さきにふれたとおり、参加が権力にとって不可欠なものであるとするならば、参加は実に多様な形をとるはずである。効果の享受者をはじめとする直接の利害関係者のほか、つぎのようなものがある。

まず第一にあげるべきは、組織参加とでもよぶべきものであって、権力の組織・構成への参加・関与である。権力には現実の担い手が必要である以上、その組織の構成員となる途がどの範囲に開かれているか、また、その選択についていかなる関与の途が開かれているか、はきわめて重要な問題といわなくてはならない。選挙制度と公務員制度とがその典型的例である。わが国の現憲法に例をみるように、普通選挙の制度と国民の公務員就任権利の保障、成績主義の採用などが今日広く一般にみられるにいたったため、組織参加は過去の問題であるかのごとき印象を与える。しかし、参議院の比例代表制が問題とされ、選挙区割の不均衡による不平等が争われ、国民の諸活動との関連における行政改革が課題とされるごとく、組織参加のあり方は相も変わらぬ現代の課題である。さらに加えて、各種の利害代表者によって構成される審議会、公共組合などにみられる組織強制、業界関連団体の規制行政への組み入れなど、現代における組織参加は多様な形をとっている。また、組織の時代といわれる現代において、権力とかかわりのある各種の団体（政党、企業、労働組合など）への参加も間接的に組織参加としての意味をもちうることとなる。

右の組織参加のうち多くのものは、政策執行過程よりも前の段階である政策策定過程への参加としての意味をもっている。

このように、ごく簡単にみるだけでも、参加には、組織への参加もあれば作用への参加もあり、政策策定段階への参加もあれば政策執行段階への参加もあるなど、実に多様なものがあることが知られる。これに非公式な圧力団体の働きかけや反対運動のたぐいをも加えれば無数の態様がありうるであろう。けだし、権力が真空の中に存在するものではなく、その現実の担い手もあれば、その効果の直接・間接の享受者もいる以上、有形・無形のさまざまの働きかけの組み合わせの中に存在しているのであって、その呼び名はともあれ、数々の参加、関与、介入、影響力行使がみられるのは当然だからである。

そうだとすると、権力と参加の二つを単純に相対立させてとらえることは適当ではないことになる。むしろ、参加のあり方こそは権力の構造の決め手といわなくてはならないであろう。このことは既に古くから、モンテスキューやルソーをはじめとする古典的理論において、参加者の数によって、民主制、貴族制、君主制（democracy, aristocracy, monarchy）などの区別をするところにも示されている。ただ、今日における権力の構造は、参加者の数の大小といった一つの要素によっては割り切れないところに問題の複雑さ困難さが存在するわけである。

(4)　本稿の内容

本稿は、参加それ自体ではなく、参加のあり方を問題とする。すなわち、権力と参加とを相対立するものとしてではなく、むしろ、数々の多様な参加の束の多方向からの綱引きの上におのずから浮き出てくる絵柄模様こそが権力の構造ではないかと考える立場に立つゆえに、さまざまなタイプの参加の組み合わせられた全体のあり方を問題とする。もちろん、わずか六色からなるオモチャのルービック・キューブでさえ、簡単な操作で無数の複雑な色模様を現出させるのであるから、ましていわんや社会的・歴史的現象である参加においてはそのあり方の全容を論ずることなどとうていできるわけはなく、たかだか組み合わせ以前の六色の特色を叙述することによって、組み合わせ後の一面の色模様を推測させる程度にとどまるほかないのである。

そこで、まず、本稿は、簡単に権力と参加の歴史的諸形態を概観することによって、参加の歴史的特色を大まかにみたうえで、ついで、参加の諸形態として、主要ないくつかの分類の試みをし、最後に、参加をめぐる諸問題として、現代における参加が、いかなる特色をもつものであり、いかなる問題点をもつものであるかをのべることとしたい。

二　権力と参加の歴史的諸形態

(1)　絶対主義時代における参加

一八世紀中葉『法の精神』をあらわし、権力分立論によってあまりにも有名なフランスのモンテスキューはボルドーの高等法院の長官であった。彼がこの職についたのは、司法試験に合格し、裁判官としてのキャリアをつとめあげた結果というわけでは毛頭なく、相続によるものであった。すなわち、この官職は彼の祖父が金で買ったものであり、これを相続した伯父さんに子供がいなかったために、モンテスキューが相続する破目となったものである。文筆で名声を得た彼は、この官職を最初は身代限りで、後には無条件で売却している。ここでは、高等法院長官という法的にはもちろん当時において政治的にも重要な官職が売買、相続の対象となっていたわけである。同時に、モンテスキューは、地方領主であり、領内のもめごとを自ら解決しなければならなかったばかりか、ボルドー名産のブドウ酒製造販売を業とする経営主体としての苦しみを知るものでもあった。したがって、当然のことながら、彼は絶対主義時代における貴族の立場を主張したのであって、彼のいうところの権力分立論は、今日いわれる三権分立論とは基本的に異なるものであった。けだし、全体としての権力構造とその基礎にある社会構造を異にしているからである。(2)

まず第一に、官職の相続・売買に象徴されるように、国家の官職が社会的地位ないし身分に随伴する点にその特色がみられる。地方領主が高等法院長官となり、法服貴族として社会的身分と官職担当とを一身に融合するわけである。社会的諸勢力が同時に国家組織の重要な部分を占めるとともに、逆に、国家組織の一翼につらなることが社会的諸勢力の力の伸張に寄与する面があった。ただし、この時代にみられる国家と社会の融合は、それより前の時代におけるそれとは異なる点がみられる。その一は、官職の売買などにより新興の商工業経営主体などの社会的諸勢力が国家の官職を占めることによって、社会的地位・身分の獲得・上昇をはかることが可能であった。伝統的貴族に対するフランスの法服貴族がその例であって、そのかぎりで流動的であるといえる。その二は、他方、度重なる戦争等による財政危機打開のための財政改革とこれにともなう行政改革により、次第に国王のもとにおける中央政府の集権的行政組織が姿をあらわしつつあり、これが治安維持をはじめとする社会管理機能を自らの手中におさめ、またはその管理の下におきつつあった。このため身分制の地盤は浸食され、その社会的機能が失われるとともに、身分が特権に転化(3)しはじめていた。その三は、このようにして、社会的地位・身分あるいは社会的諸勢力、中間的諸団体は、国家体制内に統合されるにいたったのである。

ついで第二に、等族議会の後身である身分制議会においては、文字通り社会的地位・身分の代弁者によって構成されることによって、社会的諸勢力ないしは中間的諸団体が参加するものであった。長らく三部会が開かれないままのフランスにおいて、法令登録の権利と法規的判決の権能を有するパリ高等法院が立法的機能の一端を担ったわけであるが、モンテスキューは、身分制議会に代わる高等法院の国民代表的性格を主張している。モンテスキューの主張は、身分制を前提とした権力分立であり、形式的な国家組織・機能の分立・分担と相互のバランスではなく、社会的諸勢力間のバランスをふくむものであるといえる。ただし、絶対主義時代の身分制議会は、社会的諸勢力による、それぞれの身分的諸特権のモザイク的構成からなる既成の法秩序の確認に終わることなく、新たに法を形成する絶対君主の立法的機能に関与するものであった点で前の時代とは異なる特色がみとめられ、他方、作られた法の執行段階においては、中央政府の執行体制はなお不十分であって、社会的諸勢力や中間的諸団体に依存することが少くなかった点に[4]、後の時代と異なる特色がみとめられる。

このようにして、極めて単純化すると、絶対主義時代の参加は、社会的諸勢力ないし中間的諸団体による組織参加をその特色とするということになる。その組織参加が政策や法の策定段階のみならず、その執行段階にも及ぶ広範なものであったことが注目をひく。

⑵　近代国家における参加

いかなるメルクマールによって近代国家の特色とし、いかなる時期に近代国家が登場したかを画することは、一つの国についても極めて困難な作業である。ここでは、はなはだ乱暴に、国民代表議会とよばれるものと近代的公務員制とよばれるものの二つのメルクマールをもって、とりあえず近代国家の特色として、話を進めることにしよう。

単純な形式論によれば、貴族制などの身分制が廃止され、社会的諸勢力や中間的諸団体から公的性格が奪われることによって、国家と社会は二元的に対立するものとして分離される。国家も社会もいずれも自由かつ平等な個人を基礎として構成されることとなる。社会を構成するものとしての個人の自由や権利が、国家組織を構成するものとして個人の公務員就任の権利と選挙権が一八世紀末——一九世紀の立憲主義的諸憲法において保障されるのがその例である。しかしながら、憲法典上の文言によって直ちに国民代表議会や近代的公務員制が誕生したとみるのは早計であって、かりに普通選挙制、公開試験による職業公務員制の実現をその条件とすると、近代国家の存在は前世紀末の欧米諸国においてもあやしいことになる[5]。したがって、相当程度のたてまえ論ないし理念に向っての趨勢ないし傾向として、相当長期の幅をもって、これら二つのメルクマールをとらえるほかはない。

ところで、国民代表議会と近代的公務員制の二つは、相互に影響しあって、今日の形をとるにいたった。たとえば、徴税機構の整備、中央銀行の確立、国家会計制度の統一などの財政改革によって、官職売買とも関連する公務有償制、官職の財産的ないし経営単位的性格が喪失したことが、今日われわれが思い浮べるサラリーマンとしての公務員誕生の前提条件であったが、(6)この過程は、議会による財政的コントロールを通じて促進されたものである。たとえていえば、チェーン組織の代理店の経営主から支店の社員への変化には本社の財務部門の確立とあわせてその監査部門の成立が寄与していたわけである。かくしてはじめて、代理店を支社として本社の経営組織内に吸収することが可能となる。とくに議会のコントロールは、大臣責任制の確立に寄与することによって、(7)行政の階層組織化《ハイラーキー》の完成に相当手を貸しているといえよう。他方において、今度は逆に、階層的な行政組織の確立が立法の合理化に好影響を及ぼしている面がみられる。すなわち、階層組織を前提として職業公務員制を徹底するための公開試験制度の採用などの公務員制度の改善は、立法の行政人事への介入排除や猟官制の廃止へと導き、選挙制度の改善や立法機能の純化、政策を基礎とする政党の成長などをもたらすのである。(8)また、全国的な統一的行政組織の存在が、地方領主や地方名士などの社会的諸勢力に依存しない法執行機構を用意することとなり、社会的諸立法の実効性を高めるものとなっていることはいうまでもないであろう。立法機能の純化と社会的諸問題に対する立法の有効性を前提として選挙権拡大の要求もまたその強度を一段と高めることになるはずである。このことが、さらに今日における行政の肥大をまねく原因となっていることは後述のとおりである。

このようにして、立法と行政とは手をたずさえて、いわゆる合理化の道をたどり、国民代表議会と近代的公務員制にいたった。ここにおける参加の特色は、ひとつには抽象的地位にもとづく個人参加をたてまえとしていることである。すなわち、特定の社会的身分や社会的諸勢力、中間的諸団体の参加ではなく、抽象的な「国民」としての地位にもとづき、中間的諸団体の媒介なく、バラバラの原子《アトム》的な個人が直接に参加している。また、その参加は組織構成への参加であり、さらに、包括的な政策策定段階への参加である。したがって、逆に、このような段階への抽象的・間接的な参加の可能性とひきかえに、利害関係当事者としての直接的な参加が排除されているといえる。とくに政策執行段階ないし法律執行過程への参加は、基本的に排除され、上位の段階で決定済みのものの機械的実現に服さざるをえない事態が発生する。恣意の混入が制約されるとともに、地方的な特殊性をはじめとする具体的事情に対する配慮が乏しくなり、法治主義ならぬ悪しき意味でのリーガリズムや官僚主義が幅をきかせる余地もまた広がることとなる。

(3) 現代国家における参加

何をもって現代というかを学問的に議論することは、歴史的過去でないだけに、近代を論ずる以上に困難である。ただ、今世紀の第一次大戦や第二次大戦の戦中・戦後にあらわれた、いわゆる行政国家的な現象をとりあげて、かりに現代国家の特色としておく。

行政国家とは、一口にいって、一九世紀の立法国家と比較して、政治の重点が立法府から行政府に移動し、立法、政策策定のイニシァティブが行政の手中にある状況をさしている。このことは長期的な経済発展計画にもとづいて個別の法律・予算がその手段として制定・策定される計画国家の現実にもっとも顕著にあらわれている(9)。経済構造、社会構造の形成・変革に国家が深いかかわりをもつにいたったため、長期的かつ他と整合的な政策体系の樹立（まさしく計画）が必要となり、法律なども政策手段としてこの体系に組み込まれることとなったのである。このような事情は行政の肥大をまねくとともに、いやおうなく国家活動に巻きこまれざるをえない団体や個人の多様な形での参加をうみだすにいたった。それは同時に、従来からの統治機構の変容におう面が少くないといえる。

まず、議会についていえば、形式的に選挙権の拡大からみるかぎり、普通選挙の一般化により国民代表制は徹底されたかにみえる。しかしながら、量的な国民代表が実現した反面、質的には変化があったとみられる。すなわち、選挙権の拡大とこれにともなうより一層の政党制の展開は、選挙をして国民代表の選出過程といわんよりは、政党間の政権の争奪戦たらしめた。各政党は、選挙民にアピールすべく、他とは区別されるべき旗幟鮮明なる政策メニューのセットを用意して、その支持者を固めている。したがって、政策は、国民代表からなる国会の審議を通じて生み出されてくるというより、重要なものであればあるだけ、あらかじめ基本路線がすでにきまっている。国会審議のフィルターによって濾過されることによって、特殊的利益の混合物が一般的利益に昇華するというフィクションはますます実態を遠ざかるものとなっているのである。

つぎに、近代的公務員制を基礎とする今日の行政組織は、一見するところ公開試験などによる職業公務員制の徹底により、国民一般を基盤とするものとなり、かつ、国民代表によって構成される政治部門に従属する公僕としての性格をもつものとなったかのようにみえる。しかし、他の部門と比較して質量ともに圧倒的な陣容をととのえ、長期的・安定的・継続的に政策を策定・執行するに最もふさわしい行政は、政治的中立性や大臣責任制の厚い壁に守られて、あたかも、かつての虚名にすぎなかった絶対君主に内実を与えたもののごとき存在を誇るにいたった。そこでは法治主義でさえときとして世論に超然たる行政のとりでとして用いられることが少くない。今日の複雑化し、かつ専門技術化した行政の多くは、実際にその任にあたる執行部門によるのでなければ実効性のある政策の策定や法律の立案が困難となっている。重要法案の多くは政府案であり、しかも担当部局案である(10)。したがって、ここでも法律は、行政をコントロールする手段というよりは、特定の行政部局が自己の所管事務を執行し政策目標を実現するために用いうる数ある手段の中の一つと化しているといわなくてはならない。

右のような立法、行政の双方にみられる機能の変質は、当然、従前とは異なる形の利害調整の場の設定をうながすのであって、各種の審議会などによる政策策定段階への利害代表者の参加、環境アセスメントなど政策執行段階への利害関係者の参加などがその例である。そこにおける参加は、「国民」といった一般抽象的立場による組織参加ではなく、直接・間接の利害関係にもとづく個別の作用への参加に特色がみられる。それだけに参加は多様な形をとるわけである。

三　参加の諸類型

(1)　組織参加

参加の諸類型についてさまざまの見地から分類を試みることにしよう。その第一は、これまでしばしばのべた組織構成への参加である。自ら組織の一員となることもあれば、代表者を組織に送り込み、あるいは構成員選任への関与がみとめられることもある。これには主なものとしてつぎのようなものがある。

(a)　選挙、議会、政党制

われわれは選挙権を行使することによって、いわゆる主権者の一瞬を味わう。それによって国民代表からなる議会の構成に参画しているからである。しかし、まさしく他ならぬ選挙権の拡大を重大な契機の一つとして一層の発展をとげた政党制のもとにおいて、選挙は、政権担当者の選任あるいは単に信任の行事となっている。もちろん政権担当者ないし政権政党の選出は極めて重要な行事であるが、このためには選挙制度のあり方と並んで政党制度のあり方が重要な意味をもっている。この点で、既成政党の用意する政策メニューのセットや、組織政党としての硬直化による参加の狭隘化にあきたらない多数の者が、新たな政党の形成や市民運動など別の形での政治参加の道を求めていることが注目をひく。

(b)　官僚、公務員制、行政組織

公務員としての行政組織への参加は、社会的身分を前提とせず、抽象的には国民一般に開かれている。とはいうものの、試験制度のあり方や学校制度のあり方などによっては、しばらく前のイギリスに顕著にみられたように、公務員なかんずく高級官僚が事実上一定の社会的身分にのみ限られる事態が生じうる。高級官僚に関するかぎり、いずれの国においても何らかの意味でのエリートが占めるものといえよう。他方、行政肥大の一因である社会経済分野における現業的行政組織にあっては、公務員たることは、いわば雇用の機会の一つにすぎず、権力組織への参加としての意味をもたない。しかし、その組合は一つの有力な政治勢力としてインフォーマルな形での政治参加の役割を演じている。また、全体としての行政組織がかつて例をみない規模と能力をもって社会管理機能を集中しているため、これに対する無数の非公式の働きかけが存在する。

(c)　審議会、利益代表的諮問機関(11)

行政の複雑化にともない、多様なレベルでの利害調整、専門的知識の吸収などの目的をもって各種の審議会がもうけられているが、その中には中央社会保険医療協議会や米価審議会のように、利害の相対立する当事者団体の代表者を委員とするものが少くない。単なる審議のための諮問機関ではなく、行政委員会である労働委員会においても、労使それぞれを代表する委員と中立的な公益委員からなる三者構成がとられている。前のいわゆる中医協や米価審の場合には、社会的に重要な政策決定が利害関係者の代表の参加のもとに行われているのであるし、後者の労働委員会の場合には、法律執行のための具体的処分の段階に利害関係社会層を代表するものが参加しているわけである。

(d)　業界団体、公共組合等

競争制限的な経済規制立法においては、商工組合に調整規程を定めて、その違反者に制裁を課する（中小企業団体の組織に関する法律二四条）などの自己規制的な権能をみとめたり、中小企業団体等に規制権限の発動を促す地位をみとめる（中小企業の事業活動の機会の確保のための大企業者の事業活動の調整に関する法律六条、小売商業調整特別措置法一四条の二）など、法律執行メカニズムに業界団体の関与を組み込んでいる。また、危険物管理等の分野においては、安全協会や保安協会のたぐいに検査、審査などの事務を代行させ、または、危険防止、環境汚染防止などの目的のため、工場、事業場などに有資格者の設置が義務づけられるなど、自主規制の組織化がみられる。第二次臨調による第五次答申においても、資格制度や検査・検定制度について「事務の民間団体への委譲」や「民間能力の活用と自主検査の推進」がうたわれている。なお、古くから弁護士会などには、弁護士登録、懲戒など自己規制権限がみとめられてきた。他方、土地利用の分野においては、土地区画整理組合、市街地再開発組合など関係権利者共同による事業について処分権限が与えられている。

(2)　政策策定・執行段階への参加

政策の策定・執行の流れの諸段階からみて異なるレベルへの参加があるほか、参加が及ぶ政策の広狭に差があり、また、参加がもつ政策決定への影響力の程度に差がみとめられる。

(a)　政策策定段階への参加

上記の組織参加への多くは政策策定段階への参加としての意味をもっている。とくに立法過程への参加はこれにあたる。選挙による政権担当者ないし政党の選択も間接的ながら政策策定の基本路線の選択に参加していることといえる。中医協や米価審が重要な政策決定にかかわる利害関係団体代表者の参加例であるが、このほか、例年、春闘の全体の過程を通じて決定される賃金ベースの決定も、公労委や中労委などの国家機関が公式に関与する局面はかぎられているものの、わが国の経済全体にとって極めて重要な政策決定である。政策策定段階への参加には、経済計画をはじめ各種の計画策定手続として法定されている公式の手続への参加のほか、無数の非公式な関与、介入その他の影響力の行使が存在する。

(b)　政策執行段階への参加

今日われわれが住民参加や市民参加の言葉によって直ちに思い浮べる環境訴訟事例、公害紛争、環境アセスメントなどにあっては、個別の政策執行段階における参加が問題となっている。それは元来、環境問題における利害の調整が現地に即して行われるべきところから、公共施設についても公共性判断の前提たるべき利害の調整が立法過程においてついておらず、行政過程においてなされなければならないという特質に由来するものである。しかし、それが政策決定後の既成事実が相当進行した後の事後的なものであり、ときとして手遅れの参加になりがちなことは否めないであろう。そこで、いわゆる環境アセスメントが個別プロジェクト段階の土木工事アセスメントにすぎないとして、より以前のマスタープラン段階でのいわゆる計画アセスメント[12]や、さらに全体の地域環境管理計画などの試みがみられることになる。しかし、他方、執行段階において強力な反対運動に遭遇することによる執行の挫折が政策そのものの是非に深刻な再検討を迫る事態を生じさせる例も少くない。

(c)　政策参加の範囲

政策にはそれ自体として広範な影響を及ぼすものと狭い範囲にかぎられるものがある。参加には、したがって狭い個別的政策にかかわる参加もあれば、広範に及ぶ政策もしくは複数の総合調整を必要とする政策、あるいは、さらに長期的な政策にかかわりをもつものの場合がある。間接的ながら、議会構成や政権担当者選出への関与など組織参加の主要なものは、長期的、総合的な政策形成への関与であり、政策執行過程への参加は一般的にいって、短期的かつ個別的な政策とのかかわりであるといえる。また、全体的参加と部分的参加という区別をすることもできよう。このような区別は、参加によって主張されるところの利益が特殊的利益であるのか一般的利益であるのか、参加手続のあり方や参加の資格を誰に与えるべきかなどの問題にとって意味をもちうるものと思われる。

(d)　政策参加の程度（強度）

参加には政策過程において働く影響力の程度に応じて①決定過程への実質的関与である決定参加、②単なる事前手続における情報提供ないし意見表明にとどまり自らは決定に関与しない手続参加、③情報公開による情報の受領、④さらには抽象的な参加ないし象徴的・儀式的参加など、さまざまの強度のものを想定することが可能である。

(3)　参加の強制、誘導、制度化

参加は、その言葉がいだかせる印象とは異なり、必ずしも常に参加者の積極的な任意の参加を意味するものばかりではない。古くは、政治参加の代表的な議会でさえ、国王の戦費調達や積年の借財返済のため、ムリヤリ召集される場合もあった。行政事務の強制負担(13)もまたその例に乏しくない。開発事業に対する反対運動のように、ある事態に余儀なく巻き込まれること（involvement）までふくんだ事実上の強制にいたっては今日においても無数の例がある。

(a)　参加の強制

参加の強制の最たるものは徴兵制である。かつて国家総動員法は、物資のみならず人の労力をふくむあらゆる資源を総動員し、国家目的のために用いようとしたが、貨幣経済の発展が乏しく財政制度も確立以前で交通通信が未発達な時代においては、地方における行政的諸手段は現地調達の形をとることが多かった。宿駅の制、夫役現品などその例である。したがって、地方有力者を地方における国家官職に任じたり、税の徴収、米の供出を地域単位に割当てるなど、地方の社会的諸勢力や地域共同体を国家組織の一環に組み込むことが多かった。その他、知られたものに江戸時代の五人組、第二次大戦中の町内会があり、今日でも強制設立制をとる各種の公共組合、また、源泉徴収義務者などの制度がある。さらに、立法例によっては選挙について投票強制のとられることがある。

(b)　参加の事実上の強制、誘導

政策執行過程において、公共事業によって環境上の利益が害されるなど、事実上の利害関係のゆえに反対運動に巻き込まれてしまうといった事実上の参加の強制は日常よくみられる。また、政策策定段階においても、スイスのカントンにその例をみるように、有権者の直接投票が立法に要求される制度がとられていると、逆に、利害関係がなく、したがって関心のないものも事実上参加が強制され、誘導される。[14]さらに、いわゆる全体主義的諸国家においては、国民参加を演出するための盛大な儀式がみられるほか、大学選択の自由や職業選択の自由を欠く国にあっては、エリートの公務就任も事実上の強制ないし誘導によるところがあるのではないかと思われる。

(c)　制度内参加

制度化された組織参加の例が議会制や公務員制であり、政策執行段階の参加が制度化されたものとして、都市計画関係立法における公聴会、計画案の公告、縦覧、意見書の提出の手続などがあり、競争制限関係立法における中小企業団体の調整の申出などがある。また、各種審議会を通ずる利害代表団体の代表者の参加にみられるように、制度化によって、参加が容易になる反面、各種個別利害の主張が共通の利害調整の場にのせられるという特色をもっている。したがって、一定の利益を主張し、その貫徹を図ろうとする立場からすると、妥協を強いられる側面がある。

(d)　制度外参加

制度外参加の例は無数である。さまざまの圧力団体による隠然、公然たる影響力の行使をはじめ、陳情、反対運動など利害関係者の多様な参加、関与が政策策定・執行段階に存在し、また、学閥などを通じてする高級官僚群への参加の道のルート化や私的諮問機関を通じてするエリートの吸収など非公式な組織参加が存在している。制度外参加においては、参加の手続・効果などが制度上にあらかじめ定められていないものの、しかし、その重要性において制度内参加に劣るものでもなければ、また、そもそも制度の内外の区別は容易ではない。長期政権を担う自民党の政務調査会ともなれば立派に制度上のものといえるし、また、制度外参加の多くは、制度を前提として成り立っている。圧力団体の影響力行使も議会や所管の省庁に向けられるのであるし、反対運動も訴訟の手段を利用することが少くないのである。

(4)　参加者のタイプ、資格

参加者がいかなる資格でもって参加をしているのか、という参加者のタイプの違いは、おのずから、参加のもつ性格、意味づけの違いを生じさせる。

(a)　一般抽象的・象徴的参加

無限定にあらゆる立場の違いを超越して、国民参加や市民参加という言葉が用いられるとき、一般抽象的な「国民」や「市民」の参加であって、参加そのものの意味も一般抽象的な域にとどまるものといえる。参加の途がとざされていた歴史的過去と比較すれば、まことに画期的な出来事であるとはいえ、全員参加が実現した結果、かえって、議会制や公務員制から社会的諸勢力による色づけが失われた分だけ、抽象的な稀薄なものとなっている。極言すれば、全員参加は無参加に等しいともいえるし、逆にいえば、非公式なあらゆるタイプの参加を視野に入れれば、政治社会は常に全員参加だといえる。あらゆる政治体制が自己をデモクラシーと称するゆえんである(15)。ときに一般抽象的性格は象徴の域にまで高められて、人民集会や市民集会といった儀式が演出される。

(b)　利害関係当事者の参加

公害紛争、環境アセスメントなどにみられる住民参加を一般的に市民参加とよぶのは適当でない。住民一般の参加でもなければ、ましていわんや市民の参加ではない。環境上利害関係を有する者の参加であり、当事者参加とよぶべきであろう。利害代表的諮問機関たる審議会への関係団体代表者の参加もこれに属する。非公式の制度外参加の多くをこれがしめている。多種多様のこの種の参加が錯綜し対立する中で法律が制定施行され政策が策定執行されている。当事者参加には、制度の内外を通じてそれぞれの力関係による強弱の程度があり、全体として偏よりをまぬがれがたい。

(c)　団体・個人、大衆・エリートの参加

参加は、比較的広範で長期的な社会的団体や階層の利害を代表・代弁する参加もあれば、個人的な参加もある。

また、個人参加にあっては、個人的な資質能力にもとづく参加と、およそ個性を欠いた砂つぶのような原子的な大衆の一人としての参加がある。現代の大衆社会においては、経済的・社会的な利害関係にもとづく、業界団体、財界、労働組合、消費者団体など、団体としての参加のほかに、多数ではあるものの団体や諸団体の連合体としてはとらえがたい大衆《マス》の参加がある。具体的な利害関係にもとづくものでない反面、いわゆる群衆心理に左右されるものとして、各種の不平・不満をバネとして、容易に煽動によって非合理的情動的行動に動員されるという病理的側面が強調される傾きがある。エリートの参加や社会的諸団体を通ずる参加と対照的なものとされるわけである(16)。

(d)　国、自治体、公共的団体の参加

その他、最初にあげた神奈川県自治総合研究センター報告書に例をみるように、国・自治体相互間の参加・関与などがありうる。

四　参加をめぐる諸問題

(1)　権力の正当性と公益論の構造

近代の主権国家は、公権力を排他的に独占し、また、公共的な正当性を独占する。教会からも、経済的・社会的諸勢力、中間的諸団体からも、ことごとく公的性格を奪い、これを私的領域へ追いやる。宗教上の自由、経済的自由を確立することによって、国家は、宗教上の争いや経済上の争いに超然たる存在として社会全体を統合する。しかし、同時に、宗教的権威や伝統的権威と切断された公権力は、新たに自己の正当性を他に求める必要に直面した。その際、民主的正当性とよばれるものは、先に引いた憲法前文がいう「その権威は国民に由来し、その権力は国民の代表者が行使」するとするものであって、国民代表型議会など組織参加や政策策定段階への参加を重要な要素としている。そのような抽象的な国民参加の政治過程を用意することによってはじめて、公権力は自己の公共的な正当性を主張できると考えられるからである。したがって、公益論の構造は権力の正当性にとって重要な要素といわなくてはならない。

ところで、この点で興味深いのは、手島孝教授が『行政概念の省察』において、行政を本来的および擬制的公共事務の管理・実施としてとらえ、前者の本来的公共事務を政治から独立のものとし、後者の擬制的公共事務が政治過程に服するのも単に近代の時代的な政策的要請にすぎないものとしたうえで、さらに「現代的行政の発展は、次いで、本来的行政の拡充としても現象し始め（中略）、やがて本来的行政の実質的公共性が、支配機構としての現代国家における『政治過程の民主性《デモクラシー》』にとって代わって、新たな国家の権力の正当性の根拠となる展望を将来に向って開くであろう」（同書五一頁）としていることである。周知のとおり、中世的法観念において、法は新たに創造するものではなく、既に存在するものを発見するものであったから、本来的公共事務概念も当然のことであった。これに対して、近代国家における立法の観念は、まさに政治過程の洗礼を経ることによって公共性が産み出されることを前提とするものであり、立法の範囲や政治過程の具体的あり方の議論は別として、問題は単なる政策的要請にとどまることなく、権力の正当性にかかわるものとして考えられてきたと思われる。したがって、手島説は、一見すると、現代的な学説ではなく、復古的な学説の印象を与える。一般論として批判することはたやすい。

しかしながら、ふりかえって右にいう「政治過程の民主性」とは何か、とくに上記の現代における多種多様な参加にてらし、そのいずれがどの範囲と程度においてみたされ、全体としていかなる組み合わせが実現したときに、これにあたるといえるか、のあらましについて人の意見を明らかにしたうえでなければ、議論は空転するように思われる。すなわち、公益論の構造を参加の構造と関連させて論ずることが必要な前提作業である。

その点について、クワイトの分類[17]に従えば、二つの見解がありうる。ひとつは集団主義的モデルであり、政府の目標は全市民に共通の利益を達成することにあり、したがって、公益とは個人や団体の諸要求の集積したものとは区別されたものであると考える。これによると、政府は、諸団体の要求に応えるより、一般的なルールに従って行動すべきであるとする。これに対して、個人主義的モデルは、公益を個人や団体の諸要求の集積したものより生ずると考える。前者のモデルに従えば、政策策定段階への代表者を通ずる参加が望ましいものとされ、後者のモデルに従えば、政策執行段階における私益ないし自己利益の当事者による直接の主張のための参加をみとめ、これらの個人や団体の要求に敏感に対応することが望ましいものとされる。

大まかにいって、前者は一九世紀的な立法国家の現実に適合したものであるし、後者は今日の行政国家の現実に合ったモデルである。前者を補完するものとして後者をとるというのも一つのありうる立場ではあるが、しかし、両者においては、総合的な利害調整、多様な政策相互間の総合調整の主体、手続などのあり方について、根本的に異なる原理の上の立つものであるばかりか、現実に両者が相矛盾することが少なくない。いずれをとって、または、いかなる組み合わせによって、政治過程の民主性というべきであろうか。

⑵　法治主義とリーガリズム(18)

右の後者の行政国家的な執行過程への直接参加をみとめるときに生ずる難点は、利害調整、政策調整のあり方のほか、法治主義との関係である。古典的な法律の観念にしたがえば、たとえば、建築基準法という法律は全国一律に同じように適用されなければならない。周辺住民の反対運動の強弱によって、ところによって家が建ったり建たなかったりするようなことはありえないはずである。ところが、わが国の現実では、マンション建設をめぐる日照紛争などにおいては、建築計画の変更による紛争の妥結までの間、建築確認を留保するという運用がみられるばかりか、判例もこのような運用を容認するものが少くない。これは法執行過程への直接の利害関係者の制度外参加によって、法治主義がそこなわれていることにならないのであろうか。

ひとつの方法は、制度外参加を制度内にとりくむことによって、法治主義と調和させる方法である。西ドイツの裁判例において、実質的法治国家の理論や有効な権利救済の法理などによって、事前参加の途を開いたり、また、わが国の判決例において、建築基準法など関係法令の趣旨目的を広く解するとともに、これに社会通念をも援用したうえで、行政による紛争収拾過程を是認したりするのがその例である。法の一般原則や条理などを最大限に活用することによって、制度外参加を相当程度に、実定制度内にとりくむことが可能であろう。

他方、法治主義は、人為的立法による法創造を特色とする近代国家においても、硬直的なリーガリズムと同視してはならないであろう。歴史的にみて、法治主義や法治国家は多様な形をとっている。先にふれた絶対主義国家において、近代的立法概念が誕生した後においても、その執行段階においては、既成の社会的諸勢力に依存するところが少くなかった。イギリスなどにおいては、一九世紀の後半にいたるまで、中央政府の地方末端組織はかなりルーズなものであって、立法内容がそのままの形で実現することはむずかしく、相当の抵抗と変形の壁をくぐらねばならなかったと思われる。アメリカ革命の理由のひとつに、ベンサム流の統治機構の合理化の進展により、地方的社会的諸勢力の消極的抵抗を体制内で吸収できなくなって、これを体制外の積極的抵抗に転化せしめたからだとする説がある[19]のもこの点からみてうなずける。議会制と公務員制への抽象的な国民の組織参加が確立し、厳格な法の定立と執行の観念が成立した今日、法治主義はあたかもリーガリズムのごとくに考えられがちである。しかし、今日においても、法とは制定法のみではない。また、無数の制定法相互間に数多くの矛盾・衝突がさけられない以上、これを体系的整合的に理解する必要があるばかりか、制定法自身、その執行段階における制度内参加を許容している場合が少くない。すなわち、近代的な法体制の確立は決して制定法の機械的実現をもって事足れりとするものではなく、場合によっては、法執行過程への参加を許容することにより、当事者自治的要素をみとめることがあるのである。

とくに現代における複雑な社会的・経済的諸問題解決のための諸立法にあっては、政策目標実現のための手段としての計画法とよばれるべき性格をもち、全国一律に同一条件がみたされれば画一的適用をみるべき条件をプログラムした古典的法律とは異なった特色をそなえている。すなわち、政策体系内に位置づけられるべき法としての計画法は[20]、具体的な問題の状況や他の関連政策の有効性などに依存するとともに、経済政策実現にしろ、都市政策実現にしろ、関係者の協力を不可欠とするところから、政策策定段階においても、その執行段階においても、審議会、公聴会、意見書の提出等々、実に多様な利害関係当事者の参加を内容としているのである。それは関係者を巻きこむ事実上の強制の産物ともいえる。

(3) 参加と社会の自律性

参加という言葉には、参加することに意義ありとするオリンピックではないが、なにかしら積極的なひびきがある。国家権力の単なる受身の客体にとどまることなく、積極的に参加することによって、主役におどり出て、自己の自主性、自律性、主体性の自覚をもつことができそうな感じがする。ますます巨大な官僚制的組織の重圧に圧倒されそうな現代人にとって、自己回復のチャンスでもあろう。

しかしながら、わが国の現実において、人の目につく参加の多くは、参加自体は自発的積極的なものだとしても、参加を余儀なくされた事態そのものは他によって招来されたものであるのが通例である。すなわち、その多くが心ならずも巻きこまれたという事実上の強制によるものである。しかも、ダム、空港の建設のような大規模な公共事業だとか、巨大スーパー進出だとかいった地域の経済的・社会的構造を急激かつ深刻に変えるものである場合が少くない。また、各種の経済分野にも、いわゆる構造改善事業など、関係者を変革の過程に巻きこむ形のものがよくみられる。そこにしばしばみられる現象はつぎのようなものではないだろうか。まず第一に、地域共同体の破壊など、伝統的な中間的諸団体の解体である。村が消え、商店街が寸断され、さらに反対運動の分裂がこれに拍車をかける。反対運動のための一過性の組織は最後に経済的利益配分に関心をもつ原子的な個人として四散する。つぎに、関係諸団体の再編成が行われるものの、それらは次第に大規模組織の一環にくみこまれ行政依存的性格を高める。事実上の参加の強制は、行政の関与の増大によるのであるが、行政のセクショナリズムが、各省組織に対応する国会の常任委員会の形で形式的な立法過程にもちこまれるにとどまらず、このような変革の過程を通じて、業界団体などをも特定の行政組織依存型のものとして再編成しがちである。伝統的中間的諸団体の解体の後に登場する団体と個人は自己利益主張に偏向し、ますます利害の対立・錯綜の度を強めるがゆえに、調整機能の中央集中と権力の強化を結果する。(21)

以上にのべるところは、やや一面的にすぎるであろう。しかし、個別の政策執行段階における参加の増大が、全体としていかなる社会的文脈の中で行われ、結果として、いかなる社会構造の形成に寄与しているのかなどの視点を欠いてはならないであろう。極端な場合、個別政策執行段階における参加の過剰が自己利益志向型の団体と個人からなる社会構造を現出せしめたり、既成利益集団を固定化する社会構造を生むことによって、全体としての政策策定段階における総合調整をきわめて困難なものとし、政策策定段階における参加を無意味ならしめ、さらには、そもそも参加の基盤たるべき生き生きとした社会の自律性そのものを失わしめるおそれさえないではないのである。

(4)　参加とデモクラシー

デモクラシーほど多義的で包括的な概念はない。これに具体的に明確な内容を与えて議論をすることははなはだしく困難である。これまでの参加をめぐる議論から、ごく大まかなタイプをあげてみることとしよう。

(a)　全体主義的デモクラシー(22)

議会制と公務員制への抽象的な国民の組織参加はみとめられ、また、国家儀式などへの国民の象徴的参加の行事にも乏しくないものの、その他の政策策定段階や執行段階への参加がきわめて貧困であるか、あるいは逆に、きわめて過剰である反面、事実上の強制・誘導によるなどして画一的にすぎるか、または、中間的諸団体の政治的機能が否定されて、原子的な個人または群衆としての大衆が直接に国家権力と対峙し、不平不満を散発させたり、操作された世論を形成するなどの場合がこれにあたるといえよう。

(b)　封建的デモクラシー

国家機関への組織参加のほか、政策策定段階や執行段階への参加がきわめて活潑であり、中間的諸団体の政治的機能も大いに発揮され、多様な政治的運動が自由に展開され、多元的政治社会がみられる反面、政策の策定・執行などにおける国家機関の動きが、圧力団体などの影響力行使に過剰に敏感に反応しすぎる結果、事実上の力関係のままに押し流されてしまう場合がこれにあたる。全体としての統一性や安定性を欠くことになる。

(c)　絶対主義的デモクラシー

いわば上記の二つの中間的領域にあるもので、組織、政策の策定・執行などのさまざまのレベルへの、エリート、中間的諸団体、大衆の参加が混然としている状態をさす。強いていうと、エリートとしての高級官僚、中間的諸団体としての財界諸団体、労働諸団体、農業団体等々、大衆の代弁者を任ずる発行部数の大きい商業新聞が表立って目につく今日のわが国はこれにあたりそうである。それぞれのレベルへの参加について数々の問題が指摘されていて、とうてい完全なものといえない反面、いずれかがあまりに過剰にすぎてバランスを大きく傾けるというほどにはいたっていない。混然としているものの、混乱のきわみというほどでもなければ、画一性が度をこしていない。このようなことが絶対主義的デモクラシーの理想であろう。

(d)　お わ り に

筆者自身は、何がデモクラシーであるかをのべる蛮勇をもっていない。しかし、単純に参加をデモクラシーに直結させることはできないし、また、上記の参加の諸類型の特定の組み合わせを示して、それが制度上にありさえすればデモクラシーであるとする見解をとることはできない。残念ながら、そのような制度信仰はもちあわせていない。やはりさまざまの具体的な状況の組み合わせも加味しなくてはならないと思われる。したがって、今いえることは、経済状況や国際関係など多様な諸条件の組み合わせのもとで、デモクラシーは微妙なバランスの上にかろうじて成り立つきわめてもろいものであるようだ、というところまでである。

（1）権力と権威の関係については、L. Krieger, Authority, in : *Dictionary of the History of Ideas*, Vol.I, p.141ff. 参照。なお、オットー・ブルンナー、石井ほか訳「『支配』と『正当性』の概念についての覚書」『ヨーロッパの歴史と精神』九〇頁以下参照。
（2）福鎌忠恕『モンテスキュー』（全三巻）によるところが大きい。
（3）ブルンナー「封建制」前掲書、一八八頁、とくに一九七頁以下参照。
（4）G・エーストライヒ「ヨーロッパ絶対主義の構造に関する諸問題」F・ハルトゥング＝R・フィーアハウスほか、成瀬治編訳『伝統社会と近代国家』二三三頁以下、二四三頁参照。
（5）一八六七・七一年の時点でヨーロッパにおける選挙制度はいわゆる後進国ドイツが最も進んでいた状態であった。E.R. Huber, Die Bismarcksche Reichsverfassung in Zusammenhang der deutschen Verfassungsgeschichte, in : *Moderne deutsche Verfassungsgeschichte 1815-1914*, S.171ff.〔185〕
（6）N. Chester, *The English Administrative System 1780-1870*, p.123ff.（From officer to Employee）
（7）N. Chester, *op. cit.*, p.311ff.
（8）R. A. Chapman and J. R. Greenway, *The Dynamics of Administrative Reform*, p.57.
（9）手島孝『現代行政国家論』、同『行政国家の法理』参照。
（10）憲法七四条は、法律について「主任の国務大臣」をみとめることにより、所管の省の存在を予定している。
（11）兼子仁『現代フランス行政法』一一五頁以下参照。
（12）環境庁委託研究にかかる計画アセスメント関係の各種レポート参照。
（13）N. Chester, *op. cit.*, p.54.（Compulsory Unpaid Service）
（14）このことがかえって無関心を醸成していることがしばしば指摘されている。

（15） ホッブズのいうすべての政治は人民によるというのもこのゆえであろう。参照、D.P.Gautier, *The Logic of Leviathan*, p.174.

（16） 大衆、エリート、中間的諸団体の相互関係にいかなる評価を与えるかは参加論にとって重要な意味をもっている。この問題については、S.Halebsky, *Mass Society and Political Conflict*, pp.37ff., 69ff., 183ff. が詳細に論じている。

（17） M.G.Kweit and R.W.Kweit, *Implementing Citizen Participation in a Bureaucratic Society*, p.51. 本書からは参加論一般にとっても教示を得るところがあった。

（18） J・N・シュクラー、田中成明訳『リーガリズム——法と道徳・政治——』参照。

（19） A.G.Olson, Parliament, Empire and Parliamentary Law 1776, in : *Three British Revolutions 1641, 1688, 1776*, ed. by J.G.A.Pocock, p.289ff. ; N.Chester, *op.cit.*, p.343ff.

（20） 遠藤『計画行政法』。Treutner, Wolff, Bonß, *Rechtsstaat und situative Verwaltung* ; E.Bohne, *Der informale Rechtsstaat*.

（21） M.G.Kweit and R.W.Kweit, *op.cit.*, p.70 ; S.Halebsky, *op.cit.*, p.40.

（22） totalitarian democracy の語については、参照、S.Halebsky, *op.cit.*, p.19.

（岩波講座『基本法学6　権力』、一九八三年）

6　規制行政の諸問題

一　序　説

(1)　規制行政の意義

規制行政は、日常的にもよく用いられる言葉である。交通規制、公害規制、建築規制、土地利用規制、営業規制、経済規制など、さまざまの分野における規制行政が毎日の新聞の紙面を飾っている。それほど市民の日常生活と関係が深いわけである。同時に、行政が市民の生活の広範な分野に深くかかわりをもっている現状をよく示すものであるといってよい。そこで、昭和五七年二月二〇日臨時行政調査会の行政改革に関する第二次答申「許認可等の整理合理化」の部分において、「規制監督行政の見直しは、近年、欧米先進諸国において、経済社会の再活性化のため、その推進が図られており、ＯＥＣＤ理事会においても勧告が行われているなど、先進諸国共通の課題となっている」とされるように、その簡素化・合理化が常に問題となっているものである。ここでは規制行政の過剰が主として問題とされているわけである。しかしながら、他方において、公害規制や薬害規制、消費者保護のためにする規制の分野においては、行政の立遅れや規制の不備が指摘されているのは周知のとおりである。

このように、規制行政は、政治的にも、行政的にも、経済政策的にも、さまざまの見地から、検討課題とされているものであるが、そこで問題とされる規制行政は、広く一般的に行政の責務を果たすために「様々の形で国民の諸活動に介入し、その自由な活動を規制すること」として理解されている（前掲臨時行政調査会第二次答申第一の一参照）。

(2)　行政作用分類上の意義

数ある行政作用はさまざまの見地からする分類が可能である。この行政作用分類上、規制行政に特別の意義をみとめた学説に田中二郎博士の説があり、社会目的のためにする非権力的作用である公企業＝給付行政に対立する社会目的のためにする権力的作用のうち、さらに伝統的な警察と異なるものとして規制行政を主張され、警察法と異なる規制行政法の法理を提唱されたことは有名である。田中二郎博士の『新版行政法下Ⅱ』（全訂第一版、昭四四）においては、第四編行政作用法は、第一章総説のほか、第二章警察法、第三章規制法、第四章公企業法——給付行政法、第五章公用負担法、第六章財政法によって構成されているから、行政作用をこれらの五分類の作用に分け、その一つとして規制作用をあげているのである。しかも、これら五種の行政作用のうち他の四種のものは、公企業が広く給付行政をさすものとして拡張されている点を別として、伝統的に古くから行政作用の類型としていわれてきたものであって、したがって、規制作用のみが新しい類型として登場しているわけである。広範多岐にわたる現代行政の展開とその構造・性格等の変化が、非権力的作用に関するかぎりは従来の公企業の枠を広げることによって処理することが可能であるのに反して、権力的作用に関しては警察などの従来の枠内での処理を不可能ならしめた事態を示しているということができる。たしかに塩野宏教授（「行政作用法論」公法三四号一七九頁以下、一九七頁）の「規制法は、一種の分類概念或いは説明概念としては妥当し得ても、かつての警察法、或いは公企業の特許概念がもち得たような意味での道具概念性を有しえない」とする批判はそれなりにあたっている。しかし、公企業の特許はともかく、公企業概念がはなはだ空漠たるものであることは、広く給付行政をこれに包摂しうる点によくあらわれているばかりか、比較的まとまった法理を提供するものとして知られる警察の法理についても、今日の目からみると問題がないわけではない（遠藤博也・行政法Ⅱ（各論）一三一頁）。むしろ、分類上の概念にいうところの道具概念としての機能を期待すること自体、すなわち、法的諸問題に対する解答の体系的整理に従って行政作用が分類できることを期待すること自体に問題があるといわなくてはならないであろう。公害規制ひとつをとりあげても、警察法にいう消極目的の原則、比例原則、民事不介入原則などの枠内に閉じ込めることができない独自の特色を示しているわけであって、田中説による規制法の提唱には十分積極的な意義がみとめられる。さらに、手続的整備の必要性や地域的特殊性の存在の強調は、たしかに、規制法の全域にわたって同様に、また規制法の領域にかぎって、みとめられるといったものではないものの、はなはだ重要な指摘だといわなくてはならない。

(3) 計画法の構造的特色

右にのべるように、規制行政は、行政作用分類上に重要な論点をかかえているが、本シリーズの編者から筆者に与えられたテーマは、給付行政との対比における規制行政、または、全行政を規制行政と給付行政に大ざっぱに二分して、その規制行政における諸問題を論ずるものであるにすぎない。したがって、警察をもふくめて、広く権力的作用により権利自由が制限されるという常識的意味における規制行政（塩野・前掲一九八頁注(10)参照）がここでの対象となる。

ところで、規制と給付は一応区別が可能であるものの、たとえば、特許企業を規制の面に着眼するか、給付の面に注目するか、公害規制において中小企業に対する助成があり、社会福祉事業における規制があるなど、実際上において両者を区別することが困難であるばかりでなく、両者が組み合わせられて一定の行政目的を達成する仕組みがとられていることが少なくない。このように、規制と給付とが単純に区別できないこと、多様な行政手段が組み合わせられて行政目的を実現する体制がとられていること、などに現代行政の特色の一端がうかがわれる。このような現代行政法の特色をいいあらわすものとして計画法ないし計画行政法の言葉がある（遠藤博也・計画行政法）。経済の分野に各種の経済計画があり、土地利用の分野に全国総合開発計画、新全国総合開発計画等々をはじめとする各種の土地利用計画があり、ときにはこれらの計画を具体化する手段として法律が制定され（新産業都市建設促進法がその例）、予算が組まれることがあることはよく知られている。法律そのものが計画実現の手段として政策的体系の中に位置づけられるにいたったわけである。しかも、形式的に「何々計画」と名づけられたものが特に存在しない場合においても、政策の手段として、目的＝手段の範疇でとらえられるべき法構造が一般的にみられることが現代法の特色なのである。

計画行政法の構造的特色として、次のようなものがあげられている（遠藤・前掲三一頁以下）。

まず第一に、通常の古典的な法規範が「かくなるときは、かくすべしとする命題」に基づいて条件をプログラムするのに対して、計画法は、目的をプログラムしていることである。

第二に、古典的法がもつ一般的抽象的性格が希薄となり、計画法が具体的問題解決のための政策の手段道具としての性格を濃厚にもつため、問題自体のおかれている具体的状況への依存性や他の政策手段の有効性などへの依存性がみとめられる。その結果、変動的プロセス性ないし操作的プロセス性を特色とすることとなる。言葉をかえると、それだけに立法過程の非完結性と行政過程の独自性ないし固有性がみとめられるのであって、各種の利害調整が立法過程において尽くされないで、これが行政過程に持ち越され、行政過程においてはじめて利害調整が行われることを示している。

第三の特色として、計画法のプロセス性を反映して、その過程に関与する多様な国家機関、公共団体、関係当事者、一般市民その他の法主体の関与の仕方の複雑化をあげることができる。立法と行政の境界の不明確化のみならず、公共部門と民間部門の相互関係の複雑化を背景として、政策策定過程への利害代表団体参加型の審議会の関与や政策実施過程への多様な型での当事者の参加など、多彩な関係者の入り組んだ絵模様がみられる。

最後に第四の特色は、行政の手段の多様化、実効性確保手段の複雑化である。なかでも勧告、行政指導、契約、協定のように、法令に基づいて法的強制力を発揮するのではなく、相手方の同意に基づく任意の履行をうながし、この履行を確保するために、補助金の給付などの各種の助成や水攻めなどの供給停止が用いられることが少なくない。すなわち、行政手段の組み合わせによる新たな行政機能の創出という現象がみられるのである。

(4)　法と行政の関係の多面的検討の必要性

以上のような計画法ないし計画行政法の構造的特色を前提とするとき、行政処分と処分根拠規定との関係といった局面にのみ視野を限定して法と行政の関係を論ずることでは不十分だといわなくてはならない。けだし、行為形式の交換可能性を前提として、「私法への逃避」「行政指導への逃避」の現象や、行政手段の組み合わせによる新たな行政機能の創出の現象がみられるなど、行政過程固有の意義が否定できない以上、個別の行為形式とその根拠規定との関係のみならず、全体としての行政過程の正常性を多様な法との関係において、多角的に検討しなければならないのである。

二　公共性論

(1)　公共性論の必要性

政府による規制が、経済規制の分野であれ、土地利用規制の分野であれ、われわれの生活や諸活動の広範にわたる諸側面に深くかかわり、ために公共部門と民間部門の境界が不鮮明となり、それぞれの守備範囲が論議の的となるにいたっているばかりか、規制に関する政策の策定・実施の過程における諸段階に利害関係者が複雑な形でこれに関与し、利害調整の多くが立法過程においてではなく、行政過程において行われるにいたった。このような状況の下においては、規制の根拠となっている公共性は複雑な内容をもつものとなり、昔日の単純明確さを失っている。もはや自明のものではないといわなくてはならない。ここにおいて法律学もまた、公共性を自明の前提として、議論の外に置くことはできないのであって、これを議論の対象としなければならなくなった。法解釈学的な実益論からしても、営業規制立法や土地利用規制立法の合憲性を論ずるためにも、また複雑化した手続過程のあり方や利害関係者の手続上の権利確保のあり方などを論ずるためにも、不可欠の前提作業となるのである。

(2)　営業規制の場合

規制の代表的な具体例として営業規制と土地利用規制をとりあげ、規制の公共性をめぐる問題をごく簡単にみることにしよう。

まず、営業規制については、許可、特許、免許など、多種多様なタイプの規制が存在している。かねて、①警察許可と②公企業の特許の区別の問題として論ぜられた。この区別の相対化を説き、公企業規制もまた公企業許可制として他の営業許可制と質的差異はなく程度の差にすぎないとする説も有力であったし、先に紹介した田中二郎博士の規制法においても、特許企業は公共企業規制法の中に数えられている。しかし、電気・ガス・水道、鉄道・バス、郵便・電信電話・放送など、生活必需性と独占性を二大特色とする公益事業を中心とする公企業にあっては、現行実定法上にも、事業免許基準等において「需給適合原則」がもうけられるなどによって、新規参入が本人の側の事情によってではなく市場の側の事情によって妨げられる点に、他の一般の警察許可制におけるとは決定的に異なった性格がみとめられる。ところが、問題はこの両者の中間的性格をもった③計画許可ないし調整許可が多数みられるにいたったことである。これは何ら公企業におけるほどの必要性もないにもかかわらず、

「事業活動の調整」の名目の下に競争制限を図ろうとするものであるために、ここでも市場の側の事情によって新規参入が相当程度に制約されるところにその特色と問題点がある。すなわち過当競争防止を理由として憲法、独禁法の目標とする自由かつ公正な競争の原理が破られているわけである。生産の分野における航空機製造事業（航空製造二条の五）、石油精製業（石油六条）、流通の分野における中央卸売市場（卸売一〇条・一七条二項二号・五七条等）、地域家畜市場（家畜取引法一九条・二五条）、小売の分野における小売市場（小売特措五条一号）などがその例である。

一応、典型的な営業規制のタイプとして、①警察許可、②公企業特許、③計画許可ないし調整許可の三種を区別することができるが、さらに、それぞれのバリエイションや中間的タイプのものははなはだ多い。ごく代表的なものだけあげることにしよう。

まず、警察許可のうち④風俗営業等の許可は、「善良な風俗の保持」を理由とする立地規制をはじめとして、他の営業にはみられないきびしい制約がみられるのであって、文字通りの営業の自由があるとは考えられないのである。個室付浴場営業やモーテル営業につき条例による一自治体内における全面的立地禁止（風俗四条の四・四条の六）がその典型例である。

また、酒税法による酒類販売業の免許、たばこ専売法による製造たばこの小売人の指定は、いずれも既設店との距離が基準の一つとされ、需給の均衡が要件となっている。酒やタバコが生活必需財貨であるとはいいがたいものの、酒税の保全や専売収入の確保という⑤財政上の理由からする特許である点で、公企業の特許とは異なる特色をそなえている。

さらに、①②の中間的なものとして、⑥距離制限つき許可がある。公衆浴場法による公衆浴場の許可、旧薬事法による薬局業の許可がその例である。濫設防止による経営の安定とそれによる供給水準の確保、偏在防止による一般人の供給への接近の確保をねらいとする。最高裁は公衆浴場にかかわる距離制限規定を合憲とし、薬局業にかかわるそれを違憲としているのは周知のとおりである（最判昭三〇年一月二六日刑集九巻一号八九頁、同昭五〇年四月三〇日民集二九巻四号五七二頁）。

最後に、計画許可ないし調整許可のバリエイションは多様である。これらは一般的には同業者間の競争を制限するものであるが、この点若干ニュアンスの異なった目的が付け加えられることがある。

まず、⑦中小企業を保護し大企業を抑制するものに、旧百貨店法、現行の「大規模小売店舗における小売業の事業活動の調整に関する法律」（大規模店舗法）によるデパート、スーパーの規制がある。同様の見地から、昭和五二年の「中小企業の事業活動の機会の確保のための大企業者の事業活動の調整に関する法律」（分野調整法）、同年の小売商業調整特別措置法の改正、翌五三年の上記大規模店舗法の改正による同種の規制の拡大が図られている。

つぎに、⑧顧客ないし消費者の保護を図るものとして、銀行業その他の金融関係の営業許可制の運用、建設業の許可、医師、弁護士のように資格を条件とする営業許可などをあげることができよう。なお、建設業法では、発注者のほか、下請負人の利益をも保護する内容もふくまれている。

さらに、⑨生産者保護を図るものとして、弱体な第一次産業分野の蚕糸、食肉業の規制がある。なお、上記の卸売市場法などによる流通機構の整備は、生鮮食料品にかかわる生産者と消費者の利益を保護している面がみとめられる。

最後に、⑩公行政の事務代行にかかわる計画許可がある。最高裁昭和四七年一〇月一二日判決（民集二六巻八号一四一〇頁）は、旧清掃法一五条一項による許可（廃棄物七条二項二号参照）がこれにあたるものとしている。

以上のように、営業規制はごく簡単にみるところによっても多岐に分れていることのみならず、さまざまの理由からする広範かつ競争制限的な規制の存在が知られるのである。このような過剰な規制は、今日実際上にもさまざまの見地から問題とされている。代表的なものの一つは行政簡素化の見地からするものであって、上記の臨時行政調査会答申などにおいて問題とされている。他の一つは、公正取引の見地からするものであって、昭和五七年八月の公正取引委員会調査報告書「政府規制制度及び独占禁止法適用除外制度の見直しについて」がその例である。いずれも規制を緩和し競争促進による民間活力の活性化に共通のねらいがあるが、法解釈学の上においても、個々の規制が標榜するところの公共性が実際にあるかどうかについては経済実態に即して検討する必要があるといわなくてはならない。

（注）　営業規制については本文中引用の報告書のほか、山内一夫「営業許可制」（訟務月報三一巻六号・同九号・同一一号・三二巻三号）、遠藤・行政法Ⅱ（各論）一八四頁以下、同・講和行政法入門一四一頁以下など参照。

(3)　土地利用規制の場合

土地利用規制の分野における公共性の変貌ぶりには目ざましいものがある。けだし、現代の都市問題、土地問題、環境問題などが新たな法的規制を生み出し、そこにおいては従来見られなかったような新しいタイプの法規制の根拠、要件、内容などがみられるからである。それらはいずれも複雑な内容をもつものだといってよい。代表的なものをごく簡単に概観すると、次のようなものがある。

(a)　まず、土地収用または公共用地取得の分野では、収用適格事業の著しい拡大をあげることができる。収用適格事業に関する一般的な規定である土地収用法三条自体次第に拡大を重ねてきているのであるが、他方、都市計画法六九条は、都市計画事業をもって土地収用法三条にいう収用適格事業であるとしているところ、この都市計画事業（都計四条一五項＝六項＝七項・一一条一項・一二条一項参照）もまた近年著しい拡大をみたのである。たとえば、都市計画事業の一つである市街地開発事業においては、新住宅市街地開発法による「新住宅市街地開発事業」、首都圏の近郊整備地帯及び都市開発区域の整備に関する法律による「工業団地造成事業」または近畿圏の近郊整備区域及び都市開発区域の整備及び開発に関する法律による「工業団地造成事業」があげられている。

これらの新住宅市街地開発事業や工業団地造成事業は、いわば新しい住宅都市づくり、工業都市づくりを目的とするものである。これらの事業によって、それぞれの都市づくりに必要な道路、公園、広場などの公共施設用地が生み出されるとともに、民間の住宅のための宅地、民間工場のための敷地が造成されて、一般市民や民間企業に分譲されることになる。となると、これらの事業に収用権が付与されて、強制的な土地収用がされた結果得られた土地の大部分は最後に民間の手に委ねられ、その専用に帰することとなる。結果としては「私用」であって「公用」ではない。一体これが憲法二九条三項にいう「公共のために用ひる」に該当するのであろうか。これに対しては、一応、次のように考えることができる。すなわち、ここでは決して個々の住宅宅地や工場敷地のための収用がみとめられているわけでも、住宅団地一般や工場団地一般のための収用がみとめられているわけでもない。新住宅市街地開発事業は、人口集中のため住宅不足の著しい都市の周辺においてのみみとめられるものであるし、工業団地造成事業にいたっては、既成市街地（既成都市区域）において、工業等制限区域（工場等制限区域）によって工場等の立地が制限されている首都圏と近畿圏においてのみみとめられるものである。したがって、ここにみられる「公共性」は、個々の施設の公共性とは全く性格を異にするものであり、都市問題または大都市圏問題を解決するための広義の都市計画または大都市圏における土地利用計画を実現する手段としての公共性であるということができる。それだけにこの公共性は具体的な計画の合理性に依存するものであり、したがって、具体的な状況の如何や他の関連する政策の有効性などにも依存する複雑なものとなっている。

(b)　つぎに、都市再開発における公共性もまた昔日の単純なものより複雑なものへの変化がみとめられるのである。たとえば、「住宅地区改良法」による住宅地区改良事業は、不良住宅が密集して、保安、衛生等に関し危険または有害な状況になっているのを除去する、いわゆるスラムクリアランスを目的としている。また、旧「防災建築街区造成法」による防災建築街区造成事業は、都市における災害防止を主たる目的とし、関係者が共同で耐火建築物を建築する事業であり、さらに、旧「公共施設の整備に関連する市街地の整備に関する法律」による市街地改造事業は、道路などの公共施設を整備することを目的として、道路などの公共施設に面した宅地などもあわせて超過収用し、公共施設の整備とともにこれに面する建築物の高層不燃化の事業を行うものであった。ところが、現代の都市再開発法による市街地再開発事業は、「都市における土地の合理的かつ健全な高度利用と都市機能の更新とを図」るという極めて一般抽象的な、いわば都市再開発そのものともいうべき目的のために行われるものとなり、法の目的とする公共性の内容が、単純な個別的なものから複雑かつ包括的なものへと変化しているのである。

(c)　最後に、地域地区制における公共性の変貌ぶりをみることにしよう。まず、ここでも、歴史的風土保存とか伝統的建造物群保存とかのための新しい地区が登場している。とくに注目に値するのは市街化区域と市街化調整区域との間の区分、いわゆる「線引き」である。ここでは、従来の用途地域制を中心とする地域地区制が、市街地内における用途の特化・純化とその配分を目的とし、または特定の自然や風土を保存することを目的とするものであったのに対して、「無秩序な市街化を防止し、計画的な市街化を図る」という目的のために、市街化の規模・範囲・段階そのものを規制するものであることである。また、生産緑地地区においては、右の線引きと関連して、市街化区域内の農地の宅地並み課税に対する反対と市街地内の緑地保全の要請の結合の産物という独特のものである。さらに、航空機騒音障害防止(特別)地区においては、航空機騒音障害の防止という公害防止目的のものでありながら、被害を受ける建築物に対して、防音構造化を義務づけたり、立地の規制をするものであって、これまた独自の性格をもつものであるといえる。これらの地域地区制における公共性とは、いずれもはなはだしく複雑なものであり、単純な内容をもつものでないことは一目瞭然であろう。

(注)　遠藤博也「土地所有権の社会的制約」ジュリスト四七六号九五頁以下参照。

四　若干の問題点

以上ごく簡単にみるところからも、現代社会の諸問題に対応して、規制が広範かつ深刻にわれわれの経済的活動や日常生活などに及んでいることがうかがわれる。二、三の問題点を指摘しておこう。

まず第一に、営業規制については、規制がとかく既得権保護ないし既存業者の保護に傾きやすく、憲法や独禁法の目的とする自由かつ公正な競争の原理に背馳するおそれがあることである。したがって、ある事態に対して規制自体が許容されるかどうかについて極めて慎重でなければならないと同時に、それなりの必要性から許容性が肯定される場合にあっても、規制の必要性がみとめられた経済的事態について具体的に明確にすべきであって、ある事態についてみとめられた規制を無暗に他に拡大すべきではなく、また、必要な事態が変更したにかかわらず、いつまでも規制を残存させるべきではない。このことは、解釈論と、規制立法の合憲性についてのみならず、法規制違反の行為の効果などをめぐっても、意味のある議論といえよう。

第二に、土地利用規制については、とくに利害の調整が現地に即して行われなくてはならないという特色をそなえている。そのゆえに、立法過程の非完結性と行政過程の固有性ないし独自性は特に顕著である。したがって、ここにおいては、法の目的とする公共性が現地における行政過程による利害調整を通じて生み出されてくることとなる。すなわち、公共性の有無・程度は、具体的な行政過程のあり方にかかってくるのである。その手続過程のあり方として、公共性判断に不可欠な利害調整のハカリに載せるべき利害の関係当事者に意見を反映させる機会を与えるべきであるとの有力な主張がされている。環境アセスメントにおける情報公開や意見反映の機会の保障の考えがこの典型例であるが、このような当事者自治的要素の範囲・程度の問題は、今日の最重要検討課題の一つだといってよい。

最後に、営業規制など、ある面で過剰な規制がみられる反面、環境保全、消費者保護など、他の面において、国の立法の遅れや不備が指摘されている。そこで、国の立法の不備を補うため、地方公共団体による条例、指導要綱、行政指導などが試みられている。条例については国の法律との関係が、他のものについては立法の不備と行政の責務との間の矛盾をいかに解くべきかの難問が、問題として登場している。これらの問題については、幾多の判例・学説がみられるが、基本的には法そのものの見方として、一般抽象性を強調することによって、全国一律に機械的に適用をみるべき古典的法律としてみるべきか、それとも政策体系の中で一定の政策目標を実現すべき手段としてみるべきか、の見方の違いによってかなり違った問題の様相を呈するものと思われる。

（注）　遠藤博也「行政過程に関する判例の検討」公法と経済法の諸問題〔上巻〕二六三頁以下参照。

三　申請を前提とする行政行為

(1)　序　説

営業規制であれ、土地利用規制であれ、営業の自由、土地所有権の絶対ないし建築自由の原則などに基づき、私的イニシアティブによる私人の自由な活動を前提として、そこに行政が介入することとなっている。したがって、営業許可、建築確認をはじめ、規制の手段としての行政行為は、当事者たる私人の申請を前提として行われる形をとることが少なくない。このような申請を前提として行われる行政行為にあっては、申請自体の変更や申請に対する応答に時間的余裕がありうるところから、申請者に対する行政指導の働きかけや、申請の競合の際の取扱などで、特有の問題が生ずることとなる。そこで、規制行政のもつ法解釈学的な問題の一局面を明らかにする趣旨から、この種の行政行為をとりあげて、重要な問題点のいくつかに関する議論を紹介することにしよう。

(2)　申請、許認可等の性質

行政行為の分類の一つとして、講学上に法律行為的行政行為と準法律行為的行政行為（確認、公証、通知、受理）の区別、さらに、前者の細分類としての命令的行政行為（下命、許可・免除）と形成的行政行為（設権＝特許・剝権、認可、代理）の区別があり、営業規制や土地利用規制に関する法令上の許認可、免許等が、右の分類上のいずれに該当するかが論ぜられた。とくに営業上のそれが許可であるのか、特許であるのか、現行実定法上にも公企業の特許が特許であるのか、許可の一種にすぎないのかが論争の的となった。また、この区別に応じて申請が権利の行使であるのか希望の表明にすぎないか、拒否処分に対する争訟が可能であるかどうかなどが論ぜられた。

しかし、すでにふれたとおり、営業規制ひとつをとりあげても、規制のタイプは多様であって、許可か特許かといった二者択一でとらえることはできないというべきである。ましていわんや、許可といい特許といっても、営業規制におけるそれと土地利用規制におけるものとでは、相当に違った側面をもつものであるから、これを一律に論ずることは適切だとは思われない。やはりそれぞれ個別の実定法制度に即して、よりキメ細かい類型化を試みるべきであろう。また、司法審査の範囲・程度やこれとの関連における申請の性質については、実体法上の許認可の類型化とは、別個の手続法の次元からとらえるべきであるとすることは今日、判例・学説上に広くみられる考えである。手続上の申請の権利をみとめ、または、いわゆる特許にかかわる裁量について手続的側面から司法審査を及ぼすのがその例である。

(3)　申請の権利と受理

申請の権利とは、その応答としてなされる行政処分の実体法上の性質の如何にかかわりなく、手続上に与えられるものである。すなわち、「実体法上の権利の有無にかかわらず、国民は、適法な申請によって、行政庁に対し、適法な応答を求める権利を有しているのである。（中略）少し詳しくいえば、申請は、行政庁に対し、(イ)適法な申請であればこれを受理すべきこと、(ロ)受理した申請に対しては、相当の期間内に応答すべきこと、(ハ)

応答は、法に定める手続に従い、かつ、法に適合した内容のものであるべきこと、を求める意思表示であり、行政庁は、これに対応する義務を負うことになる。したがって、右の三点のおのおのにつき、行政庁に義務違反があれば、申請者は、訴えをもってこれを争うことができる。行政事件訴訟法三条五項に定める不作為の違法確認の訴えは、(ロ)についての出訴を認めたものであり、皇居外苑使用拒否処分取消請求事件における最高裁判所の判決（昭二八年一二月二三日大法廷）は、(ハ)の請求を認める趣旨のものと解してよいが、地方公務員法四六条に基づく措置要求の申立てに対する人事委員会の判定が、取消訴訟の対象となる行政処分にあたることを判示した最高裁判所の判決（昭三六年三月二八日）は、このことを一層はっきりと示している」（今村成和・行政法入門〔新版〕一四一〜一四二頁）。

ところで、伝統的な行政行為の講学上の分類では、準法律行為的行政行為の一つに受理があった。これまた私人の行為（申請、届出、審査請求等）を適法（または有効）なものとして受領する行為であるとされている。ここには消極的な受動的行為ながら、適法なものと判断する行政庁の認定判断が介在している点に特色がある。したがって、事実上の受付と法的判断行為としての受理とは、異なるものであり、時間的にも両者はズレる可能性がある。悪くすれば、受理の時点は行政庁の判断によって自由自在に変えられうることとなる。かりに、このような考え方が、右の申請の権利の内容(イ)の部分に持ち込まれるとすると、折角、手続的面から行政をコントロールしようとする趣旨は活かされないおそれが生ずる。そこで、受理において、適法性要件を判断するという通説的見解に対して、むしろ適式要件審査に限定すべきであるとする有力な主張がみられるが、この点からして注目をひく（関哲夫「『受理』概念に関する一考察」自治研究五五巻五号・七号）。

なお、公衆浴場許可に関して、「先願後願の関係は、所定の申請書がこれを受け付ける権限を有する行政庁に提出された時を基準として定めるべきものと解するのが相当であって、申請の受付ないし受理というような行政庁の行為の前後によってこれを定めるべきものと解することができない」とする最高裁昭和四七年五月一九日判決（民集二六巻四号六九八頁）、違法建築物に対するいわゆる「水攻め」に関し、「給水装置新設工事申込の受理を事実上拒絶し、申込書を返戻した措置は、右申込の受理を最終的に拒否する旨の意思表示をしたものではなく、上告人に対し、右建物につき有する建築基準法違反の状態を是正して建築確認を受けたうえ申込をするよう一応の勧告をしたものにすぎない」とする最高裁昭和五六年七月一六日判決（民集三五巻五号九三〇頁）がある。

(4)　不作為の違法と事前行政指導

「法令に基づく申請」に対し、「相当の期間内」に「なんらかの処分又は裁決」をすべきであるにもかかわらず、これをしないことの違法の確認を求める訴訟が抗告訴訟の一つとして存在している（行訴三条五項）。単なる不作為状態の違法確認をこえて、直接、判決によって、許可、特許等の特定内容の処分を付与したり、処分を義務づけ、もしくは、処分義務あることの確認をする。いわゆる義務づけ訴訟の可否については、議論がある。例外的に、①処分内容の一義的明確性、②回復困難な損害の回避のため、③事前救済以外の他の手段では救済できない、などの要件がみたされたときに、義務づけ訴訟がみとめられる、というのが判決例の多くが傍論的にのべるところである。しかし、義務づけ訴訟の実際の肯定例は乏しいし、とくに規制権限の発動を求める内容をもった義務づけ訴訟の肯定例はまだわが国ではみられない。

他方、規制権限の不行使は、国家賠償法一条一項にいう「公権力の行使」に該当するから、不作為の違法を理由として国家賠償責任が問題とされる可能性がある。事実、スモン訴訟をはじめ、多くの判決でこれが肯定されていることは後述のとおりである。ところで、建築基準法上の建築確認をはじめ、都市計画の分野において、日照問題を中心とする都市生活環境の保全のため、確認処分などの法令上の行政措置を行う前に、法令に基づかない行政指導を行い、その間本来なすべきであった処分その他の行政措置をしなかった（遅延または放置）という不作為の違法を理由として損害賠償が請求された事例において、これらの行政指導の社会的相当性が肯定されることによって、不作為の違法が否定されるという注目すべき判決例が近年登場している。①東京地裁昭和五二年九月二一日判決（行裁例集二八巻九号九七三頁）、②同昭和五二年一二月一九日判決（判例時報八九四号八二頁）、③同昭和五三年五月二九日判決（判例時報九三一号七九頁）、④同昭和五三年七月三一日判決（判例時報九二八号七九頁）、⑤大阪高裁昭和五三年九月二六日判決（判例時報九一五号三三頁）、⑥東京地裁昭和五四年一〇月八日判決（判例時報九五二号一八頁）、⑦東京高裁昭和五四年一二月二四日判決（判例時報九五五号七三頁。④の控訴審判決）、⑧東京地裁昭和五六年六月二九日判決（判例時報一〇二〇号七五頁）、⑨最高裁昭和五六年七月一六日判決（民集三五巻五号九三〇頁。⑤の上告審判決）、⑩同昭和五七年四月二三日判決（民集三六巻四号七二七頁。③の上告審判決）、⑪同昭和五七年七月一五日判決（民集三六巻六号一一四六頁）などがその例である。紙幅の制約から詳細な検討は他の機会に譲るほかないが（遠藤博也・国家補償法上巻四六八頁以下参照）、行政指導を相手方が任意に服従、協力しているかぎりにおいて、消極的にみとめるか（⑦⑧）、当事者の主観的意思にかかわりなく、諸般の事情を総合判断して、客観的に合理性があるかぎり、積極的にこれをみとめるか（①⑥など）、または、形式的概念的理由からする判断が結果的に行政指導を容認することになっているか（⑨⑩⑪）はともかくとしても、社会的な必要性や相当性が肯定される事前行政指導が法的にも容認されているのは極めて重要な問題を提起しているというべきである。これも処分その他の行政措置が、当事者の申請を前提とするものであって、申請自体が当事者の自由意思によって変わりうるものだけに、そこに行政指導が入り込む余地があるためであると思われる。

なお、法令に基づかない住民同意や開発負担などに対して、消極的な判断を下した判決例も存在している（東京地裁八王子支決昭五〇年一二月八日判例時報八〇三号一八頁、神戸地判昭五〇年九月一二日行裁例集二六巻九号九八三頁＝大阪高判昭五二年一〇月二八日行裁例集二八巻一〇号一一九〇頁、東京高判昭五一年一〇月二八日判例時報八四三号五五頁）。これらにおいては、損害賠償請求訴訟ではないこと、単なる処分等の遅延・留保をこえて積極的な作為や明確な拒否の意思がみられることなどに、上記事例と異なる事情がみられる。

また、上記の公正取引委員会調査報告書（二三頁）には、「行政の公平性や現状維持的志向から、行政庁は、特定の事業者に対して新商品の提供や価格・料金の変更を積極的に認めるのをためらったり、いわゆる横並びを考慮して、他の事業者の足並みが揃ってからこれを一律に認めることとしたりする傾きがある」としているが、放送事業免許などにおいては競願者の全体が自主的な調整をして一本化するのを待つ運用すらみられるという。競争制限立法の運用においては、このような業界の自主的調整にゲタを預ける談合的な形のものが少なくないわけである。

規制行政の分野ではないが、国庫負担金の交付申請につき、事前の行政指導によって正当な国庫負担金の交付を申請する権利の行使が妨害されたとする主張に対し、この慣行を当事者が積極的に支持、是認していたものではないにしても、これを容認し、行政指導を受け入れていたなどの事情のもとにおいては、違法とはいえないとしたものに、有名な摂津訴訟の控訴審判決（東京高判昭五五年七月二八日判例時報九七二号三頁）がある。

(5)　違法判断の基準時と先願主義

申請を前提とする行政処分にあっては、申請時と処分時との間に時間的経過がさけられないため、申請時と処分時とでは事実関係や法令に変更が生ずることがありうる。その際、いずれの時点を基準として判断すべきであろうか。これについては、有名な薬事法違憲判決の第一審、控訴審、上告審がそれぞれ異なる見解を展開しているので紹介することにしよう。すなわち、第一審判決（広島地判昭四二年四月二七日行裁例集一八巻四号五〇一頁）は、「経過規定の定めがないからといって改正前の許可基準に依拠すべきでないとは断定し難いのである。むしろ、右のような場合には、社会情勢の変化に基づき、個々人の既得の権利もしくは地位が侵害されてもやむを得ないと思量されるほどの、特に強い公益上の必要性が認められないかぎり、処分時たる改正後の許可基準によるべきではなく、申請時たる改正前のそれによるのが相当である」として申請時説をとっていたのに対し、控訴審判決（広島高判昭四三年七月三〇日行裁例集一九巻七号一三四六頁）は、「行政処分は処分時の法律に準拠してなされるのが原則である」として、処分時説を採用しつつ、「もっとも、行政庁が警察許可の申請を受理したときは、相当の期間内に許可、不許可の処分をなすべき義務を負い、申請者はこれを求める法的地位を有するということができる（警察許可は必ずしも申請を要件とするものではないが、行政庁が一旦これを受理するかような法的地位を生ずる）。したがって、相当の期間内に処理すれば旧法によって許可をなし得たものを、徒らに処分を伸ばし、その間許可基準が変更になったため、これを理由に不許可処分をしたような特別な場合は、不許可処分が違法となる場合があり得る」との留保を付していた。上告審判決（最大判昭五〇年四月三〇日民集二九巻四号五七二頁）は、「行政処分は原則として処分時の法令に準拠してされるべきものであり、このことは許可処分においても同様であって、法令に特段の定めのないかぎり、許可申請時の法令によって許否を決すべきものではなく、許可申請者は、申請によって申請時の法令により許可を受ける具体的な権利を取得するものではない」としている。

ただし、営業規制におけるタイプ⑦の距離制限つき許可においては、制限距離内の申請が複数あるとき、申請間に相互排他的な競願関係が生ずることとなり、その処理としては、先願主義によることとされているが、この場合の先願後願の関係は、上記最高裁昭和四七年五月一九日判決のいうとおり、許可時ではなく、申請時であり、しかも、申請の受理時ではなく、申請書の提出時とされている。けだし、申請相互間において、その前後を決するものにすぎないからである。しかしながら、許可処分について処分時説がとられるかぎり、いうところの先願主義の法的効果は必ずしも明らかではない。たとえば、A先願、B後願であるにかかわらず、あやまってBに許可が与えられた場合、処分時には制限距離内に既存業者がいないため、処分根拠規定に関するかぎり、この許可が違法といえるかどうか、また、かりに先願主義に反するのゆえをもって違法だとしても、Bが既に営業を開始した後に、これに対する許可を職権または争訟によって取り消すことをみとめることが妥当かどうか、などについて疑問があるからである。

(6) 再申請

一般的について、営業規制であれ、土地利用規制であれ、規制行政の対象となるものは、元来、私人の私的イニシアティブに委ねられている活動に関わるから、いったん申請に対して拒否処分や不許可処分など、消極的内容をもった処分がされた後においても、再度の申請が封ぜられるわけではない。営業許可であれ、建築確認であれ、一度ダメであっても、再度条件をととのえて、法令上の要件に合った申請を提出することがいくらでも可能であることが一般的だからである。本人の側の事情ではなく、市場の側の事情によって新規参入ができなくなる公企業の特許などにおいては、本人がいくら努力してもダメな場合がありうるが、しかし、これとても市場の側の事情が変わることがありうる。すなわち、処分要件事実は過去の完結的事実にかかわるものではなく、各種の事情変更に対して開かれている非完結的なものである。したがって、再度の申請が可能であることを原則とする。再度の申請に対して、行政庁はあらためて判断を下さなければならないことを原則とするのである。最初の申請（申請一）に対する不許可処分の取消請求とあわせて、再度の申請（申請二）にかかわる不作為の違法確認が請求された事例で、先の請求に関する判決が確定するまでは再申請に対して判断することができないから、後の請求は理由がないとする行政庁の主張を排斥しているものがある（岐阜地判昭五五年一一月五日判例時報一〇〇七号五〇頁）。

なお、処分要件事実は過去の完結的事実に関わるものでありながら、「行政庁に対しある行政行為を求める申請をして却下され、その処分が確定した場合でも、その当時存在しなかった資料を新たに発見し、または新資料の提出が可能となり、あるいは事情変更が認められるような場合に、同一行政行為を求めるため再度の申請をすることも一般に許される」（東京地判昭四九年一〇月二九日行裁例集二五巻一〇号一三一八頁）とし、あるいは、最初の拒否処分を「処分の根幹にかかわる重大な瑕疵がある一方、右処分を違法とすることによって侵害される法的安定性及び信頼保護が小さく、かつ、被処分者たる原告を救済するのを相当とする具体的事情が存在することを総合して考える」と無効であるとしたうえで、「行政処分は原則として確定判決のような一事不再理の効力を有するものではなく、申請を却下した処分が争訟提起期間を経過して確定した場合であっても、法令に特別の規定のない限り、当事者は新たに取得した資料を添えて同一事項につき再申請することが許され、行政庁はこれに対し改めて処分を行うべき義務がある」として、再申請にかかわる不作為の違法を確認したものがある（東京地判昭五六年一〇月二八日判例時報一〇三四号七八頁）。いずれも戦傷病者戦没者遺族等援護法上の遺族年金等の給付に関するものであり、処分要件事実は関係者の死亡が公務上の傷病かどうかという過去の完結的事実にかかわるものであって、およそ事情の変更が考えられないものでありながら、再申請をみとめているのは、ここでの眼目が実体上の権利の存否にあり、処分が手続上の形式的な手段にすぎないためではないかと思われる。

(7) その他

そのほか、争訟取消について、取消判決の拘束力について特別の定めがあること（行訴三三条二項）や、職権取消、期間更新などについても、規制行政の対象となる私人の活動がその私的なイニシアティブに基づく自由な活動であるため、その既得の地位に不当な負担とならないように配慮すべきことが要求される場合が少なくないことなどの特色がみとめられる。

四 行政過程論

(1) 公正な手続

規制行政は、営業規制であれ、土地利用規制であれ、営業の自由、土地所有権の絶対、建築自由の原則などに基づく私人の自由な領域に介入するものであるだけに、法律に基づき、法律に従って行われなければならないばかりではなく、事前の行政手続そのものが適正かつ公正なものでなければならない。

この理については、営業規制に関するものであるが、有名な個人タクシー事件に関する最高裁判決（最判昭四六年一〇月二八日民集二五巻七号一〇三七頁）、群馬中央バス事件に関する最高裁判決（最判昭五〇年五月二九日民集二九巻五号六六二頁）が明言しているところである。たとえば、後者は次のようにいう。

「一般自動車運送事業の免許基準（中略）について客観的に適正かつ公正な判断を可能とするためには、その基礎となるべき関連諸事項に関する具体的事実について、多面的で、かつ、できるだけ正確な客観的資料をあまねく収集し、その分析、究明に基づく事実の適切な認定のうえに立つて、輸送に関する技術上及び公益上の適正な評価と比較考量を施さなければならないのであり、（中略）これに加えて、免許の許否が、ひとり免許申請者のみならず、これと競争関係に立つ他の輸送業者や、一般利用者、地域住民等の第三者にも重大な影響を及ぼすものであることにかんがみると、許否の決定過程における申請者やその他の利害関係人の関与が決定の適正と公正の担保のうえにおいて有する意義は格別のものがあるというべく、この要請にこたえて法が定めた運輸審議会の公聴会における審理手続もまた、右の趣旨に沿い、その内容において、これらの関係者に対し、決定の基礎となる諸事項に関する諸般の証拠その他の資料と意見を十分に提出してこれを審議会の決定（答申）に反映させることを実質的に可能ならしめるようなものでなければならないと解すべきである。特に免許申請者に対する関係においては、免許の許否が直ちにその者の職業選択の自由に影響するものである関係上、免許の許否の決定過程におけるその関与の方法につき特段の配慮を必要とするのであつて、（中略）申請者に意見と証拠を十分に提出させることを可能ならしめるような形で手続を実施することが、公聴会審理を要求する法の趣旨とするところである」

このように、事前の行政手続が、関係当事者に実質的に主張・立証の機会を保障するものでなければ、適正・公正な決定過程とはいえないとする考え方が既に最高裁においてもみとめられることとなっているのである。しかし、右の両事件がともに道路運送法上の免許に関するものでありながら、個人タクシー事件が個人タクシー免許の内部基準上の単純な事実認定にかかわるにすぎないのに対して、群馬中央バス事件においては、新規バス路線の政策的合理性が問題となっているといった事案の内容に顕著な差異がみとめられる。また、両事件の第一審判決（東京地判昭三八年九月一八日行裁例集一四巻九号一六六六頁、同昭三八年一二月二五日行裁例集一四巻一二号二二五五頁）が強調する準司法手続的な行政手続観がどの程度の通用性を有するかについては問題がある。そこで、公正な手続の要請がみとめられるべきは当然としつつ、その具体的なあり方については事案の類型的差異に応じて検討することが今後の課題である。

(2)　全体としての行政過程の正常性

右に引いた群馬中央バス事件の最高裁判決は、「全体として適正な過程」という言葉を別のところで使っているが、全体としての行政過程の適正さや合理性など、その正常性が問題とされることが少なくない。

そのひとつの例は、有名な個室付浴場業に関する事例（最判昭五三年五月二六日民集三二巻三号六八九頁）であって、個室付浴場業の営業を阻止する目的をもってなされた児童福祉施設（児童遊園）設置認可処分が行政権の著しい濫用によるものとして違法とされたものである。この事例に登場する行政処分は、建築確認処分、児童福祉施設認可処分、公衆浴場許可処分、営業停止処分の四つであり、それぞれ処分根拠規定に対する関係では個別的形式的にみるかぎり適法であるにもかかわらず、全体の過程としてみると正常ではないというものであった。すなわち、本件の個室付浴場業を阻止する目的を達成する手段として、風俗営業等取締法四条の四第一項においては、児童福祉施設の周囲二〇〇メートル以内ではこの種の営業ができないとされている点を利用し、町と県とが意思を相通じて、町が児童遊園設置の認可を申請し、県知事がこれを認可したものであり、これを前提として、公安委員会が風俗営業等取締法に基づいて営業停止処分をしたのである。したがって、営業停止処分の前提要件たる事実状態が人為的にことさら作り出されたのであり、全体の過程としてみるとおかしいわけである。

他のひとつは、土地利用にかかわるいわゆる環境訴訟の分野において、環境上の利益に対して適正に配慮すべきこと、また、その配慮にふさわしい手続過程をふむことが要請されることがある。いわゆる環境アセスメントにより、環境影響を事前に予測・評価するとともに、これに関する情報を関係住民に公開し、その意見を反映させるなどの近年の動きと軌を一にする考え方である。右のような要請に反することが行政訴訟上の違法事由とされ、民事訴訟上に差止めをみとめる事情の一つに数えられることなどが、その法的効果である。漁業権消滅の効果をもたらす埋立免許を行うについては適法手続の保障があり、告知、聴聞の機会を与えるべきであるとした松山地裁昭和四三年七月二三日決定（判例時報五四八号六三頁）、同じく埋立免許に関して環境上の利益に対する配慮が不十分であったとして違法とした大分地裁昭和四六年七月二〇日判決（判例時報六三八号三六頁）、土地収用法二〇条三号の収用を必要とする「事業計画が土地の適正且つ合理的な利用に寄与するものであること」の解釈に関して、「諸要素、諸価値の比較衡量に基づく総合判断」として行われるべきところ、「本来最も重視すべき諸要素、諸価値を不当、安易に軽視し、その結果当然尽すべき考慮を尽さず、または本来考慮に容れるべきでない事項を考慮に容れもしくは本来過大に評価すべきでない事項を過重に評価し」ために、その判断が左右されたときは、「裁量判断の方法ないし過程に過誤があるものとして、違法」とした有名な日光太郎杉事件に関する東京高裁昭和四八年七月一三日判決（行裁例集二四巻六＝七号五三三頁）などに、以上の考え方の一端がうかがわれる（なお、山村恒年・環境アセスメント三一九頁以下参照）。

(3)　他事考慮、行政権限の融合

環境行政にその例をみるように、規制行政は複雑に対立・錯綜する利害関係の中において行われるものとなっている。そればかりでなく、行政もまた複雑多様化し、われわれの生活や諸活動に広範かつ深刻なかかわりをもつものとなっていることは、すでにのべたとおりである。そこで、個々の行政権限の行使にあたって、関連する他の法令の要請を考慮に入れたり、ある法令の目的を達成するために関連する他の法令上の権限・権能を流用するなどのことが起りやすくなっている。のみならず、実際上の必要性から、このようなことが強く要求されることさえ珍しくない。総合行政、計画行政などがその例である。このような状況のもとにおいて、何が許された他事考慮であり、また適法な総合行政であって、何が許されざる他事考慮であり、違法不当な行政権限の融合であるかの判断は非常に困難となっている。

具体的な例として分りやすいものに、すでにとりあげた土地利用規制の分野における「水攻め」がある。古く大阪地裁昭和四二年二月二八日判決（判例時報四七五号二八頁）は「都市計画法等の企図する行政目的と、水道法の企図する行政目的とは全く別個のものであり、水道法一五条にいう給水を拒否できる正当な理由とは、もっぱら水道法自体の有する行政目的に従ってのみ判断されるべきもので、たとえ両法令の実施主体が同一であるからといって、一方の手段をもって他方の目的を達しようとすることは許されない」としていたのに対し、その控訴審判決（大阪高判昭四三年七月三一日判例時報五四七号五〇頁）は「給付を拒むときは、すでにはいっている善意の居住者からは生活用水を奪うことになるほか、公衆衛生上も憂慮すべき結果を惹起するに至ることも否定できないところである。したがって、かような諸点について慎重な措置を十分に講じたうえであるならば、同法違反の建築物に対する給水拒絶も現行法上許されると解する余地もないわけではない」として多少の留保を付している。また、上記の大阪高裁昭和五三年九月二六日判決は、水攻めを水道法一五条に違反するとしつつ、国家賠償法上の違法ではないとし、その上告審の最高裁昭和五六年七月一六日判決は、一応の勧告があったにすぎず、拒否処分がなかったものとすることによって、この問題に対する判断をさけている。また、同じく都市環境保全の分野で先に引いた東京地裁昭和五三年五月二九日判決が、「単にその直接の根拠となっている法令等のみでなく、これと密接に関連する他の法令等の要請をも考慮して行うべきことは当然であって、たとえ根拠法令等の不遵守があっても、他の法令等の要請を実現するため根拠法令等を遵守することが困難でありやむをえないときには他の法令等の要請の内容、実現の方法の相当性等に照らし、根拠法令の不遵守による適法性が阻却される場合がありうる」とする注目すべき見解を示していたが、ここでも上告審判決（最判昭五七年四月二三日）は、この点に関する判断を一般的な裁量論を用いることによってさけている。

他方、営業規制の分野では、労使紛争最中のタクシー会社の廃業が不当労働行為を構成する可能性があった事案において、この廃業申請に対する道路運送法上の許可処分について、大阪地裁昭和五〇年七月一一日判決（判例時報七九九号二九頁）が、「国家機関が右申請を許可することにより、労働法秩序に反する結果の招来に自ら加担することになるわけであり、このような解釈は全法律秩序の円満な調和を阻害し、採ることができない」としたのに対して、控訴審の大阪高裁昭和五五年三月一三日判決（判例時報九七一号四二頁）が、「むしろ各行政機関に対する権限分配の当然の効果である他の行政機関の権限の不可侵の要請に悖る」ものとして、これを排斥する対照的な考え方を示しているところが大変興味深い。

(4)　当事者自治的要素の範囲と程度

上記の環境アセスメント的な行政過程を前提とする立場に立てば、総合的な利害の比較衡量のハカリにかけるべき利害の当事者について、これに対して情報の公開とその意見反映の機会を与えるべきであるとするのであって、その限度において当事者自治的要素をみとめるものであるということができる。これは本来、土地利用規制の分野においては、建築基準法上の建築協定、都市緑地保全法上の緑化協定あるいは土地区画整理事業、市街地再開発事業のように関係権利者の全員一致もしくは特別多数決によって、土地利用規制の内容を定めたり、規制をともなう事業を進めることができるなど、関係当事者の意思を尊重する仕組みがとられているところにおうものであると思われる。けだし、都市環境保全や土地利用規制における公共性は、現地に即して利害の調整が行われるべき性質のものであって、先の群馬中央バス事件最高裁判決の文言を借用すれば、「決定過程における利害関係人の関与が決定の適正と公正の担保のうえにおいて有する意義は格別のものがある」からである。そこで、法令によらない当事者間の合意、協定として、一般に知られたものとしての公害防止協定をはじめとする各種の協定、申し合わせが存在している。公害防止協定の法的性質をめぐっては、学説上に紳士協定説、私法契約説、公法契約説などの説がみられるが、判例上においても、この種の協定、合意について、ある程度の法的効果がみとめられている。電力会社と住民団体等との間の書面による合意について法的拘束力を肯定した最高裁昭和四二年一二月一二日判決（判例時報五一一号三七頁）、塩害防止協定違反を理由として損害の賠償をみとめた高知地裁昭和四九年一〇月一一日判決（判例時報七六〇号八四頁）、公害防止のための任意団体の申し合わせによって、任意の協力を求めたり、地方公共団体がその意向にそって勧告をすることを違法ではないとした浦和地裁昭和五七年二月三日判決（判例時報一〇四六号一〇六頁）などがその例である。もちろん、関係住民意思に終局的な決定権を与えるものでもなければ（広島地判昭五二年三月一〇日判例時報八四四号一七頁参照）、事態に即した合理的な解釈を拒むものであってもならない（名古屋高判昭五三年一月二四日判例時報九〇七号六九頁参照）ことは当然である。

また、営業規制の分野では、大型スーパーと周辺小売商からなる反対連盟との間の口頭の合意に基づいてスーパーの営業禁止仮処分申請をみとめたものに大阪地裁堺支部昭和五三年一二月七日決定（判例時報九一六号七三頁）がある。ことに競争制限立法においては規制権限の発動そのものや規制内容の定めを業界団体のイニシァティブに委ねるものが少なくない（中団五五条以下、事業活動調整五条以下、大規模小売七条以下、小売特措一四条の二以下等）。このような立法事情をも背景として、国の立法による規制の及ばない周辺の事例について、条例、指導要綱、当事者間の合意などが用いられているわけである。営業規制の分野において、競争制限的な規制は、立法によるものであってさえも、憲法、独禁法の建前としている自由かつ公正な競争の理念に照らして疑問が多い。しかし、大企業と中小企業、消費者の三者を基本としつつ、現在の複雑な利害関係の調整は、ここでも全国一律的な規制では及ばない、柔軟な形での対応が迫られている事態を示しているといえよう。

五　危険管理責任

(1)　序　説

一方において、営業規制などにおける規制行政の過剰が指摘されつつ、他方において、薬害、公害、災害防止、環境保全などの分野における規制行政の不足、立遅れが問題とされている。後者におけるこのような事情が、法令によらない指導要綱、行政指導、公害防止協定のたぐいを生み出しているわけである。と同時に、規制権限の不行使に対して国の責任を追及する訴訟を多発させることとなった。すなわち、規制権限を行使することによって危険を防止し、または管理すべきであったにもかかわらず、これを怠る不作為によって被害を生ぜしめたという危険管理責任型の不作為の違法を理由とする国家賠償法一条に基づく損害賠償請求訴訟である。

この種の訴訟が判例上陸続として登場し、しかも国家賠償責任が肯定される例が珍しくなくなったのは、昭和四九年以降のことである。それは同年の三つの判決によって口火が切られることとなった。急傾斜地に階段状に造成された宅地が集中豪雨時に崩壊して家屋倒壊のほか死傷事故が発生したのについて宅地造成法上の規制権限の不行使が違法とされた同年四月一九日の大阪地裁判決（判例時報七四〇号三三頁）、農家の廃ビニールが河川に流失後、漁場を汚染して漁業被害を生じさせたのについて廃棄物処理法上の廃棄物処理権能を違法に怠ったとした同年五月二三日の高知地裁判決（判例時報七四二号三〇頁）、都下の新島の海岸に打ち上げられた旧陸軍の砲弾が焚火に投入されて爆発し死傷事故が発生したのについて回収等の義務や警職法四条の措置を違法に怠ったとした同年一二月一八日の東京地裁判決（判例時報七六六号七六頁。なお、控訴審東京高判昭五五年一〇月二三日判例時報九八六号五四頁）がそれである。その後広く一般的に、犯罪（最判昭五七年一月一九日民集三六巻一号一九頁）、動物事故（東京高判昭五二年一一月一七日判例時報八七五号一七頁）、薬害などによる被害について国家賠償法一条に基づく国または公共団体の不作為の違法を理由とする責任が肯定されている。

(2)　スモン判決

しかし、なんといっても世間の注目をひいたのは薬剤キノホルムの副作用である薬害によって多数の生命、健康に被害を生じさせたスモン事件である。①金沢地裁昭和五三年三月一日判決（判例時報八七九号二六頁）、②東京地裁昭和五三年八月三日判決（判例時報八九九号四八頁）、③福岡地裁昭和五三年一一月一四日判決（判例時報九一〇号三三頁）、④広島地裁昭和五四年二月二二日判決（判例時報九二〇号一九頁）、⑤札幌地裁昭和五四年五月一〇日判決（判例時報九五〇号五三頁）、⑥京都地裁昭和五四年七月二日判決（判例時報九五〇号八七頁）、⑦静岡地裁昭和五四年七月一九日判決（判例時報九五〇号一九九頁）、⑧大阪地裁昭和五四年七月三一日判決（判例時報九五〇号二四一頁）、⑨前橋地裁昭和五四年八月二一日判決（判例時報九五〇号三〇五頁）がそれである。

問題となった当時の薬事法には規定の不備があり、製造・輸入の許可・承認に関する審査の基準・方法・手続のほか、許可・承認の取消（撤回）、使用・販売・製造等の中止命令、医薬品の回収命令など、医薬品の安全性確保のために必要な行政措置について具体的積極的な規定が明示的には設けられていなかった。このような立法の不備にもかかわらず、右の諸判決はことごとく、製薬業者等の責任と並んで、国の責任を肯定している。いかなる理由によるのであろうか。

(a)　まず、被告国の主張する反射的利益論はすべての判決が排斥している。反射的利益論は抗告訴訟の原告適格に関して意味があるものであって、損害賠償請求訴訟にとっては無関係であるとするものが多い（③④⑦⑧など）。

(b)　つぎに、被告国の主張する自由裁量論に対しては、すべての判決が、医薬品の安全性に関するかぎりは、裁量の余地はない、または、極めて小さい、としている。

(c)　「第三者に対する関係での違法」または「権限不行使という不作為の違法」について、特に固有の要件を問題としているものに③④⑦などがある。その要件としては、(ア)被侵害法益が生命、身体、健康という重大なものであること、(イ)これに対して危険が切迫していることが予見可能であること、(ウ)規制権限を行使することによって容易に結果発生を防止することができること、(エ)被害発生防止にとって行政権限行使が最も有効適切な手段である反面、私人の側には危険を回避する手段がないなどにより、規制権限の行使を信頼し期待することがもっともだと思われる事情が存在すること、以上の四つが最大公約数的なものとしてあげられている。

(d)　上記の諸判決は、何について違法性や過失をみとめているかによって、許可・承認という作為を問題としているもの（①⑦）、作為とあわせてその後の不作為をも問題としているもの（④⑤⑧⑨）、不作為を問題としているもの（②③⑥）の三グループに分けることができる。法律に基づく規制権限の行使という作為を問題とする第一、第二グループには立法の不備との関連における難問はない、もしくは少ないとしても、第三グループは不作為の前提となるべき作為義務の内容となる規制権限の法的根拠は何に求めているのであろうか。②は、昭和四二年の薬務局長通知という通達によって薬事法の性格が変わり、それにともなって権限が生み出されてきたというまことに斬新な（？）議論のほか法益の比較衡量論をあげている。③は、法益の比較衡量論に加えて、かりに法的権限がなかったとしても、実際的効果のあることが天下公知である行政指導を活用すべきであったのに、行政指導をしなかった不作為が違法であるという行政指導義務説を展開している。⑥にいたっては、「厚生省さえしっかりしていてくれたらもっと早くスモンの発生を防止できたのにとの国民の嘆き、非難は即厚生大臣の不作為に対する評価といえる」としているから、国にかける国民の信頼、期待がその根拠であり、これを裏切ることが違法であるとするもののごとくにみえる。

(3) 国の責任の根拠、性格

薬害を例にとって、このような危険を防止すべき国の責任の根拠、性格を考えてみることにしよう。

(a) 薬害に関する製薬会社の責任と国の責任とは、互いに、その根拠、性格を異にしている。前者は危険物の製造者、販売者としての責任であるのに対して、後者は危険防止のために規制権限を行使すべき者の責任である。この差異があることは上記の諸判決がいずれもこれを肯定している。

(b) ③は「被告会社の帰責原因の背景に報償責任・危険責任の法理があるのに対し、被告国の帰責原因の背景には危険責任的法理はあるが、報償責任的法理はなく、代りにあるのは保証責任的思想である」という表現をしている。右のうち、国の責任について危険責任をのべる点は不正確であって、危険防止責任ないしは危険管理責任というべきである。けだし、ここで国の責任は、直接の打撃による加害を原因とするものではなく、守備ミスを根拠とするものだからである。ところで、守備ミスの前提には守備範囲内であることが必要である。上記の危険管理責任型の不作為の違法の四条件としてかかげられているもののうち、被侵害法益の重大性、予見可能性、回避可能性といった前三者の要件は、主として守備ミスにかかわるのに対し、最後の行政権限行使に信頼し期待しうべき事情の存在という要件は、主としてこの守備範囲論にかかわるものであろう。この要件が人の価値判断によって左右されるものであることは否定できないところであり、上記引用の⑥が示唆するように、国にかける信頼、期待の程度によって異なってくるといえよう。

(c) 国の責任と製薬会社の責任が異なることを前提として、両者の相互関係はどうなるか。上記の①は、国の行為も製薬会社の行為もいずれも損害発生に不可欠であることを理由として共同不法行為の関係に立つとするのに対して、他の判決は、賠償責任の対象たる損害を同一とし、または損害の範囲を同一とすることを理由として不真正連帯債務を負担する関係にあるにすぎないとする。いずれにしても、第一次的かつ究極的な責任者は製薬会社であり、国は第二次的かつ後見的な補充的責任を負うにすぎないとする考え方が判例学説上一般的である

(なお、車検に関する名古屋高裁金沢支判昭五六年一月二八日判例時報一〇〇三号一〇四頁参照)。かりに多くの論者のいうとおり、内部求償の関係で製薬会社が全部義務を負い、国の責任がゼロだとすると、このように、直接に危険責任を負う者が判明している場合の国の危険管理責任とは一体いかなるものであるのかは、いまひとつはっきりしない点が残されていると思われる(なお、国井和郎「製造者・販売者と国」判例タイムズ三九三号二四頁以下、森島昭夫「スモン訴訟判決の総合的検討(6)」ジュリスト七四七号二六六頁以下参照)。

(d)　不作為の違法の前提となる作為義務の内容となる行政権限の法的根拠は何であろうか。たとえば、旧薬事法上、製造等の承認・許可の取消撤回権限を定めた明文規定がないとき、この権限は何から出てくるのであろうか。これを許可承認権限に当然ふくまれるとする考え(③⑥⑧)のほかは、法益の比較衡量などの条理によるものであろうと推測される。クロロキン薬害訴訟に関する東京地裁昭和五七年二月一日判決(判例時報一〇四四号一九頁以下・二四三頁)は、「薬局方収載時又は製造承認時に知られていなかった副作用が後日判明した場合、明文の規定はないけれども、条理上、厚生大臣には次のような権限がある」として、撤回権限や警告措置を執るよう命ずる権限をあげ、また、「前示のように、厚生大臣には、医薬品の安全性確保のため薬事法の解釈上又は条理上本項前記二及び三の諸権限がある」とするところからみて、明文の規定による権限、解釈上導き出せる権限のほかに、条理上の権限が存在することを承認しているもののごとくである。

(4)　行政介入請求権

以上は、事後的な損害賠償請求の場で問題となるものであるが、事前の義務づけ訴訟の利用をふくめて広く行政介入請求権として論ずるものがある。残念ながら、わが国ではまだ行政権限行使を積極的に義務づける訴訟の例はないが、今後の課題というべきであろう(保木本一郎「ドイツにおける営業警察の展開(二)(三)」社会科学研究一九巻六号・二〇巻二号、原田尚彦・行政責任と国民の権利、ほか参照)。

六 結 語

他に行政訴訟をめぐる問題など、重要論点が残されているものの、紙幅の制約上ここでは割愛せざるをえない。しかし、以上の簡単な概観からも次のようなことが今後の検討課題として指摘することができる。

第一に、多様化した手段が組み合わせられたり、当事者自治的要素が加味された複雑な行政の過程を、個別に、いわば各論的に明らかにしたうえで、それぞれの行政過程のあるべき姿を検討しなければならない。それらを集積のうえ、今度は、横割的に、申請を前提とする行政行為のように、共通した問題点をもつものを相互に比較検討する作業を重ね合わせ、これら二つを繰り返し行う必要がある。

第二に、損害塡補の分野のみならず、営業規制など規制自体についても、行政の守備範囲を明らかにする努力をしなければならない。その際、土地利用規制を例にとれば明らかなように、具体的な都市問題の状況などとの関連における規制の政策的合理性の判断がときとして規則立法の合憲性判断に不可欠であることにかんがみ、法政策論ないし法政策学の内容を各論的に豊富にしておく必要がある。営業規制立法においても、このことがギリギリ立法の合憲性判断に必要なばかりではなく、規制違反の行為の法効果などをめぐっても必要であるといわなくてはならない。

最後に、法と行政との関係を考えるにあたって、行政処分と処分根拠規定の関係といった狭い局面にのみ視野を限定してはならない。また行政指導をとらえて、法律上のものか、法律外の事実上の現象か、あるいは、ひとつの法律関係をとらえて、公法関係か私法関係か、といった二者択一的な議論があまり生産的ではない場合が多くなった。先の他事考慮の事例をとりあげても、直接の処分根拠規定と密接に関連する他の法令の要請との関係が問題となっているのであるし、処分根拠規定に違反しつつ、損害塡補に関する法に対する関係では違法でない場合、また、逆の場合といったこともあれば、条理上の権限や当事者自治的な要素をみとめなければならないときがあるなど、法と行政との関係が複雑だというばかりではなく、そもそも多様な法相互の関係そのものが複雑化したといわなくてはならない。このように、行政と法の関係は多様であって、これを多面的に検討しなければならないのである。

従来の行政法理論の主要な内容、たとえば、行政法総論における行政行為の無効論であれ職権取消論であれ、これに関する直接の明文の規定は存在せず、条理によってみとめられてきたものばかりであるといってよいほど、単一の立法規定によって直接の解答が与えられていない場合について、相対立する法令上の要請を考慮しつつ、構成的な解決を与えているのがその大部分である。そもそも行政行為論自体このような努力の産物だといってよい。現代の規制行政が提供している諸問題についても、われわれは同じような努力を始めなければならないわけである。規制行政について常に見直しが必要であるのと同様、これに関する行政法理論についても見直しが必要とされるのである。

（『現代行政法大系』第一巻、一九八三年）

7　職権取消の法的根拠について

一　序　説

(1)　法律による行政の原理の一内容に法律の留保論があり、いかなる範囲の行政作用について法律の根拠が必要であるかが論ぜられている。いわゆる侵害留保説の可否をめぐって議論が展開されているのは周知のとおりである。ところで、かりに法律の根拠が必要であるとしても、つぎの問題は、いかなる形でどの程度のものが必要とされるか、であるといえよう。この二番目の問題は、文字通り二次的なものであるが、しかし、この問題に関する議論の展開のいかんによっては、第一の法律の留保をめぐる議論にも重要な意味をもつものと思われる。けだし、法律の根拠を必要としつつ、明文の直接の制定法規を要求することなく、間接的な制定法規、制定法規により導き出されてくる解釈上の原理、その他制定法規以外のものなど、実際上の必要から妥協的な緩和されたもので足りるとする考えをとるときには、法律の根拠を必要としないとする説との間の差異が顕著ではなく、たかだか程度問題となり、見かけほどの違いがなくなるからである。いわば、第一の問題は、第二の問題に立入るのでなければ完結しないともいえよう。そこで、本稿では、この問題を探究する一端として、行政行為の職権による取消の法根拠は何か、を取り扱うこととする。

(2)　最初に、近時の判決例を紹介して、問題の提起に代えることとしよう。

新潟地裁昭和五六年九月二九日判決（行裁例集三二巻九号一七一一頁）は、銃砲刀剣類所持等取締法（以下「銃刀法」と略称する）により、Xが昭和四八年六月八日付許可により以来所持してきた狩猟銃について、その所持許可が昭和五三年六月八日付で更新された後、昭和五五年二月九日付で、銃刀法五条一項六号の「人の生命若しくは財産又は公共の安全を害するおそれがあると認めるに足りる相当な理由がある者」に該当するとして取り消す旨の処分をした事案を取り扱っている。この更新時と本件取消処分との間には、何ら事実関係の変更はなく、ただ、Xが暴力団の連合会の総長となった事実について、更新時には情報を入手しつつ確認するにいたらなかったところ、本件処分時には、別の射撃銃についての更新申請の審査過程を通じて確認することができたために、この申請を却下するとともに、本件処分をしたのであった。したがって、原処分時にすでに存在する事由を事後的に発見したことにもとづいて処分を職権取消したことになる。ところが、このような職権取消の法的根拠は銃刀法上存在していない。しかし、判決は、つぎのようにのべて本件処分を容認している。「原告は、銃砲の所持許可の更新時にすでに存在した事実に基づいてその後に所持許可の取消しをすることは許されないように主張するが、銃刀法五条一項は、同項各号に該当する者については絶対的に銃砲等の所持は許さない趣旨の規定と解されるから、都道府県公安委員会は一旦その所持許可を与えても、後にその者が同項各号に該当するとの判断に達すれば、同法一一条一項二号の規定の類推適用によりいつでもこれを取り消すことができると解するのが相当であり、したがって、原告の右主張は採用できない。」

右にいう銃刀法一一条一項二号の規定は、許可を受けた者が五条一項六号等に該当するにいたった場合には、その許可を取り消すことができる、とするものであって、文理上は、許可処分時すでに存在していた事実にもとづく取消ではなく、処分後に発生した新たな事実にもとづく取消であり、講学上にいわゆる撤回に関する規定である。したがって、右判決は、撤回に関する規定を類推適用することによって職権取消をすることができる、とするものである。その際、銃刀法五条一項の趣旨が援用されている。すなわち、五条一項本文が「許可を受けようとする者が次の各号のいずれかに該当する場合（中略）においては許可をしてはならない」としているところから、その該当者については「絶対的に銃砲等の所持は許さない趣旨の規定」であるとするのである。そのいわんとする趣旨は、許可要件事実がただ単に処分時の要件であるにとどまらず、処分存続のための要件でもあるとするものであろう。それゆえに、事後的に要件を欠くにいたった場合（撤回）においても、また、当初から要件を欠いていたことを事後的に発見した場合（取消）においても、いずれも存続のための要件を欠くため、是正の措置をしなければならないと考えるのであろう。しかしながら、まさに引用するところの銃刀法一一条は、とくにいわゆる撤回にかぎって根拠となる規定をもうけたものであるばかりか、同条一項二号においても、許可要件事実を欠くことのすべてが撤回事由としてあげられているわけではないし、もちろん、同条において他の事由が撤回事由にあげられている。したがって、第一に、許可要件事実のすべてが処分存続のための要件となっているといえない。第二に、処分要件事実が即撤回事由とは実定法上されておらず、撤回に関する規定においては、独自の判断にもとづいて撤回事由が定められているゆえに、これを直ちに職権取消に流用することは困難である。すなわち、類推適用の結論の当否はともかくとして、原処分根拠規定の趣旨を強調することのみでは、根拠としていささか薄弱のそしりをまぬがれがたいのである。

(3) しかし、右判決は、控訴審の東京高裁昭和五七年七月二〇日判決（行裁例集三三巻七号一六一二頁）において、そのまま支持されているから、高裁段階において、職権取消の法根拠をのべるものとして、また、行政法の分野において法の類推適用をのべるものとして興味深いものがある。もちろん、最高裁判決の中にも法の類推適用を承認するものがないではない。最高裁昭和四九年二月五日判決（民集二八巻一号一頁）がその例であって、国有財産法上の行政財産使用許可取消の際の損失補償の規定を、その当時の地方自治法ならびに都条例のうえで該当する規定を欠いていた都有の行政財産の場合について類推適用すべきであるとしたものである。それが憲法二九条三項の趣旨にも合致するとするものであるが、いうまでもなく、憲法二九条三項に関し、これを直接の根拠として損失補償請求をすることができるとする直接請求権説が通説・判例である今日、国有財産法の類推適用をまたなくても、損失補償請求権そのものは憲法上すでに与えられている。のみならず、ことは私人の請求権の法根拠をめぐる議論であって、行政処分の法根拠をめぐるものではない。この両場合は問題の性質を異にしているのであって、たとえば、慣習法が行政法の法源でありうるかどうかの問題にあっても、この両場合は明確に区別して論ずべきであり、混同してはならない。まさに公権力の行使にあたる行政庁の処分権限が法の類推適用によって生み出されてくるというのはひとつの大問題であろう。これについて、有名なストロングライフ事件に関し、東京地裁昭和五〇年六月二五日判決（行裁例集二六巻六号八四二頁）が毒物劇物取締法の運用上、法の類推適用による登録拒否処分をみとめたのに対し、控訴審の東京高裁昭和五二年九月二一日判決（行裁例集二八巻九号一〇一二頁）が「不都合な事態の生ずることがあるとしても、それは、所詮、立法の問題」であるとして、このような便宜的な運用を一蹴し、上告審である最高裁昭和五六年二月二六日判決（判例時報九九六号三九頁）もこの結論を支持している。したがって、法の類推適用の許容性について、最高裁は、私人の損失補償請求権に関するものと、処分権限の創設にかかわるものとの間において、当然のことながら、異なる態度を示しているということができるのである。

(4)　しかしながら、他方において、職権取消の法根拠を直接明示的に規定する法令は稀であるため、このような例外な場合をのぞいて一切職権取消をすることができないとなると、争訟取消によらないかぎり、違法な行政処分が行政庁自らの手によっておよそ是正できないままに放置される事態が広範に生ずることとなって、これまたわれわれの法感情に反するであろう。

違法な行政処分を放置することは法律による行政の原理に反する事態である。しかし、法的根拠を欠く職権取消をすることも、見方によれば、法律による行政の原理に反する。かくてジレンマにおちいる。このジレンマから脱出するためには、いろんな方策が考えられるが、まず何よりも職権取消の性格を明らかにすることが必要である。けだし、争訟制度として確立している争訟取消にあっては、制度上、違法処分の取消は当然のこととされているのに対し、職権取消においてその法根拠が問題となりうるのは、職権取消と争訟取消の差異を示しているからである。

二　職権取消と争訟取消

(1)　職権取消と争訟取消の区別については、二〇年来の筆者の主張にかかるものであって、機会あるたびにのべてきたところであるから（拙著・行政行為の無効と取消四三頁ないし二一〇頁のほか、成田＝南＝園部編・行政法講義下巻二七二頁ないし二八一頁、別冊ジュリスト・フランス判例百選「設権的行政行為の取消」七八頁など）、ここでは、ごく簡単に概観しておくにとどめることとしよう。

まず第一に、順序として、取消の意義と種類をみることにしよう。

取消の意義を明らかにするため、類似概念との比較をしておくことが便利であろう。

(a)　不存在　何をもって行政行為の不存在とよぶかは多義的であり、多様な用い方がされている。およそつぎのような内容がのべられているようである。①行政行為の未成立ないしは消滅をさすものであって、行政行為がいまだ外部的に表示されず、内部的な決定段階にとどまっている場合、または逆に、いったん有効に成立した行政行為が期間の経過等の事情によりすでに消滅している場合、いわば常識的意味における事実上の不存在である（もちろん、常識的とか事実上とかいっても、行政行為の成立条件、消滅条件をめぐって法的議論はあるが、便宜上この名称をつけておく。念の為。以下同じ）。②行政行為としての性質をもたないことをさすものであって、行政行為の定義のあれこれに該当しない場合（たとえば、行政指導、勧告など）、いわば性質上の不存在である。③行政行為の瑕疵の程度がいちじるしいことをさすものであって、つぎの無効を法的不存在とよぶことはしばしばみられるが、さらに進んで、無効よりも一段と瑕疵の程度のひどい場合をあらわすためにこれが用いられることがある。単なる重大な違法をもって無効とし、重大明白な違法をもって不存在とするのがその例であり、瑕疵類型としての不存在である。④無効確認の意味での取消の利益がないことをさすものであって、明治憲法時代、司法裁判所の民事事件審理の先決問題としての無効確認は別として、行政裁判所における本案としての無効確認訴訟は存在しなかったから、無効の行政行為（と考えられるもの）に対しても、出訴期間内に取消訴訟の形で出されることとなり、その際、無効宣言の意味での取消の必要さえないものとして却下される場合があった。必要性否定の具体的理由は、上記①②③のいずれかであり、または、本案請求との関連によるものであったにせよ、かりにこれを争訟の利益に関する不存在とよぶことができよう。ちょっと思いつくだけでも多様な不存在が考えられるが、いずれも行政庁等の認定判断の存在をまつことなく、すでに行政行為としての効力をもたないと考えられているところに、取消との差異がみとめられる。

(b)　無　効　無効と取消の区別については、かつて理論上・実際上に大いに論ぜられたところであるが、伝統的な教科書的説明においては、無効は法的無ないし法的不存在としてとらえられている。すなわち、一般的に、取消については、その主張者、手続、期間が限定されているのに対して、無効には、そのような制約がなく（誰でも、どこでも、いつでも）無効の主張ができるという特色があることをさらに簡便に説明するために、無効とは、当初から法的無ないし法的不存在であることの確認であるとする。これに比べて、取消は行政庁その他権限ある官庁の認定判断が介在してはじめて行政行為の効力が消滅するものであって形成的であるとする。しかし、これに対して、先の不存在③の瑕疵類型としての不存在をみとめる説にあっては、いうところの確認的性質を不存在にのみ留保し、反面、無効と取消との間に質的差異をみとめず、無効・取消の差を争訟手続上のものにすぎないとする。簡単にいってしまえば、無効は無期限取消だというわけである。この説は、行政事件訴訟法三六条による無効確認訴訟の原告適格の制限と同四五条による争点訴訟の創設との関係をいかに理解すべきかにかかわるものであって、本案訴訟たる前者に無効を、先決問題審理たる後者に不存在をそれぞれ配分することによって、前者における原告適格の制限をミニマムにし、かつ、行政処分として不存在である以上、同法四四条にもかかわらず仮処分が可能であるとして、後者における暫定的権利救済の不備をおぎなおうとするものであった。しかし、この説は、現行行政事件訴訟法制定当時において、いまだ同法三六条、四四条、四五条等に関する判例の展開がみられない時期にいわれたものであり、論者自身、今日においてなおこの説を主張されるか否かは不明である。いずれにせよ、形成といい、確認といっても、このような学説の都合にあわせて変わりうる底のものにすぎないことに留意すべきであろう。なお、争訟取消と異なり、本稿が問題とする職権取消にあっては、後述のとおり、特段の手続は整備されていないため、とくに期限などは定められていないから、期限の前後その他手続上の明確な基準によって無効と取消の区別をすることは困難である。なお、争訟取消においても違法性の承認を問題とするとき、先行行為の無効が問題となる場合の無効もやはり期間の前後がきめ手とならないであろう。

(c) 失 効　①有効期間の経過、②目的物の滅失、③相手方の死亡、④特許の一定期間の不利用などによって、行政行為が効力を失うことがある。客観的事実の発生によって自動的に効力が失われ、やはり行政庁などの認定判断を介在させないところに、取消と異なる特色がみとめられる。もちろん、①について期間更新の問題があり、②③について対物許可、対人許可の問題があり、④についても法律に一般にその種の規定があることのみを唯一の根拠として、事情のいかんをとわず、一律に文字通り機械的に失効の効果が生ずべきかどうかについては一抹の疑問なしとしない。しかし、ここでは深く立ち入らない。

(d) 撤 回　成立当初から存在する瑕疵を理由として遡及的に効果を失わしめる取消と処分後あらたに生じた事由にもとづいて将来に向かって効力を奪う撤回とが区別されている。この区別については後に論ずるが、争訟取消と職権取消との区別を強調し、それを前提としたうえで職権取消の特色をのべるにあたって、職権取消と撤回との共通性を指摘する筆者の見解に対し、その全体の文脈を無視して、取消と撤回の区別を否定する説としてのみ紹介し、批判的言辞を弄するかのごとくにみえる学説が一、二散見されるのはまことに残念というほかない。無効と取消の区別はそれとして重要である。取消と撤回の区別も、かつてイプセンが試み、若き日の田中二郎博士が紹介されたように、それなりに有益である。重要であり、有益である理由は、実際上・理論上に数々数えあげることができる。しかしながら、争訟取消と職権取消の区別は、これらの区別に劣らず重要である。否むしろ、争訟取消と職権取消との区別を前提としないで、これら二つの区別を論ずることは、極言すればナンセンスである。そのことはすでに一五年前の拙著の全体がのべていることであるから、ここではくりかえさない。

(e)　実質的意味での取消　①営業、運転免許等の停止、②税の更正、再更正、③設備等の改善勧告・命令、④行政行為の変更などがその例であって、②④などにおいては、先行処分の一部取消をふくむことがあり、その他においては、先行する処分の効力にはふれずに、別途新たなる処分によって、先行処分の効果と事実上相反するがごとき事態が発生することがあり、実質的にみると、広義において取消とみることができないわけではないものをさす。しかし、原処分の全面的で遡及的な取消御破算を内容とする講学上の取消とは異なっている。ただし、行政行為の変更は、争訟取消と職権取消の区別、または、訴訟ないし裁判所による取消と行政不服審査をふくめた行政庁による取消の区別にあたって重要な意味をもちうるから、部分的に取消と重複するものとして取り扱っておいたほうが便宜であろう。

(f)　再申請に対する異なる判断　許認可、自創法上の買収計画の樹立、争訟裁断行為、社会保険給付等々、私人の「申請を前提とする行政行為」（拙稿「規制行政の諸問題」現代行政法大系第一巻四五頁以下、五七頁以下参照）にあっては、再申請の可否ないし再申請に対する再判断義務の有無、第一次申請に対する第一次処分と第二次申請に対する第二次処分の関係などの問題がありうる。再申請に対する再判断の義務が肯定されるとき、第一次処分と第二次処分の判断内容が食いちがうことが生じうる。これも実質的に取消に等しいものの、取消そのものとはいえない。

⑵　取消の種類としては、さまざまの見地からする分類が可能である。ここでも簡単に主要なものだけを拾うこととする。

(a)　行政庁による取消と裁判所による取消　取消権者ないし取消の主体からする分類である。

(b)　行政不服審査等による取消と職権による取消　行政庁による取消は、さらに、行政不服審査法上の異議申立て、審査請求など関係当事者の争訟提起にもとづく取消と行政庁自らの職権による取消に区別することができる。

(c)　授益的行政行為の取消と負担的行政行為の取消　取消の対象となる行政行為が利益処分か、不利益処分か、による区別である。利益処分の取消は、取消処分自体が受益者に対する関係で不利益をもたらし、新たなる権利侵害となるゆえに、信頼保護、法的安定の見地から問題となりうる。のみならず、本稿がテーマとしているとおり法根拠そのものが問題となりうる。これに対して、不利益処分の取消にあっては、原処分によって権利侵害が生じているため、権利救済の見地からも取消が要請される点に特色がある。もちろん、相手方に対する関係での利益処分が同時に第三者に対する関係では不利益をもたらす、いわゆる双面的効果をもつ行政行為や第三者効をもつ行政行為の例に乏しくないから、利益・不利益を行為の属性として一概に割切ることが困難な場合が少なくないことに留意しなくてはならない。

(d)　職権による取消と争訟による取消　先の行政庁による取消のうちの行政不服審査等による取消と裁判所の訴訟による取消とをあわせて争訟による取消とし、職権による取消と相対立させることにしよう。争訟取消は、関係当事者の争訟の提起を前提とするものであり、訴訟の提起にあっては訴えの利益、不服審査にあっても不服申立の利益が必要であるから、おのずから原告、不服申立者に対する関係では不利益処分の取消となる。争訟制度が権利救済制度であるゆえんである。これに対して、職権取消は、不利益処分の取消を内容としないわけではないが、この場合は問題に乏しい（なお取消義務については、拙著・行政行為の無効と取消二〇四頁参照）。利益的処分の取消にあっては、上記のように、その根拠、要件が問題となりうるゆえに、法律上主として問題となるのは利益処分の職権取消をめぐってである。

(3)　争訟取消と職権取消との間には、つぎの諸点において差異を考えることができる。

(a)　機　能　争訟取消は、法律による行政の原理ないし適法性の要請を実現し、もしくは回復するためのものとして、違法な行政処分を回顧的に取消御破算にする。これに対して、職権取消は、このような適法性の要請の実現・回復を図るという側面をもつことは否定できないものの、あわせて行政的監督・介入の一手段としての性格をもっている。後にみるように、取消事由、取消権の制限、不可変更力がみとめられる行政行為などの諸点からみて、職権取消においては、抽象的な適法性原理の機械的回復・実現につかえるものではなく、個々の行政法規が目的としている具体的な公益の実現につかえるものである。

(b)　主要な場合　争訟取消は、同時の権利救済制度である。したがって、争訟制度を利用するためには争訟の利益が必要であり、たとえば、訴訟における原告適格、行政不服審査における不服申立資格（最判昭和五三年三月一四日民集三二巻二号二一一頁参照）が要求される結果、原告、不服申立者の権利利益を侵害するものでなければならない。したがって、負担的行政行為ないし不利益処分が争訟取消において問題となる。職権取消においても、これに対して、負担的行政行為ないし不利益処分が対象とならないわけではないものの、純粋に不利益な処分であるかぎり、これを職権で取消すことに対して何らの抵抗反撥はないゆえに、実際上に問題となりうるのは、逆に取消すことがかえって不利益となるという、授益的行政行為の場合である。したがって、行政的監督・介入の目的をもって違法とはいえ一旦なした授益的行政行為を相手方の利益に反して職権取消をすることができるための法律上の根拠と要件は何か、が問題となるわけである。

(c)　根　拠　争訟取消の制度的根拠は、それが争訟制度であることによって明白である。なかんずく争訟取消のうち訴訟取消にあっては憲法三二条の裁判を受ける権利を具体化したものであって、裁判所法三条の「法律上の争訟」の裁判のひとつである。行政事件の特殊性にかんがみ、行政事件訴訟法により、通常の民事訴訟手続とは異なる手続が重要ないくつかの点について定められているとはいっても、あくまでも憲法上の権利の具体化であるから、制度化のための立法政策においてもおのずからなる限界があるといわなくてはならない。たとえば、かつて明治憲法時代において、いわゆる概括主義か列記主義かは立法政策論上の議論でありえたが、今日における概括主義は憲法上の権利救済の包括性・実効性のあらわれであって、立法政策論によって左右できるものではないというべきであろう。これに対して、同じ争訟取消ではあっても、行政不服審査等による取消は、行政部内における権利救済手続にすぎず、これについてはとくに憲法上の要請にもとづくものではないため、概括主義をとるか列記主義をとるかなどについても、立法政策によって自由に選択することができる。救済内容においても、行政行為の取消にかぎらず、変更がありうる点に職権取消との類似性がみられる。

さて、それでは、問題の職権取消の根拠は何であろうか。裁判を受ける権利を基礎とする訴訟制度のような直接の明確な制度的根拠はわが国では存在していない。かつてのオーストリーや今日の西ドイツのように、行政手続法典の中に職権取消のための根拠規定がおかれるということがないからである。そこでありうる法根拠としては、一般的に、条理、法の一般原則などの不文の法原理を援用するか、または、個別的に原処分根拠規定を同時に職権取消の根拠にも援用ないし活用することが考えられる。しかし、いずれにせよ、争訟制度とは別個のものであり、そこに特色を見出すとすれば、行政的監督・介入たる行政作用たる点にあるといえる。かりに原処分根拠規定を流用することができるとしても、それは適法性原理のみを唯一の根拠として、回顧的に取消御破算すべきであるがゆえにというのが理由のすべてではなく、むしろ、原処分根拠規定を主要な内容とする当該法令全体の趣旨目的たる具体的な公益目的を実現せんがためにほかならない。たとえば、災害を防止し、あるいは食品衛生を保持するなど、具体的な公益目的のために規制法令がもうけられ、その一環として許可制度があり、許可処分があるというありふれた事例で、事前チェック制の許可のチェック・ポイントである許可要件事由のどこかに難点があったことが事後的に発見された場合、そのことごとくが許可の取消事由となるわけではない。当該法令の目的とする災害防止、食品衛生保持などにとって、必要なものが問題となるはずであるし、また、これらの目的にてらして是正措置が必要であるとしても、是正措置は必ずしも許可の取消の形をとる必要があるわけでもない。行政的監督・介入の手段としては、他に、改善勧告・命令、営業停止など、数ある手段があるからである。したがって、取消事由の存否、取消事由の存在を前提とする取消処分の可否の二段階の判断が必要となる。

(d)　取消権者　争訟取消においては、争訟制度上、取消権者は明確である。訴訟取消における管轄裁判所、行政不服審査における審査庁、異議申立庁がそれである。行政事件訴訟法、行政不服審査法などに明記されているとおりである。これに対して、職権取消について取消権者が誰であるかを明記する一般法は存在していない。ただ、職権取消もまた原処分同様に行政的監督・介入の一手段であり、原処分と同様の具体的な行政目的につかえるものであるとするならば、当該法令を所管するところの処分行政庁が最もふさわしいことになる。数ある行政的監督・介入の諸手段のうちいずれを選択することが行政目的達成のうえで最も適切であるかなどの判断は、当該法令の施行に責任をおっている行政庁の所管すべき事項だからである。これに加えて、自ら誤ちを犯した者がこれを改めるのは当然だとする理屈も考えられる。職権取消すなわち自己取消とするものである。いずれの理由によるにせよ、処分行政庁が取消権者であることは一般にみとめられている。

処分行政庁の場合と異なり、上級監督行政庁が取消権者であるか否かについては周知のとおり争いがある。しかし、この問題については、かねて二つの点から疑問をもっている。

ひとつは、行政処分との関係において処分行政庁以外の上級行政庁なるものの存在が何によってみとめられるか、である。けだし、行政処分は行政部内における最終的判断であり、処分行政庁の判断をもって国家意思を代表させるものであって、処分行政庁は対外的に責任が帰属する唯一の主体であるから、当該処分に関するかぎり、上級行政庁も下級行政庁も存在しないと考えられるからである。そうでなければ、責任の所在が不明確になるおそれがある。他のひとつは、わが国の実定法上、処分行政庁とされているのは、主務大臣か、都道府県知事または市町村長とされているのが通例である。主務大臣についても、内閣総理大臣または内閣という上級行政庁を想定できないわけではない（憲七二条、内七条）。しかし、内閣総理大臣が閣議を通じてする行政各部の指揮監督は、統治レベルにおける総合調整の見地からするものであって、一般行政事務処理における上級行政庁としてのものとは性格を異にすると考えられる（なお、警七二条参照。拙著・講話行政法入門一一九頁以下参照）。わが国の実定制度は、法律についても主任の国務大臣をみとめ（憲七四条）、各大臣に府令または省令の制定権をみとめ（国家行政組織法一二条）、また、訓令通達を発する権限をみとめる（同法一四条二項）などにより、一般行政作用の根拠となる法律の制定改廃、内容の具体化、運用の細目などについて、相当広範な権限を与えている。すなわち、各省をして行政の主役たらしめているということができる。多くの場合に主務大臣を処分行政庁としているのは、行政処分が所管の省の組織的決定ないし制度的・機構的決定であることを示すものであるにほかならない。したがって、一般行政事務ないし行政処分に関しては、主務大臣を最終責任者とするのが常例であり、この場合には、それ以上の上級行政庁は存在しないと考えるべきであろう。旧訴願法三条が「各省大臣ノ処分ニ対シ訴願セントスル者ハ其省ニ之ヲ提起スヘシ」とし、行政不服審査法五条一項一号が、処分庁に上級行政庁があるときは、これに対する審査請求をみとめつつ、「ただし、処分庁が主任の大臣又は外局若しくはこれに置かれる庁の長であるときを除く」とするのもこの趣旨をあらわしている。そうだとすると、主務大臣を処分行政庁とする場合には、上級行政庁による職権取消はありえないことになるから、国の場合については、例外的に主務大臣以外のものが処分行政庁とされているか、主務大臣等の権限が他に委任されている場合にかぎられることとなる。このような場合に、所管の省として法令の解釈適用の統一を図る必要があることは十分にみとめられるが、しかし、そのための手段は行政組織上いくらでも考えられるのであって、そのような内部的調整の手段を尽さず、一旦権限を他に委任し対外的な最終責任をそこにおわしておきながら、処分後に是正の手段をふるうことは法的安定性を著しくそこなうのではないかとの疑問を禁じえない。ただ、権限の委任の法理のいかんにもよることであるから、ここでは深入りしない。また、国の同一省庁組織の内部にとどまるかぎり、形式的に異なる結論をとったところで、実質的にはあまり違わないことになるのではないかと思われる。これと比較して重要なのは国と地方との関係である。いわゆる機関委任事務の法理により、広範にわたる国の事務が都道府県知事や市町村長の処理するところとされ、地方公共団体が実際に処理する事務の大半をしめている。したがって、かりに上級行政庁に職権取消の権限が一般的にあるとする見解をとるときには、その実際的意味の多くは、機関委任事務に関する主務大臣の指揮監督の権限を極めて強化することになる。地方自治法一五〇条、一五一条によれば、国の機関委任事務について、都道府県知事には市町村長の処分に対して取消権限をみとめつつ、都道府県知事の処分に対しては主務大臣の取消権限をみとめていないため、同法一四六条の職務執行命令訴訟の裁判の手続によらしめていることになる（行組一五条参照）。地方公共団体の固有の事務についてさえ、争訟取消の手段によって中央省庁の統制が及んでいる（拙著・講話行政法入門一二六頁以下参照）のに加えて、職権取消もまた中央省庁による地方統制の有力な手段となっているわけである。法治主義や権利救済制度のもつ中央集権的機能のあらわれともいえよう。

(e)　取消事由　簡単にいって、争訴取消は抽象的違法性を理由とするのに対して、職権取消は具体的違法事由の内容である公益上の必要性を理由とするものであるということができる。

まず、争訟取消のうち行政不服審査においては、違法性のみならず、不当性もまた取消事由とされている（行審一条一項参照）ため、右の一般的命題には多少の修正が必要である。しかし、実際上に不当を理由とする取消は稀ではないかと思われる。つぎに、争訟取消のうち訴訟取消が、純粋に抽象的な違法性を理由としてみとめられているかどうかについては検討の余地がある。けだし、訴訟取消は、法律による行政の原理ないし適法性の要請にのみその基礎をおくものではなく、あわせて権利救済制度である点に重要な特色をもっているからである。このことは訴えの利益論ないし原告適格をめぐる議論によってよく知られているところであるが、権利救済制度としての主観的側面は、訴えの利益のような訴訟の入口の論議においてばかりではなく、訴訟の内部における取消事由、訴訟の結果である取消判決の効力についてもみとめられる。後者については後にふれることとし、前者については、行政事件訴訟法一〇条一項が「取消訴訟においては、自己の法律上の利益に関係のない違法を理由として取消しを求めることができない」とするところが、よくその趣旨をあらわしている。現に違法処分による権利侵害が生じているにもかかわらず、この規定を根拠として、取消の主張を排斥する例は乏しいであろうが、たとえば、有名な伊方原発訴訟の第一審判決（松山地判昭和五三年四月二五日行裁例集二九巻四号五八八頁）は、「固体廃棄物の最終処分も本件安全審査の対象であると考えられる。したがって、その審査をしなかった本件安全審査には違法があるといわねばならない。しかしながら、（中略）本件原子炉の固体廃棄物の最終処分についての審査がされていないことをもって、直ちに原告らが危険にさらされるとはみられない。したがって、右固体廃棄物の最終処分の審査の欠如は、本件許可処分を取り消すべき瑕疵とはいえない」とし、また、社会的立地条件をめぐる部分においても、「原告らの具体的利益に直接関係しないことであり、右原告らの具体的利益に直接関係しない点について、原告らは本訴でこれが違法を主張すべき利益を有しない」とするところが散見される。したがって、争訟取消における取消事由を抽象的違法性とすることには、このような点からみると問題がある。しかしながら、職権取消との比較においてみると、争訟取消にあっては、争訟期間内に争訟提起があるかぎり、関係者の信頼保護や法的安定などを考慮に入れることなく、違法ならば取消さざるをえないなどの点に、職権取消とは顕著な差異がみとめられる。手続上の瑕疵をはじめとする行政庁側の手落ちが争訟取消の事由として拡大を続けているのに対して、職権取消にあっては、行政庁側の手落ちを取消事由とすることに対してむしろ消極的であることも両者の差異を示すものといえよう。

　他方、職権取消における取消事由は、単純な原処分の違法ではなく、違法事由の具体的内容が、取消の形をとった事後的な行政的介入を不可欠とするだけの公益上の必要性をもつものでなくてはならない。事前チェックポイントのすべてが、事後的なチェックポイントとはかぎらないことは、わが国の実定制度の多くが、最も一般的な処分である許可について、その取消・撤回事由として、原処分違法事由のすべてではなく、その一部のみをかかげ、かつ、当該違法事由にかかる是正手段として、処分取消以外のよりゆるやかな諸手段をも用意しているところから推測されるであろう。処分の成立条件が即その存続条件ではないわけであって、簡単に、原処分の違法事由は即その職権による取消事由ではないというべきであろう。勿論、処分の種類・性質により、一方において、後にのべる不可変更力ある処分のように、原則として職権取消そのものが全面的に排除されるものもあれば、他方において、金銭給付にかかわる処分であって、違法事由が給付請求権の基礎を失わしめるがゆえに直ちに取消事由を構成するものも存在するが、一般的には、これら二つの両極端の中間に位置し、処分要件中重要なものが存続事由を構成するがゆえに、重要な違法事由が取消事由となるといえよう。このことは、西ドイツの判例・学説のうち違法行為取消の原則を主張するものが、しばしば違法の概念を限定的に解していることによっても示されているといえよう（拙著・行政行為の無効と取消六〇頁参照）。これに加えて、具体的に取消事由とされているものをみると、まず、一方において、行政庁自身の錯誤は、古くから取消事由とされないことが一般的である。その理由のひとつは、適法・違法が客観的なものであり、主観的錯誤がただちに、違法をもたらさないことによるためであるが、他のひとつは、さらに進んで、主観的錯誤の結果、かりに客観的違法が存在していても、その原因がもっぱら行政庁側にあるときには取消を排除し、もしくは少なくとも制限的に解しようとする傾向によるものである。これに対して、他方において、詐欺、強迫等の不正行為その他相手方の責に帰すべき事由によるものである場合には、相手方の信頼を保護すべき理由がないところから、取消を可とする見解が一般的である。これまた客観的に違法な処分の違法の原因が詐欺・強迫にある場合にとどまらず、結果としての処分の実体上の違法の有無にかかわらず、詐欺・強迫にもとづいて処分が不正に詐取もしくは強奪されたという過程そのものに違法をみとめて取消事由とする見方も成り立ちうるであろう。このように、違法事由の所在が行政庁側の責任領域にあるのか、私人の側にあるのかも重要な要素となっている。

(f)　取消の限界・制限　争訟取消と職権取消の差異が制度上に顕著な形をとってあらわれるもののひとつに取消権の限界ないし取消の制限がある。簡単にいって、争訟取消において取消事由が存在するにもかかわらず取消すことができない場合むしろ逆に取消さなくてもよい場合は、きわめて特殊例外の場合に限定される。これに対して、職権取消における取消の制限はあまりにも多様かつ広範であるため、取消権の限界といわんよりは、取消権そのものがさまざまの利益の比較衡量の結果生み出されてくるといったほうが実態にふさわしいものとなっている。

まず、わが国の実定法上、争訟取消についての制限にはつぎのようなものがみとめられている。

第一は、行政事件訴訟法三一条による事情判決の制度であり、同様のものが、行政不服審査法四〇条六項による事情裁決、同四八条の準用による事情決定、同五六条の準用による事情（再審査請求）裁決にみられる。これらにおいては、取消をみとめることにより、結果として生ずべき公益への著しい障害を回避しようとするものである。

第二に、全体としての手続過程の一局面に違法がみとめられるものの、それによって全体をくつがえす必要がないとされる場合がある。性質は異にするものの、行政不服審査法五五条による再審査請求にかかるもの、土地収用法一三一条二項による事業認定または収用委員会裁決に対する異議申立・審査請求にかかるものがその例に数えられる。

第三に、右の第一と第二の場合とをあわせたものに、国税徴収法一七三条、地方税法一条の一〇による不動産等の売却決定等の取消の制限がある。

第四に、右の第一ないし第三が立法によるものであるのに対し、判例・学説によってみとめられているものに、いわゆる瑕疵の治癒、違法行為の転換などがある。手続上の違法についても、それが結論としての処分における行政庁の認定判断を左右する可能性をもつことが要求され、この可能性がないときは取消事由とされないことは、有名な個人タクシー事件と群馬中央バス事件に関する最高裁判決が示しているとおりである（最判昭和四六年一〇月二八日民集二五巻七号一〇三七頁、同昭和五〇年五月二九日民集二九巻五号六六二頁参照。ただし、大阪地判昭和五五年三月一九日判例時報九六九号二四頁）。

つぎに、職権取消の制限としては以下のものがあげられる。

第一に、一定のグループの行政行為には不可変更力がみとめられて、原則として職権取消が排除されることになる。不可変更力がみとめられる行為としては、従来、その一として、争訟裁判行為、その二として、利害関係者の参与によってなされる確認的性質をもった行政行為があげられている（雄川「不可変更力」別冊ジュリスト・行政判例百選Ⅰ一六三頁参照）。その他、認可など私法上の法律関係の形成にかかわるいわゆる私法形成的行政行為についても、不正手段によるなどの例外的場合のほかは職権取消は許されず、極度に制限をうけることになる（最判昭和二八年九月四日民集七巻八号八六八頁。拙著・前掲書一九八頁）。さらに、帰化許可による国籍付与行為のような包括的地位設定行為であって、それを取消すことにより深刻な生存・生活基盤の喪失をもたらすものにあっても、やはり悪質な不正手段使用のような例外的場合をのぞいては職権取消は許されるべきではないと思われる。なお、帰化許可の取消ほどの深刻な効果をもたないものの、公務員の任命行為などにあって、それが包括的・継続的地位を設定するものであることに加えて、失職のほか、免職、辞職、その他退職の事由が限定的に法定され、これら以外による身分の喪失がありえないものとする前提に立てば、任命行為時に存在した瑕疵によって、任命行為そのものを取消すのではなく、免職、退職など事後的な別途の処分によって問題を処理することも考えられる。このときには、実質的意味での取消はありうるものの、形式的法技術的意味での取消は存在しないことになる。

第二に、上記の取消事由の有無について、いずれの側の責任領域に原因が存するかによって区別をする説をかりにとらないとしても、第二段階の取消の可否の判断にあたって、この区別に意味をもたせることが可能である。右の私法形成的行政行為については不正手段を用いた場合以外は取消すことができないとするのがその一例である。

第三に、処分後の資本・労力の投下など、信頼保護要件が形成された場合に取消は制限される。

第四に、不可変更力を生じる行政行為、特別の信頼保護条件が形成された場合のほか、広く一般的に授益的行政処分にあっても、取消を必要とする具体的な公益上の要請と、当事者の信頼の保護、法的安定性の要請との間において、利益の比較衡量を行ない、前者が優越する場合でなければ、取消はみとめられない。

第五に、取消が可能である場合においても、遡及的取消をみとめるべきか否か、の点についてさらに利益の比較衡量の余地がある。

第六に、取消以外の業務停止、改善命令など他の行政的監督・介入の諸手段によっても目的を達成できる場合には、比例原則により、取消は排除されるべきであろう。

第七に、後述の失権の法理により、長期にわたる権限不行使の結果、取消権限が失われる場合も考えられる。

以上、ごく簡単にみるところによっても、職権取消と争訟取消とはかなり様相を異にした存在であることが知られるであろう。職権取消においては、取消権の限界といった表現そのものがあまり適切とはいえないゆえんである。

(g)　取消の手続　　この点においても、両者の差異はきわめて顕著である。

まず、争訟取消は、いうまでもなく法定の争訟手続に従って行なわれる。行政事件訴訟法による取消訴訟の手続、行政不服審査法による行政不服審査の手続がその主要な例である。争訟制度であるゆえに、当事者の争訟の提起を前提とし、かつ、争訟の提起にともなう執行停止をはじめとする手続上の諸制度の適用がみられる。争訟取消のうち、行政不服審査にあっては、行政部内のものであるため、単純な取消にとどまらず、変更もみとめられるものの、それが当事者の争訟の提起を前提とする権利救済制度であるところから、不利益変更禁止の原則が定められている（行審四〇条五項但書、四七条三項・四項但書、五六条）。

これに対して、職権取消の手続はとくに法定されていない。ただし、聴聞の手続を定める立法例が少なくない。また、したがって、不利益変更禁止原則は職権取消については妥当しない。けだし、取消すことが相手方にとって不利となるのが、その主要な場合であり、このように不利となる場合にそなえて聴聞の手続ももうけられているからである。争訟取消は、当事者が取消を求めているのに対し、職権取消は、逆の場合が問題となるという利益状況の差異をよく示すものであって、相手方に不利なことができないとあっては、職権取消の意味が失われるのである。

(h)　取消期間　この点にも両者の間に制度上明確な差異がみとめられる。

争訟取消にあっては、争訟手続上に争訟期間が法定されている（行訴一四条、行審一四条、四五条、五三条等）。争訟期間は、もちろん争訟提起期間であって、法定期間内に争訟が提起されたところで、争訟手続の遅延によって争訟取消の時期が相当長期の後に及ぶことがあることは、とくに訴訟についてよくみられる。しかしながら、争訟係属中であるかぎり、法律関係が不確定であることは関係者の予測しうるところであって、期間が法定されていることは、法律関係の早期確定や法律生活の安定に役立っているわけである。この争訟期間が経過すると、行政行為には不可争性ないし形式的確定力が生じ、以後、争訟取消が排除される。争訟取消は、抽象的な違法性を理由として回顧的に取消御破算にするものであり、その際、違法であるかぎりは、反対利害関係者の信頼保護や法的安定性を考慮に入れずに取消されてしまうこととなる。そこに利益衡量を持ち込む余地はみとめられていない。その代わりに、争訟期間を限定することによって、法的安定や関係者の信頼の保護との調整を図っているわけである。期間の前後による一律的処理という独特の利害調整の仕組みだといえよう。

これに対して、職権取消においては、特段の期限は定められていない。したがって、前述のとおり、職権取消においては争訟取消におけるように期限の前後などの手続上の差異によって無効と取消とを区別することはできない。諸利益の比較衡量によって取消の可否が決せられる反面、期限の定めはおかれていないわけであって、無期限にいつまでも取消しうることを特色とする。これに対しては、①取消権限をあまりにも長期間使用しないため、②もはや取消権限は行使されないとの信頼を生ぜしめ、③この信頼にもとづく資本・労力の投下がなされた結果、④今となって取り消すことが不相当な打撃をもたらす、との四条件がそろったときには、いわゆる失権の法理によって職権取消をすることができなくなるとする学説が外国には存在しているが、わが国では判例上採用されていない。また、西ドイツにおいて、双面的効果をもつ行政行為について争訟期間と同じ期間の制限に服せしめる学説があり、さらに、フランスにおいて、後述のとおり、争訟取消と職権取消を同視する立場を徹底して、後者についても争訟期間の制限に服せしめるのが判例・学説である。しかし、わが国では、期間の経過は、職権取消をめぐる利益の比較衡量における要素として考慮されるにとどまる。

(i)　取消の効果　　二点に両者の差異がみられる。

まず第一に、いわゆる撤回と区別して取消の効果が遡及効であるとされることがある。しかし、職権取消に関しては、相手方に責任があるとき、あるいは、とくに必要なときをのぞいては、相手方の不利益には遡及しないというべきであろう。

つぎに第二は、取消の第三者に対する効果については、職権取消においては第三者効ないし対世効がみとめられるべきであろう。しかし、争訟取消においては争いがある。行政事件訴訟法三二条一項は、取消判決が第三者に対しても効力を有すると明記しているために、文字通りに第三者効をみとめているかのごとくにみえる。しかし、他方、同法二二条が「訴訟の結果により権利を害される第三者」の訴訟参加をみとめ、また、同法三四条が「処分又は判決を取り消す判決により権利を害された第三者」の再審の訴えをみとめていることなどをあわせ考えるとともに、争訟取消が権利救済制度であるとの基本的前提に立って考えると、有名な健康保険医療費の職権告示に関する東京地裁昭和四〇年四月二二日決定（行裁例集一六巻四号七〇八頁）のいうとおり、一般的には相対効説が正しいように思われる。すなわち、行政事件訴訟法三二条一項にいう第三者とは、同法二二条、三四条の示唆するように、原告と利害相反するところの第三者であり、原告の権利救済の必要上、取消判決の効果が及ばざるをえないものである。このように、権利救済制度であることにより、原告の権利救済に必要なかぎりにおいてみとめられているにすぎないものとすれば、たとえば、不特定多数の相手方をもつ一般処分などにおいて原告と利害を同じくする立場になるものが他に多数いるときなどには、取消判決の効果はこのような第三者には及ばないことになる。

このようにして、取消判決について相対効説をとることとすると、この点でも、職権取消との間に差異がみとめられる。そればかりでなく、争訟取消の結果を争訟当事者以外の第三者にも画一的に及ぼすためには、このための職権取消を必要とすることとなり、争訟取消にもとづく職権取消の存在がみられることになる。

(4)　以上のように、職権取消と争訟取消とは、その典型的場合について、明確に区別することができる。しかし、なおつぎの諸点に問題が残されている。

(a)　双面的効果をもつ行政行為、第三者効をもつ行政行為など、複数当事者間において利害が相反するもの、すなわち、ある者に対する関係での利益が同時に他の者に対する関係での不利益を構成している場合については、いかに考えるべきであろうか。ひとつの考え方としては、争訟取消は争訟取消とし、職権取消は職権取消として、すでにのべたところに従って、それぞれに処理するやり方である。すなわち、一方において、争訟期間内に争訟提起のあるかぎり、反対の利害関係者の利害にかかわりなく、違法の有無によって争訟取消の可否の判断をする。他方において、諸利益の比較衡量にもとづいて、しかし、期間の経過にかかわりなく、行政庁としては職権取消を行なう。それぞれ制度の趣旨目的を異にし、次元を異にするゆえに、別個に取り扱うわけである。他のひとつは、これに対して、両者を関連づけるものである。とはいっても、憲法上の要請に基礎をおく訴訟取消をふくむ争訟取消のほうに手をつけることは困難であるから、職権取消について、これらの行為が不利益処分の一面をもつ点に着目して、争訟期間内にあるかぎり、職権によっても自由に取消をみとめる反面、その後については職権取消を排除し、または強く制限することなどが考えられる。今後の検討課題といえよう。

(b)　不利益処分についての職権取消には問題がないとはいえ、形式的な侵害留保説をとって、不利益処分の取消は権利利益を侵害しないゆえに法律の根拠を必要としないとしないかぎり、やはり利益処分の取消同様にその法根拠は問題となりうるであろう。さらに進んで、先にもふれた不利益処分の職権による取消義務の問題については、西ドイツでは議論がみられるが（拙著・前掲書二〇四頁参照）、わが国ではあまり議論がみられないようである。ただし、貸倒れ債権にかかる租税の不当利得返還請求事件に関する最高裁昭和四九年三月八日判決（民集二八巻二号一八六頁）が、「貸倒れの存否及び数額についてまず課税庁が判断し、その債権確定時の属する年度における実所得が貸倒れにより回収不能となった額だけ存在しなかったものとして改めて課税所得及び税額を算定し、それに応じて先の課税処分の全部又は一部を取り消したうえ、既に徴税後であればその部分の税額相当額を納税者に返還するという措置をとることが最も事理に即した是正の方法というべく（前記昭和三七年法律第四四号による改正後の所得税法一〇条の六、二七条の二参照）、課税庁としては、貸倒れの事実が判明した以上、かかる是正措置をとるべきことが法律上期待され、かつ、要請されている」ものとし、さらに、「貸倒れの発生とその数額が格別の認定判断をまつまでもなく客観的に明白で、課税庁に前記の認定判断権を留保する合理的必要性が認められないような場合」には、「課税庁による是正措置がなくても、課税庁又は国は、納税者に対し、その貸倒れにかかる金額の限度においてもはや当該課税処分の効力を主張することができないものとなり、したがって、右課税処分に基づいて租税を徴収しえないことはもちろん、既に徴収したものは、法律上の原因を欠く利得としてこれを納税者に返還すべきものと解する」として、取消等の是正措置をとることが「法律上期待され、かつ、要請されている」としている。また、申請を前提とする行政行為について、再申請に対する再処分義務に関するものであり、実質的意味における取消にかかわるものであるものの、事情の変更がなく同一事情のもとにおいて、しかも、第一次申請に対する原処分が争訟手続をつくし、もしくは、争訟期間が経過するなどによって形式的に確定しているにもかかわらず、再判断・再処分の義務を肯定するものがある（東京地判昭和四九年一〇月二九日行裁例集二五巻一〇号一三一八頁。東京高判昭和五六年一〇月二八日判例時報一〇三四号七八頁。なお、再申請にかかる不作為の違法を確認するものには、岐阜地判昭和五五年一一月五日判例時報一〇〇七号五〇頁、東京地判昭和五六年七月一六日行裁例集三二巻七号一〇八二頁がある）。したがって、この種の判例を手がかりとして、今後の検討が期待される。

三　職権取消の法根拠をめぐる諸説の検討

(1)　フランス型とオーストリー型　法根拠をめぐる諸説を検討する前に、職権取消の特色を類型的に整理しておくことが、議論を進めるうえで便利であろう。

職権取消の特色は、本稿では争訟取消との比較において論じてきた。そこで、この見地から、類型化を試みることとすれば、一方の極端において、職権取消と争訟取消とを同視する見解がありうることとともに、他方の極端において、両者の差異を強調することによって、争訟取消に対する関係での職権取消の独自性をみとめる見解がありうることになる。前者の見解は、フランスにおいてみられるものであり、後者の見解は、オーストリーにおいてみられるものである（拙著・前掲書九八頁以下、一一〇頁以下参照）。前者のフランス型によれば、職権取消もまた争訟取消同様に、適法性の原理にもとづいて違法行為を回顧的に取消御破算にするものであるにすぎない。原処分が違法であることで十分であって、あらためて職権取消のための法根拠は問題とならない。争訟取消同様に、適法性の原理の回復・実現のためのものであるからである。しかしながら、その反面において、争訟取消同様の期間の制限に服せしめるとともに、争訟期間内に争訟の提起があるときには争訟係属中の職権取消をみとめるなど、職権取消はあくまで争訟取消の代用品ないし補助品にすぎないとされるのである。これに対して、後者のオーストリー型においては、ひとつにはオーストリーに特徴的な法治主義の観念と、もうひとつには、諸学説必ずしも同一ではないものの、行政行為の確定力の観念とが合体して、職権取消についても、そのための法律の根拠が必要であり、かつ、職権取消が可能とされる範囲が制限的である。との考え方がみられる。この考え方は、すでに一九二五年の一般行政手続法六八条に結実している。

これら二つの両極端の間にあって、西ドイツの学説・判例は、その中間にあるということができる。その詳細については、拙著・前掲書にゆずることとしたいが、大きな傾向としては、フランス型に近い考え方、オーストリー型に近い考え方、さらに、これらの中間説の三つの流れに区別することができる。物事を単純化していえば、第一説は、法律による行政の原理によって違法処分の職権取消の原則を当然とするものであるのに対して、第二説は、法律による行政の原理からは何ら職権取消の原則は導かれないものとして、これを排除する。第三説は、負担的行政行為をもふくめて一般的には職権取消の原則は承認しつつ、授益的行政行為については大幅にこれを制限する、すなわち、具体的な諸利益の比較衡量によらしめ、その際、信頼保護や法的安定に相当の比重を与えている、ということができる。一九七六年の連邦行政手続法四八条は、おおむね、この第三説の主張を法典の中にとりいれている。法典化それ自体オーストリー型に一歩近づいたといえないこともないが、他方において、同条四項は、職権取消の権限行使を行政庁が取消事由を知りたるときより一年以内の期限に服せしめているため、フランス型の特色を部分的にとりいれている。しかし、いずれにせよ、立法によって問題の解決を図ったわけであって、わが国とは、事情を異にすることとなった。

(2)　原処分根拠規定説　　職権取消に関するわが国の裁判例は乏しい。また、後述のように職権取消と撤回とは必ずしも常に明確に区別できるわけではないため、ここでは撤回に関するものをもときにはふくめて、判例を引用することとする。

この関係で重要な近年の判例は、スモン訴訟に関する諸判決である。けだし、問題となった当時の薬事法の規定には不備があり、許可・承認の取消・撤回をはじめとする各種の医薬品の安定性確保のためにとるべき行政措置についての規定がもうけられていなかった。これら明文の規定を欠くにもかかわらず、国の不作為による不法行為責任を肯定するためには、作為義務違反をみとめる前提として明文の規定にはもとづかない権限の存在を何らかの手段を講じて導き出す必要があったわけである。しかし、①金沢地裁昭和五三年三月一日判決（判例時報八七九号二六頁）、②東京地裁昭和五三年八月三日判決（判例時報八九九号四八頁）、③福岡地裁昭和五三年一一月一四日判決（判例時報九一〇号三三頁）、④広島地裁昭和五四年二月二二日判決（判例時報九二〇号一九頁）、⑤札幌地裁昭和五四年五月一〇日判決（判例時報九五〇号五三頁）、⑥京都地裁昭和五四年七月二日判決（判例時報九五〇号八七頁）、⑦静岡地裁昭和五四年七月一九日判決（判例時報九五〇号一九九頁）、⑧大阪地裁昭和五四年七月三一日判決（判例時報九五〇号二四一頁）、⑨前橋地裁昭和五四年八月二一日判決（判例時報九五〇号三〇五頁）の九判決は、いずれも国の責任を肯定しつつ、行政上の権限の法的根拠について明確にのべるものは少ない。

この点について、原処分根拠規定をもって職権取消の根拠規定とするものに、③福岡判決、⑥京都判決、⑧大阪判決がある。③は、「医薬品がそもそも国民の生命・健康の保全に貢献していること、即ち有効、かつ、安全であることを存在理由としている以上、被告国の医薬品製造等の許可は、右の存在理由を内在的な条件にしているとさえ解されるものであるから、当該医薬品の安全性に疑惑がもたらされた場合、許可権者たる厚生大臣は安全性確保の見地から、適切、かつ、迅速な行政措置を講じ（これこそ自由裁量行為に属するものとして、あらゆる要素を考慮してなされねばならない）、それでも安全性の確保を積極的に認定できないときは旧薬事法二六条三項を根拠に当該医薬品につき付与した許可を撤回することができるし、それをしなければならないと解される」とし、また、⑥は、「当裁判所は被告国は医薬品の公定書収載の決定、毒劇薬の指定、公定書外薬品の製造輸入等の許可承認の権限を適正に行使し以て医薬品の有効性と安全性を確保すべきであるといったが旧現薬事法が厚生大臣に与えている権限責任はこれのみに尽きるものではなく、その延長としてこれらの権限が行使され一旦公定書への収載、毒劇薬の指定、公定書非収載品の製造輸入の許可承認がなされた後に於ても医薬品就中化学薬品はその性質上未知の分野が多く、学問上の知見、各種の実験、臨床例は蓄積され研究は進み、又進まねばならぬものであるから常に追跡調査を行い、一旦なされた各種決定がその後不適当と判ればいつでもこれを取消し変更する権限を含んでいる」とし、さらに、⑧は、「製造（輸入）承認の審査にあたっては、医薬品の安全性確保の目的にしたがい、有効性と安全性との比較衡量のうえ適切に有効性を判定すべく、又それは専門的技術的判断を要する自由裁量処分であることから明文による何らの制限を加えることなしにそれぞれの事情に応じた審査を可能にしているものと考えられる。ましてこのように製造（輸入）承認が自由裁量処分であれば、その後において当該医薬品の有用性に疑問が生じた場合、明文がなくても厚生大臣の自由裁量により製造承認の取消（撤回）をなすことも可能であると解される」とする。なお、後述の独特の論理を背景とするものであるが、②東京判決も「医薬品の品目ごとの承認が自由裁量処分であってみれば、承認後における当該医薬品の有効性と安全性とのバランスの変動からその有用性が否定される場合に行なわれる承認の取消（講学上いわゆる撤回）もまた、自由裁量処分たることを当然とするのであり、取消権を行使するか否かの決定も厚生大臣の自由裁量に委ねられるのを本則とする」としている。

⑧の大阪判決にいたっては、原処分が自由裁量行為であれば、その取消・撤回もまた自由裁量行為であるとするものであって、古い時代のドイツの学説を想起させるものがある。また、法的根拠については必ずしも明確とはいいがたい。しかし、いずれにせよ、これらの判決は原処分根拠規定から出発して、そこから取消（撤回）権限を導き出しているものであって、この原処分根拠規定説については、つぎの三点を指摘することができる。

まず第一に、原処分根拠規定法は、決して抽象的な適法性の要請を根拠として回顧的な取消をしようとするものではなく、あくまで実質的な必要性にその基礎をおいているものであるということができる。それは医薬品規制制度の全体の趣旨目的ないし性格から出発して議論をしている点、さらに、利益の比較衡量を強調している点によくあらわれている。したがって、法治主義の形式的要請などを理由として、原処分の授権とは別個の授権を取消・撤回に要求しない学説の大勢（芝池「職権取消と撤回」演習行政法（上）二七三頁以下、二七四頁）とは、結論においては一致するものの、理由づけにおいては異なる面があるというべきであろう。

第二に、取消・撤回が孤立して他から切り離されて取り扱われているのではなく、医薬品の安全性確保という共通の目的のための数ある行政的諸手段の一環として、それらとあわせて論ぜられていることである。これまた第一にのべるところと同様、職権取消が、形式的抽象的な違法を理由とする回顧的な取消御破算でなく、具体的な公益目的のための行政的監督・介入の一手段であることを示している。医薬品規制というひとつの制度の一内容であり、また、このための行政過程のひとこまを形成するものであるといってもよいであろう。

第三に、原処分根拠規定という原処分への授権が、いったん処分がなされた後に、いかなる意味をもつか、なかんずく必ずしも常にストレートな形でその内容がそのまま実現するものではないのではなかろうか、の問題にとって参考となるものに、行政上の強制執行ないし行政行為の執行力の法的根拠をめぐる議論がある（広岡・行政上の強制執行の研究三六七頁以下参照）。そこにおいては、大きな流れとして、原処分の授権をもって強制の授権たりうるとする一般行政強制の原則から、原処分の授権とは別個の強制に独自の授権を必要とするという考えへの変化がみられる。ところで、この流れの中には、下命による義務づけをそのままの形で実現するのか、それとも強制の中に下命による義務づけ以上の、または、以外の異なる形の自由の制限をふくむのかによって、新たな授権の要否を決する中間説が存在したことは周知のとおりである。しかしながら、この中間説によったとしても、執行罰においては、義務不履行に由来するものの、原処分が内容としていない新たな義務づけであるし、代執行においては、費用の徴収という新たな義務づけを内容とするほか、代執行に際して行政官吏や第三者の立入等の受忍を強いられる。また、直接強制においては、反対する意思を抑圧し、したがって、人身の自由の侵害をともなうなど、原処分によるもの以上の自由・財産の侵害が加わる。さらに、公法上の金銭徴収においても、執行官吏が執行をいかに行なうかについて、すなわち、債務者のいかなる財産に対して、いかなる具体的態様において執行をなすべきかについて、新たな独自の判断を行なう余地がある。したがって、いずれの強制執行においても、義務づけの過程とは別に、いかなる態様・方法によって義務内容の実現を図るかのいかんにより、さまざまに生じうる局面ごとに私人の利害との衝突が生じうること、すなわち、執行に独自の行政過程が存在しうること、それゆえにこそ行政過程そのものを法の拘束のもとにおかなくてはならないことを示しているのである。今日の通説・判例は、強制について原処分の授権とは別個の独自の法根拠を要求しているがゆえに、強制執行に固有の行政過程の存在を承認しているものということができる。

執行過程の独自性の承認は、行政処分が法的判断行為であるのに対して、強制執行が事実上の次元における義務づけ内容の実現であるところから、比較的にみとめられやすいものであった。その際、民事判決と民事執行の関係とのアナロギーないし対比から、行政処分に執行力をみとめることについては、行政庁の認定判断に事実上の最終的決定権すなわち事実上の次元にいたる強制執行に踏み切る力を与えることに対して疑念がのべられることがある。人の身体や財産に対する実力の行使を内容とする強制が、一般の権利自由の制限とは異なった、場合によっては事実上回復困難な一段とより強度な権利自由の侵害をもたらすものとしてとらえられている。

ところで、職権取消と強制執行とは、原処分の授権が、いったん処分がなされた後に、その事後的措置にとっていかなる意味をもちうるかが問題とされている点で共通点がある。もちろん、職権取消が原処分の違法性を前提としてその是正を図るものであるのに対して、強制執行は原処分の適法性を前提としてその内容の実現を図ろうとするものであって、目指す方向はまさしく逆である。前者は過去に向かう回顧的なものであり、後者は将来に向かう展望的なものである。また、前者における違法状態は行政庁の処分自体によってもたらされたものであるのに対して、後者におけるそれは法令や処分による義務づけを履行しない私人の行為によって生じている。前者は、あやまちを正して元に還るのに対して、後者はさらに一歩前進を重ねるものであって、たとえていえば、前者はプラス一にマイナス一を加えてゼロに帰するのに対して、後者においてはプラス一にプラス一を加えてプラス二となるようなものである。両者の差異は決定的であるかのごとくにみえる。

しかしながら、職権取消が、争訟取消とは異なり、行政的監督・介入の一手段としての性格をあわせもつものであり、単純に抽象的違法性を理由とする回顧的な取消御破算と同視することはできないとする立場に立つときには、職権取消と強制執行との右にのべる差異はいささか強調されすぎのきらいがあって、これを文字通りに受け取ることはできないであろう。むしろ、両者の共通性がみとめられるのである。まず第一に、上記の執行過程にみとめられる原処分過程とは区別された行政過程の独自性は、職権取消においてもまたみとめられるといわなくてはならない。理由の第一は、授益的処分の職権取消にあっては、利害衝突の局面が存在することである。理由の第二は、職権取消が数ある事態是正のための手段の一つであり、改善勧告・命令、停止命令など、他の諸手段とあわせて用いられうることである。強制執行にあって、執行要件に公益上の必要が加えられることによって（例、行政代執行法二条）、義務づけの機械的実現にとどまらない独自の段階であることが示唆されているが、これまた具体的違法事由の内容にかかわる公益上の要請を理由とする職権取消と共通性を示している。ついで第二に、執行段階に踏切ることがもつ権利自由の侵害の程度の深刻さの問題は、職権取消においても同様にみとめられるのである。営業関係であれ、建築その他の土地利用関係であれ、または社会保険関係であれ、授益的処分の取消は、生業、生活、生存の基盤を奪う結果をもたらすことが少なくない。執行的行為の実現の過程における部分的局面にみられる実力行使の荒々しさはたしかにそれ自体として過酷な印象を与える。しかし、形成的行為によって作り上げられた法律関係をくつがえすことはそれに劣らず私人の生活に深刻な影響を及ぼすものというべきであろう。人はあるいは違法処分にもとづく既得の地位を重視すべきではないと考えるかもしれない。しかし、そこには重大な誤解が存在している。たとえば、上記②の東京判決は「承認を取り消すべきものとした厚生大臣の判断に誤りがないかぎり（中略）、承認の取消あるいはその分量的な一部としての製造・販売の停止は、必ずしも業者にとって不利益とは限らないこと（中略）が、まず認識されなければならない」としているが、ここに明らかにみられるとおり、判断に誤りがないことが前提とされている。しかし、その判断に誤りがないことの保障は存在していないことは、強制執行に踏み切る場合と同断である。職権取消の前提となる違法性に関する行政庁の判断があやまる可能性はいくらでもある。この点においても、職権取消は、争訟取消なかんずく訴訟取消とは全く異質といわなくてはならない。職権取消は行政庁の処分であり、通常の行政処分と同じであって、それ自体が違法となる可能性が十分にあるのである。しかも、最高裁昭和三〇年一二月二六日判決（民集九巻一四号二〇七〇頁）によれば、訴願裁決という不可変更力のあることが自明である行政処分を違法に取り消したときでさえ、いわゆる公定力が働くというのであるから、私人はこれに対して争訟を提起し、執行の停止を求めないかぎり救われないのである。したがって、職権取消を争訟取消と同視し、あたかも前者が後者と全く同様の意味において適法性の原理ないし法治主義の要請に応えるものであるかのごとくにいう説は物の一面にのみとらわれた考えといわなくてはならないであろう。

このようにして、原処分過程と区別されるべき行政過程の独自性、権利利益侵害の程度ならびに行政庁の認定判断の信頼性の諸点において、強制執行におけるとほぼ同様の事情がみとめられる。そうだとすれば、強制執行においてかつての原処分の授権をもって十分であるとする考え方が、その後克服されるにいたったことにかんがみると、職権取消における原処分根拠規定説もまた批判をまぬがれないことになるのである。

(3)　類推適用説　原処分根拠規定説は、学説の多数のとるところでありながら、判例は単純に原処分根拠規定のみを援用すれば足りるとするのではなく、個々具体的な規制制度の趣旨目的、諸利益の比較衡量などを加味したうえで、結論としては、これを採用する場合もあるというのが実情のように思われる。これは、判例においては職権取消と争訟取消の差異が明瞭に意識されているためであろうと思われる。判例はそれだけに苦労をしているわけである。

　このようにして、職権取消が、行政的監督・介入の一手段として、個別具体的な行政規制制度の中にその一環として組み込まれるものとすれば、職権取消の実定法上の根拠として考えられるもうひとつのものは、いわゆる撤回に関する規定である。撤回もまた規制制度の一環に組み込まれ、実定法上、ほとんどすべての規制法等にあって撤回の規定がもうけられているばかりか、わが国の実定制度はその規定の仕方において、取消・撤回を区別しないで、同一条項中に一括して規定することが少なくないのである。たとえば、現行薬事法七四条の二および七五条には、承認ならびに許可の取消等の根拠・要件が明記されるにいたったが、それぞれの第一項には、承認拒否事由のいずれかに「該当するに至ったとき」、また、薬局・医薬品一般販売の不許可事由の一部、製造業・輸入販売業の不許可事由の一部、薬種商販売等、配置販売等の不許可事由の一部に「該当するに至ったとき」を許可の取消事由としている。この「該当するに至ったとき」という要件の定め方はよくみられるものであるが、これをいかに理解するか、すなわち、いかなる時点において該当するにいたったものをさしているのかは必ずしも明らかではない。というのは、この点を明確にしている立法例が稀だからである。たとえば、証券投資信託法二二条一項は、その一号において「第七条第二項第一号から第三号までの一に該当することとなったとき」を免許取消事由とするとともに、その二号において「免許当時第七条第二項第一号から第三号までの一に該当していたことを発見したとき」をも免許取消事由としている。したがって、この場合には、講学上にいう撤回事由と取消事由とが立法上明確に区別された形で規定されている。第一号における「該当することとなったとき」とは、処分後の時点における不免許事由該当をさしていることは明白であろう。しかしながら、この第二号の規定に相当するものを欠くのが通例であり、その場合に、ただ単に「該当するに至ったとき」とある規定を、右の証券投資信託法のような規定例のあることを理由として、処分後の事後的な該当に限定して解釈すべきか、それとも逆に、特に区別した規定がないことを理由として、処分時該当の事後的発見を必ずしも排斥するものとせず、これをもふくめて、処分時の前後をとわず、該当することをさすものとして解釈すべきか、が問題である。理論的には、これら二つの解釈ともに成立しうるものの、立法者意思はおそらく後説に立って立法しているのではないかと推測される。すなわち、処分要件事由のうち重要なものを同時に処分存続要件事由とすることを明らかにしているのであって、処分存続を適当としない事態の発生の時点が処分の前後いずれであるかによって決定的な差異をもうけていないと思われるのである。もちろん、この前後によって峻別する考え方はありうる。けだし、いったん行政庁の判断の対象となった以上は、相手方が不正手段を利用した場合などを別として、行政庁自らの判断のあやまちを理由として無暗にその判断をくつがえすべきではないとする考えが十分に成り立ちうるからである。たとえば、取消ではないものの、改修等の命令について、消防法五条但書は、「但し、建築物その他の工作物で、それが他の法令により建築、増築、改築又は移築の許可又は認可を受け、その後事情の変更していないものについては、この限りでない」としているところにその考えの一端がうかがわれる。しかも、ここでは「火災の予防上必要があると認める場合」のみならず、「火災が発生したならば、人命に危険であると認める場合」においてさえ改修等の命令が出せないというのであるから、許認可の存在にきわめて重要な意味を与えているといわなくてはならない。しかし、この場合は、「他の法令」にもとづく許認可にかぎられている（他法令所管の行政庁との間のセクショナリズムの問題も関係しているとみる余地がある）ほか、人命に危険がある場合にまで、このような制限をもうける立法例が妥当かどうかには疑問が感ぜられる。したがって、このような割切った考えをとらないかぎり、一般にみられる「該当するにいたったとき」との用語例は、該当の時期のいかんにあまり重要性を与えていないもの、少なくとも、処分時の該当をことさら積極的に排除する趣旨のものと解する必要はないものと理解すべきであろうと思われる。

　かりに右のような理解が正しいとすれば、わが国の実定制度の多くは、狭義の職権取消と撤回とを区別せずに、両者あわせて広義の職権取消としてこれを一括して、その根拠と要件をもうけているということになる。このように、狭義の職権取消と撤回の区別が困難であることは、わが国の実定制度上、つぎの点にもあらわれている。それは広義の職権取消についてまとめて一本の根拠・要件規定をもうけている場合に、同時に、その効果内容として、取消・撤回以外に、営業、業務等の停止などを定めることが通例であることである。したがって、処分当時すでに取消事由が存在し、それが事後的に発見された場合にとりうる手段として、取消のほかに、停止等の行政的手段が存在している。周知の比例原則からいっても、取消以外のよりおだやかな手段がとられるべきものとされるのが通例であろう。そうだとすると、このような他のよりおだやかな行政手段がとられた後に、いわば最後の手段としてなされる許認可、免許等の取消は、一体、講学上の取消にあたるのであろうか、撤回にあたるのであろうか。たとえば、航空法四八条但書は、許可取消のある場合については、相当の期間を定めて計画・基準に適合すべき旨の命令を発し、その命令に従わなかった場合にかぎって取消をみとめることとしている。このようなタイプの場合に、法令上要請される計画・基準等に適合しないこと自体を理由とするものと考えれば取消となるが、適合命令に対する不服従を理由とするものと考えれば撤回となる。たとえば、特定の行政目的のために物的設備基準をみたさなければならないという単純な例を考えても、この基準を充足させる手段は多様である。これを許可要件事由とすることは一つの有力な事前チェックの手段であるが、それが唯一ではない。不適合状態を事後的に発見して、改善命令を出すもよし、法令上の義務違反として刑事制裁を科し、または刑事制裁を背景として行政指導するもよし、また、改善勧告や改善命令違反に対して業務停止命令を出し、さらに、それに対する不服従を前提として、最後の手段としての取消・撤回があってもよい。これらの行政的諸手段、刑事制裁等が組み合わせられ、全体として一個の過程を形成するのが通常の姿であろう。この中において、取消が撤回かを区別することは困難である場合が少なくない。それは見方によってどちらともとりうる場合があるからである。

それればかりではない。右の航空法四八条の場合、実は、許可取消に先立つ計画等の適合命令義務が定められている場合の要件の多くは事後的事情である。けだし、同条中に事前の適合命令義務の存する場合とされている二号ないし五号の要件のうち、最後の五号が時間的先後関係不明の「基準に適合しなくなったとき」とあるのをのぞいて、四号が「管理」を問題とするほか、二号、三号が「完成検査」の結果、計画不適合がみとめられることが要件とされているのである。そうだとすれば、何の問題の余地なく、撤回が定められているにすぎないではないかということになりそうである。しかし、問題は、許可にひきつづいて完成検査という段階がもうけられている点にある。すなわち、飛行場という物的設備を作り、かつ、利用に供するという行為を事前にチェックするものとして、許可と完成検査という二段階のチェックシステムが用意されている。第一段階の許可は、いわばペーパープランのテストであって、申請書類上の「位置、構造等の設置の計画」が法令上の基準をみたしているかどうかなどがテストされる。第二段階の完成検査は、いわば現物の検査であって、施設工事完成後、使用開始前に、完成された「当該施設」そのものが、申請書記載の設置の計画に適合しているかどうかが検査され、この検査にパスしないとき、第一段階の許可の取消という仕組みがとられている。したがって、ここでは二段階チェックシステムがとられ、ペーパープラン・テストを内容とする許可を現物についてフォローする完成検査の段階が事後的にもうけられているために、許可の職権取消はいわゆる撤回となっている。しかしながら、このような二段階のチェックシステムがとられず、一般の営業許可制におけるように（例、公衆浴場法二条二項、旅館業法三条二項）、単純な一段階のチェックシステムのもとにおいては、事後的フォローの検査を欠く反面、許可は単なるペーパープランのテストではなく、申請にかかる構造設備などが法令上の要件をみたしているかどうかが判断される。したがって、その不適合が事後的に発見されたときになされる職権取消は撤回と区別された狭義の職権取消となる。

このようにして、事前チェックシステムのいかんによって取消か撤回かは左右されることになる。先にのべた事後的コントロールシステムの運用の仕方ならびにそれに対する物の見方のいかんによって取消か撤回かが左右されることとあわせて考えると、個別具体的な規制制度においては、事前チェックシステムと事後的コントロールシステムが組み合わせられ、その中において、狭義の職権取消と撤回とをあわせた広義の職権取消が他の行政的諸手段とともにひとつの行政過程を構成していることがわかるであろう。取消と撤回とを区別することが議論の混乱を防ぎ、意味のある局面が存在することを毛頭否定するものではないが、しかしながら、それと比較して格段と意義ある区別は争訟取消と職権取消のそれであることはすでに明らかであろう。さらに加えて、職権取消がひとつの行政過程の全体の中において、事前チェック、事後的コントロールのシステムの中にいかに組み込まれているかを、それぞれの実定制度に即して明らかにし、かつ、これらを相互に比較検討することによって実定制度それぞれの構造を明らかにすることが最も有益な作業といわなくてはならない。このような見地からすると、類推適用説は、「類推適用」それ自体としては行政権限を根拠づけるものとして、異常な感じを与えるものの、わが国の実定制度における職権取消に即してみると、必ずしも実定制度を大きく、超えるものということはできない。むしろ、取消といい撤回といっても、行政的監督・介入の諸手段のひとつとして規制制度の中に組み込まれていることをよく示すものといってよいのである。

(4)　条理説　　処分根拠規定説、撤回規定の類推適用説のように、個別の実定法規上の根拠をかかげる説以外の説をここでは条理説とよんでおく。法の一般原則や条理が重要な法源の一つであることは、法の各分野において一般にみとめられている。しばしば引かれる明治八年太政官布告一〇三号裁判事務心得三条が示すように、成文法規がないゆえをもって、裁判を拒否することはできないから、成文法規のないときは慣習により、さらに、慣習のないときは条理によるのほかないわけである。しかし、行政法の分野、なかんずく処分権限の根拠に関しては、慣習や条理をその根拠とすることに対しては、法律による行政の原理からして、強い疑問、批判が存在する。しかしながら、にもかかわらず、こと職権取消に関するかぎりは、条理をもって足りるとし、あるいは、特にその実定法規上の根拠を問題とせず、もしくは、理由をのべることなくこれを当然とするものが少なくない。ときとして、この法根拠を問題とすること自体非難の的となることを覚悟しなければならない。先に引いたスモン訴訟の諸判決のうち②の東京判決（前掲三三〇頁）が「矛盾の甚しいもの」とし、③の福岡判決（前掲一三一頁）が「木を見て森を見ず、とのそしりさえ受けかねない」とし、⑦の静岡判決（前掲二三四頁）が「本末転倒の誹りを免れない」とするのがその例である。これらは規定整備が要請されていたのに、規定不備を理由として責任逃れをするのは、との枕言葉つきであったが、条理上の権限の存在を明言する近時の判決が存在するので、紹介することとしよう。

これまた薬害に関するクロロキン訴訟第一審判決（東京地判昭和五七年二月一日判例時報一〇四四号一九頁以下、二四三頁）は、「薬局方収載時又は製造承認時に知られていなかった副作用が後日判明した場合、明文の規定はないけれども、条理上、厚生大臣には次のような権限はあると解される。すなわち、厚生大臣は、その副作用を知った時に（中略）、改めてその副作用の重篤度、発生ひん度等を加味したうえで当該医薬品の有用性を再評価し、その有用性が否定される場合には、これを日本薬局方（中略）から削除し、又は製造承認の全部もしくは一部（例えば、ある適応性に関してのみ）を撤回する権限を有し、また、副作用の存在にもかかわらずなお有用性を否定し得ない場合には、製造業者等に対し消費者に向けて当該副作用の適正な警告措置を執るよう命ずる権限を有するものと解すべきである」としている。

右にいう撤回権限は、医薬品が元来有していた副作用が後日判明した場合にかかわるから、スモン事件の場合もそうであるが、上記の行政過程論的見方を抜きにしても、取消であるか撤回であるかは見方によって異なりうるものであって、その趣旨とするところは広義の職権取消の権限をさすといってよいように思われる。副作用は当初から存在しており、ただ、その顕在化と発見が事後的なものにすぎないからである。これに対して、原処分後の非行に対する制裁としての原処分の撤回について、明文の法根拠を不要とするものに有名な菊田医師事件に関する仙台地裁昭和五七年三月三〇日判決（行裁例集三三巻三号六九二頁）がある。同判決は「一般に、行政処分は、公益を目的とするものであるから、事情の変遷に即応し、その結果が常に公益に適合することが要請され、行政処分がいったん適法有効になされた後において事情が変遷し、それを存続せしめることが公益に適合しないことになった場合には、これを公益に適合せしめるため、法律による明文の規定が存すると否とにかかわらず、原則として自由に行政処分の撤回をすることができ、ただ、国民に権利又は利益を付与する授益的行政処分については、相手方の責に帰すべき事由によって撤回の必要性を生じたような場合を除き、撤回は許されないと解されている。当裁判所も右の見解を正当と考える。これを本件についてみると、指定は、適法に人工妊娠中絶を行いうる資格ないし地位を医師に付与するものであるが、それが堕胎罪の違法性阻却事由の一部を構成するものであって、極めて公益的かつ倫理的な性格を持つことに照らすと、単なる授益的な行政処分ということができず、医師会は、指定をした後に公益に合致しない事情が生じた場合には、法律による明文の根拠がなくとも、指定を撤回することができる」とする。

条理説には、右の二判決から推測されるように、個別の実定制度の全体の趣旨目的から導き出されてくるものと、一般抽象的な行政処分の性格・特色や法治主義の要請、適法性の原理などから導き出されているものとがある。スモン訴訟をはじめとする薬害関係の諸判決は前説によっている。右の菊田医師事件判決は後説により、いわば行政処分の公益適合原則を大上段に振りかざすことによって、撤回自由の原則を導き出している。さらに、同判決は、指定が裁量であるから撤回も裁量であるとする考えをのべている。このような考え方が古い時代のドイツの学説などに存在したことはたしかであるが、今日の目からみて、疑問を禁じえない。

まず、一口に撤回といっても、その中には性格の異なるものがふくまれている。そのひとつは、一般的に事情の変更とよばれているものであって、要件事実の変更と基礎となっている法令の変更によるものである。要件事実の変更は、生活保護給付の決定のように、給付請求権の基礎の欠如をもたらすことによって、ただちにその存続に影響を及ぼすこともあれば、逆に、帰化許可処分のように、およそ影響が考えられないものがあるほか、これらの中間に通常の警察許可処分のように、重要な事情の変更がその存続に影響を及ぼすものと考えられるものがあって、行政処分の種類等のいかんによって差異がみとめられる。法令の変更にあっても、一般には法の不遡及の原則により、処分の存続に影響しないものの、衛生・危険にかかわる基準のように、法令上常時基準適合義務が定められることもあるほか、経過措置とも関連して、法の遡及・不遡及のいかんのとらえ方が困難な場合があることは周知のとおりである。これら事情変更にあっては、ある事態の事後的発生か事後的発見かの関係が微妙なことがあり、また、一連の行政過程の中への組み込まれ方の如何により、狭義の職権取消と撤回との区別が困難な場合が多いことはすでにのべた。

撤回のその二は、本件で問題となっている相手方の非行などの行為に対する制裁としてのそれがある。犯罪行為などの文字通りの非行や、運転免許を得てはじめて運転ができる仕組みゆえ当然のことながら、道交法違反行為などの場合は処分そのものの原始的瑕疵にもとづいて処分存続が問題となるものではない。しかし、当該根拠法令ないし法令にもとづく処分違反というごくありふれた事例においては、物的設備面での欠陥に例をみるように、欠陥の事後的発生か事後的発見の区別が微妙なことがあり、また、原始的瑕疵を前提としつつ、これに対する事後的な是正・改善命令に違反することを理由とする職権取消にあっては、撤回ともいいうるし狭義の取消ともいいうる。これら取消と撤回とが重複しうる場合にあっては、先の原処分根拠規定説によれば、事後的ではあれ、一種の処分内在的な瑕疵によるものとして、原処分根拠規定にのっとってその是正を図ることが実定法規の要請によるものとして是認されうるであろう。しかしながら、原処分根拠規定の中にはふくまれていない新たなる事由については、いくら犯罪行為であり、非行だといっても、それに原処分の存続をかからしめるべきかどうかについて独自の判断の介在を必要とするであろう。原処分が裁量だから、その取消・撤回も処分庁の裁量だという乱暴な議論をしないかぎり、右の独自の判断を原処分庁に委ねてよいとする理屈はどこから出てくるのであろうか疑問である。しかも、比例原則からいって、一般的に取消・撤回は最後の手段であり、とりあえずはよりおだやかな行政的手段が用いられるべきである。ところが、業務停止や改善命令といったよりおだやかな行政的諸手段をとるにあたって法律の根拠を必要とすることは一般にみとめられている。だとすると、最もきびしい処分である取消・撤回について法律の根拠を必要としないことははなはだしく疑問であろう（同旨、芝池・前掲二七八頁）。代執行の前提となる代替的作為義務の有無について、改善命令など法律上の根拠にもとづく義務づけのいかんが問題とされている。たとえば、物的設備の欠陥を是正するために、局部的なメスを振うについては法律の根拠がうるさく論ぜられている反面、当該物的設備の改善を必要とする全体の営業等の許可を右の欠陥を理由として取消・撤回するにあたっては、いわば人の息の根をとめるのには法律の根拠を問題としない、というのはいかにもおかしな話ではあるまいか。

撤回には、そのほか、いわゆる撤回権の留保にもとづくものと特別の公益の要求にもとづくものとがあげられる。前者については、その要件、効果をめぐって問題があり、独立の撤回事由たりうるか疑問がある。後者にあっては、事情変更の場合のように、処分内在的なものでもなく、また、非行のように相手方の責めにもとづくものでもなく、処分外在的かつ優越的公益の要請によるものとして収用類似ゆえに補償が必要とされている。しかし、このような場合が法律の根拠によることなくみとめられるであろうか。

このようにみてくると、一般抽象的に行政処分の性格などから条理を導くやり方は疑問が感ぜられる。適法性の原理や法治主義の要請も、一般抽象的にではなく、むしろ、個別の実定制度の趣旨目的に即して物事を判断することを強いるのではあるまいか。また、法治主義の名のもとに、原処分根拠規定の要請のみを一方的に強調することはあまりにも短絡した思考ではあるまいか。信頼の保護や法律生活の安定こそ法秩序の重要部分を構成するものとして条理上その存在が確立しているものである。したがって、かりに条理説によるとしても、個別具体的な実定制度に即して、取消・撤回をめぐる多様な利害関係にもとづく相対立する諸要請に適正な衡量をなすべきことを内容とするものでなくてはならないであろう。

四　結　語

職権取消は、それ自体が行政処分ではあるが、原処分と特別のかかわりがあるため、特有の問題を生じさせている。事情が異なるものの、行政上の強制執行と似通った面をもつ。そこで、原処分根拠規定という原処分にかかわる法が、どれだけの意義をもちうるかが問題とならざるをえない。その意義は、筆者の見るところ、かつては絶対ともいえるほどのものであったが、時代を下るにつれて、しだいにその意義を総体的に低下させつつあるやにみえる。それ自体としての意義を減少させたわけでは毛頭ないものの、他の要請に対する配慮の目が行き届くようになったためであり、法の多様性や法秩序の構造の複雑さに想いが及んで、短絡的思考が徐々に排斥されつつあるためであるといえる。同時に、我田引水的ないい方をすれば、強制執行にしろ、職権取消にしろ、原処分の機械的実現や原処分の取消御破算につきない独自の行政過程の存在がしだいに人の目につきはじめたからであるといえる。行政過程論を目して、法治主義の見地から疑念をのべる誤解といわんよりは曲解もはなはだしい見解が一部に横行している。たとえば、行政過程の独自性を指摘するのは法治主義の点から危険だとするたぐいがそれである。この論法にしたがえば、王様をハダカにしたのが「王様はハダカだ」といった少年であるということになる。現代の行政過程には独自性があるゆえにこれを何とかしなくてはならないという問題を指摘することが、あたかもこれを無条件に是認するかのごとくにとられることはまことに残念である。また、行政過程論を行政行為論と異なり、実定制度に即さないものであるかのごとくにみるものがある。筆者が終始、実定制度のよりよい把握のためにこれをとってきたことは、なにも特別の弁解を必要としないであろう。

（注）　職権取消論は、筆者が研究生活に入って一番最初に取り組んだテーマであり、すでに二〇年余を経ている。しかしその間の自分の進歩のないことには自分自身驚かざるをえない。旧制徳島中学校切っての秀才とうたわれた郷

党の大先輩ともいえる田上先生の古稀記念に献呈するにはまことに恥しいかぎりであるが、初心に立ち返って研究に再出発するため、最初のテーマを選んで、ここにささげる次第である。

（田上穣治先生喜寿記念『公法の基本問題』、一九八四年）

8　行政法における法の多元的構造について

一　序　説

(1)　行政法のイメージ

行政法は、美濃部説や田中説においては、行政に関する国内公法である、との定義が与えられていた。近年においては、公法と私法の先験的な区別に対する批判的傾向から、たとえば行政に特有の法現象に関する法である[1]とされるなど、公法・私法二元論を前提としない形で、その定義が与えられることが少なくない。しかし、その限定の仕方はともかくとして、行政法が行政に関する法であることについては特に異論がないであろう。また、行政法の今日的意義は、行政に対する民主的統制の手段であるともいわれる[2]。たしかに、議会制定法による事前の立法的コントロールと、これを確保するための行政訴訟による事後の司法的コントロールの存在は、このような立論を裏づけるものといえよう。これらの定義づけは、全体としての行政法の特色をいいあらわすものとして、それぞれそれなりの有用性がみとめられる。

ところで、とりあえず行政法の全体をくくり、いわばその守備範囲を概括的に明らかにする、このような言葉は、全体を構成する部分部分まで均質的なものであるかのような錯覚を与えるおそれがないではない。しかしながら、視野を個別の法制度に限定し、部分的局面に焦点を合わせるときには、相互に異質な多様な法の存在がみとめられるのであって、むしろ、これらの法相互の関係の組合せが全体としての行政法の構造を形づくっているといえるのである。すなわち、これら構造を形成する多様な法相互の関係を個別実定法諸制度に即して明らかにするのでなければ、行政法の把握は困難であろうし、また、いわれるところの特殊性がとかく実定諸制度を超越してとなえられる危険をさけがたいのである。

⑵　法根拠、授権態様、法源論等にみる法の多元性

いわゆる法律の留保論においては、①立法事項説、②侵害留保説、③権力（行為）留保説、④社会留保説、⑤全部留保説または公行政留保説または授権原則説、⑥完全全部留保説などがとなえられている。[3] 私行政ないし私経済的作用にまで法律の根拠を要求する⑥説は一般に支持されていないようであるから、侵害留保説か、若干これを修正した③④⑤の諸説あたりが、多くの説の支持するところではないかと推測される。この法律の留保論については、つぎの諸点に留意する必要があると思われる。まず第一に、侵害留保説を若干修正する説の存在は、侵害留保説同様に、必ずしも権利制限剝奪規定、義務賦課規定、刑罰規定のようなせまい権利義務の範囲への影響にかぎられないにせよ、私人の法的地位への影響の有無を重要な基準とするものの考え方の存在をうかがわせる。ところで、私人の権利義務ないし法的地位への影響の範囲・程度の問題にとっては、私人の利害関係への影響をして権利義務その他法的地位への影響に転化せしめるための法的強制、法的制裁あるいは争訟制度など、他の法制度との関連が重要な意味をもつものであり、したがって、これらに関する法との関係をぬきにしてことを論ずることはできないというべきであろう。第二に、法律の留保外の分野においては、たまたま偶然に法の規律が存在する場合にかぎって、いわゆる法律の優先の原則により、これに反することができないとされるほかは、あたかも法外の事実上の世界として放置されているものであるかのような印象を与える。しかし、この印象は正しくない。それは、完全全部留保説以外の諸説においては留保外とされている私経済的作用にあっても、会計関

係諸法の特別法のみならず、一般法である民法の適用のもとにあることによって明らかであろう。侵害留保説によっても、やはり留保外とされるであろう行政計画、行政指導等にあって、損害の塡補など利害調整の見地からする法のもとにあることもこれを示しているといってよい。

第三に、留保内において法律の根拠を必要とする分野にあっても、法律の授権の方法・態様は多様であって、必ずしも常に直接明示の制定法規が要求されているわけではないことに注意しなければならない。この点について、若干目につく判例等を拾ってみるとつぎのようなものがある。

(a)　組織規範と作用規範の区別を前提として、前者が行政作用の根拠となることができるか、については議論があるが、これを肯定するものに最高裁昭和五五年九月二二日決定（判例時報九七七号四〇頁）がある。すなわち、「警察法二条一項が『交通の取締』を警察の責務として定めていることに照らすと、交通の安全及び交通秩序の維持などに必要な警察の諸活動は、強制力を伴わない任意手段による限り、一般的に許容されるべきものであるが、それが国民の権利、自由の干渉にわたるおそれのある事項にかかわる場合には、任意手段によるからといって無制限に許されるべきものでないことも同条二項及び警察官職務執行法一条などの趣旨にかんがみ明らかである。しかしながら、自動車の運転者は、公道において自動車を利用することを許されていることに伴う当然の負担として、合理的に必要な限度で行われる交通の取締に協力すべきものであること、その他現時における交通違反、交通事故の状況などをも考慮すると」いわゆる一斉自動車検問は、「相手方の任意の協力を求める形で行われ、自動車の利用者の自由を不当に制約することにならない方法、態様で行われる限り、適法なものと解すべきである」としている。

(b)　直接明示の制定法規ではなく、間接的に他の処分等に関する根拠規定を流用することが考えられる。かつて行政上の強制執行の法根拠として原処分根拠規定で十分であると考えられたのがその例である。この考え方は今日もはや一般のとるところではなくなっているが、職権取消に関するかぎり、今日においても同様の考え方がみられる。スモン訴訟に関する福岡地裁昭和五三年一一月一四日判決（判例時報九一〇号三三頁）、京都地裁昭和五四年七月二日判決（判例時報九五〇号八七頁）、大阪地裁昭和五四年七月三一日判決（判例時報九五〇号二四一頁）などがその例である。また、撤回に関する規定を「類推適用」することによって職権取消をすることができるとするものに東京高裁昭和五七年七月二〇日判決（行裁例集三三巻七号一六一二頁）がある。[4]

(c)　これまた直接明示の制定法規の根拠を要求しないものに東京地裁昭和四九年七月一六日判決（判例時報七五一号四七頁）がある。有名な家永教科書検定第一次訴訟第一審判決であるが、「法律による行政を標榜する法治主義といえども絶対的なものではなく、本来国民の権利や自由を保障するための近代的統治原理の一つであるから、国民の権利や自由を侵すおそれがなく、かつ、国民福祉行政上の合理的必要があるような場合には、一定限度でこれが緩和されることまで禁ずるほど限定的なものではないと解される。したがって、今日のごとく社会機構の変化に伴い急速に複雑、膨大化した行政組織のもとでは、行政の合目的ないし能率的運営の要請から一定の範囲で緩和されうるものであり、その限度は一般的には法律に委任の明文がある場合のほか法律に相当の根拠規定を有する場合に限り認められるものと解すべきである」として、学校教育法二一条一項等の「学校においては、文部大臣の検定を経た教科書用図書又は文部大臣において著作権を有する教科書図書を使用しなければならない」との規定は、文部大臣に教科書検定に関する実施権限を与えたものと解するのが相当であるとしている。

(d)　とくに撤回権限に関してであるが、これをみとめる明文の規定がないときに、これを「条理」上の権限としてみとめるものにクロロキン薬害訴訟に関する東京地裁昭和五七年二月一日判決（判例時報一〇四四号一九頁）、公益適合原則からこれを導き出すものに仙台地裁昭和五七年三月三〇日判決（行裁例集三三巻三号六九二頁）がある。

最後の条理説が示唆しているように、行政法における法源が、制定法規にかぎられることなく、「条理」その他「法の一般原則」という不文の法をふくむものであることは、他の法分野におけると同様である。勿論、平等原則、比例原則等のように憲法上の諸規定にその根拠をもとめることができるものも少なくないし、また、私法上の一般規定に表現されている私法上の原理と共通する信義則なども存在している。しかし、それらの諸原則、諸原理にあっては、制定法をまってはじめて、その内容が創設されたものというよりは、あらかじめ存在していたものを制定法が確認し、これに姿を与えたものというべきであろう。近年、信義則を理由として使用者としての国に公務員に対する安全配慮義務をみとめた最高裁昭和五〇年二月二五日判決（民集二九巻二号一四三頁）、企業誘致方針の変更と信頼保護をとりあつかった最高裁昭和五六年一月二七日判決（民集三五巻一号三五頁）など、世間の注目をひく事例が珍しくない。しかし、ひるがえってみると、総則部分を内容とする一般法典を欠くわが国の行政法にあっては、行政法総論のみならず各論においても、その大部分は直接明示の制定法規によるものではなく、判例学説の所産である法理論であって、法の一般原則によって構成されてきたのであった。むしろ、個々の制定法規は法の一般原則を構成する一要素たる地位をしめているにすぎないといっても過言ではない。のみならず、法の根拠にとってかわるものではないにせよ、行政法の分野においても、一定の範囲と程度において当事者の意思に法的効果が与えられることがある。

(1)　公行政の行う私経済的作用については、原則として、私的自治を基本原理とする私法のもとにある。財政・会計関係法令の制約をうけつつ、基本的に当事者の意思にもとづいて法律関係の形成が行われる。

(2)　都市計画関係法令においては、建築協定、緑化協定など、当事者間の協定を法規制内容にとりこみ、また、関係権利者の多数をもって市街地再開発事業を進めるなどのことが法律上にみとめられている。

(3)　法令上に根拠をもたない公害防止協定その他当事者間の協定、合意にいかなる法的効果がみとめられるべきか、そもそもその法的性格は何か、などをめぐって議論があるが、判例もある程度の法的拘束力をみとめているということができる。[5]なお、かねて公法契約論が論ぜられているが、ここでは割愛する。[6]

(4)　公務員勤務関係の性格をめぐっては議論があり、かつて特別権力関係の典型例とされたのに対し、今日、特別権力関係論に対しては批判的見解が優勢になっている。ところで、この批判説には二つの側面があって、ひとつは法律主義の徹底であり、他のひとつは契約的性質の強調である。この二つの側面は、法から自由な特別権力の存在を否定するところに共通性があるものの、具体的問題の処理にあたって、法律によるべきか、当事者の意思を尊重すべきか、すなわち、法律主義的解決をはかるべきか、当事者自治的解決をはかるべきかの問題に際しては相矛盾する可能性がある。法令上に根拠のない公務員の期限付任用を当事者の同意を重要な要件としてみとめることができるかなどがその一例であるが、最も熾烈な意見の対立がみられるのは公務員の労働基本権をめぐってである。勤務条件法律主義ないし国会議決主義の基本的発想に立ち、議会制民主主義または財政民主主義を公務員の労働基本権制約の主たる理由とする最高裁判例[7]に対して、「憲法二八条の解釈上、かりになんらかの争議権が公務員にも憲法上容認されるとしたら、そのような争議権の行使と矛盾するごとき勤務条件の詳細な法定こそ、むしろ憲法に反する」とする説[8]が対立している。

(5)　かねて相手方の受諾を要件とする行政行為の概念が公務員任命行為などの法的性格づけとしていわれている。ここにあっては法令上の根拠を有する処分について相手方の同意、受諾などが有効要件と解釈されるのに対して、そもそも法令上の根拠を欠く場合については、相手方の同意がこれに代わりうるかはひとつの重要問題であろう。公務員の期限付任用については、その実際上の必要性と並んで相手方の同意が要求されている[9]。また、行政指導について、相手方が任意に服従、協力しているかぎりにおいて消極的にみとめる立場[10]と、当事者の主観的意思にかかわりなく、諸般の事情を総合判断して、客観的に合理性があるかぎり、積極的にみとめる立場[11]とがある。前者はいわば主観主義的立場であり、後者はいわば客観主義的立場である。行政指導が、元来、相手方の任意の服従、協力を要請し、これに働きかけるものであるところから、前者の立場はそれなりに明確であるものの、相手方の同意のいかんという主観的要素を唯一絶対の決定的基準とするところに一抹の疑問を禁じえない。上記の自動車一斉検問に関する最高裁決定も「相手方の任意の協力を求める形」で行われることは要求しているが、しかし、相手方が拒否すれば、ハイそれまでとは考えていないことは明らかである。むしろ、そこでは自動車運転者の「当然の負担として、合理的に必要な限度で行われる交通の取締に協力すべきものである」とされる点が注目をひく。

以上にみるように、制定法規、法の一般原則、当事者の意思、これら三者が三つ巴となって、行政作用の根拠となり、または、行政上の法律関係を判断する基準たるべき法を構成している。これら三者の相互関係は、個々の法関係により個別的に、また、私法の分野におけると行政法の分野におけるとの分野の差異により総体的に、異なるものであろう。私的自治を原則とする私法とりわけ財産取引法において当事者の意思を補完するものとして制定法規が存在するのに対して、法治行政を原則とする行政法の分野において当事者の意思は従たる地位しか与えられないことが多いなどがその例である。また、これら三者は、相互に截然と区別できるものではなく、重複するところがあると同時に、相互に矛盾対立する場合も少なくない。租税法律主義と禁反言の法理、公務員勤務関係における法律主義と当事者自治主義などがその例である。したがって、行政法は、その最も基本的なところにおいても、法ははなはだ多元的で、かつ、相互関係は複雑きわまりない姿をとって存在しているといわなくてはならないのである。

(3)　法の解釈適用機関の多元性

法が、一面において正義公平といった相当程度に普遍的な物の考え方に基礎をおくと同時に、他面において社会における政治機構の決断として制度上に生産されるものであり、しかも、利害関係者の利害と深いかかわりをもつものである以上、法の一般原則、制定法規、当事者の自治ないし意思の尊重の三者が、三つ巴となって登場することは、なにも行政法にかぎってみられる現象ではない。また、相当広範にわたって、さまざまの時代と社会において、多彩な組合せの模様を描きつつ、みとめられるものであろう。したがって、これだけでは行政法の構造的特色を云々することはできない。つぎに、行政法の構造的特色としてあげるべきは法の解釈適用機関の多元性である。ここには実にさまざまの法解釈適用機関ないし法主体が存在している。

(a)　まず第一に、行政庁がある。行政庁一般ではなく、所管の行政庁の存在がなによりも重要である。憲法七四条は、法律について「主任の国務大臣」をみとめることによって、それぞれの法律には所管の省があることを示している。また、国家行政組織法は、各大臣に総理府令または省令を発する権限（一二条一項）、訓令通達を発する権限（一四条二項）を与えている。すなわち、所管の省に法律の内容を具体化し、解釈運用の指針・細則等を定める権限が与えられている。この結果、法律改廃のイニシアティブもまた所管の省に帰することとなる。関連する他の省庁は協議にあずかるにとどまることになる。法令にもとづく処分その他の行政上の措置は原則として当該法令を所管する省の長たる大臣に名義上与えられ、実際上には省の組織的決定として行われるがゆえに、処分その他の行政措置の法令適合性の判断も自ら行うことを基本とする。少なくとも行政部内に関するかぎりは、この判断は最終的なものであって、他の行政機関はこれを尊重せざるをえない。それが責任の所在を明確にするゆえんであり、また、行政が全体として統一性を保つうえに必要な権限分配原則のあらわれである。

(b)　しかし、行政部内における最終判断は、もちろん、ひとつの法社会における最終判断を意味しない。行政部内においても、かつての訴願、今日の審査請求のような争訟制度がもうけられているときには、その対象となって、判断がくつがえされる可能性がある。さらに、これらの諸判断は行政事件訴訟の対象となって、裁判所の判断によってくつがえされる可能性がある。その意味で裁判所の判断が、ひとつの法社会における最終判断ということになる。

(c)　それでは、私人には、法令の解釈適用について、いかなる地位が与えられるか。当事者自治がみとめられ、かつ、当事者の意思に最終決定権がみとめられている場合をのぞいては、たとえば、制定法規の解釈適用などについては私人には特別の地位がみとめられてはいない。それゆえに、所管の行政庁その他の行政機関に対する関係で、自らの判断を通用させるだけの法的な力をもっているとはいえない。ただし、行政部内の争訟制度を利用し、また、行政事件訴訟制度を利用することによって、所管の行政庁の判断に優越する地位がみとめられている裁判所などの力を借りることが可能である。その際、一方において、行政部内における最終判断であるがため、当該行政庁のみならず、他の行政機関がこれを前提として事が進められることとなっていること、とりわけ、場合によっては、行政上の強制執行にまでいたることもありうることと、他方において、争訟制度の仕組みのいかんにより、事前の救済が必ずしも万全を期しがたいこととの両面の事情の組合せによって、違法判断にもとづく既成事実が先行する事態が生ずることがある。このため、違法判断であるにかかわらず、暫定的に通用する事態がありうる。

(4) 多面的・個別的検討の必要性

行政法においては、制定法規、法の一般原則、当事者の意思が三つ巴となって混在・交錯していると同時に、その解釈適用をめぐっても、行政庁、裁判所、当事者の判断が対立・交錯している。しかも、以上にのべるところは、まことに大ざっぱな荒筋にすぎない。

(a) まず第一に、無数の行政庁がそれぞれ所管の多数の事務を処理している。そこで、相互に密接に相関連しあう処分その他の行政措置が存在することになる。手続的に前後関係に立つこともあれば、相互に、前提ないし基礎となり、もしくは具体化し、あるいは履行を確保するために行われるものがある。また、いわば横断的に相互に関連するところから、不当な関連づけ（Koppelung）のいかんが問題とされることがある。このようなタテ、ヨコの関連を前提として、全体の総合化や計画化がはかられていることも今日よくみられる現象である。

(b) また、処分その他の行政措置と裁判所のこれに対するかかわり方もまた単純なものではない。まず、問題となる処分等が直接に訴訟の対象となることもあれば、ただ単に間接的な形で問題となることもあるからである。

ところで、この間接的な形で問題となる場合が、実にさまざまの形をとるであろうことは、上記の(1)が示唆しているとおりである。処分等の相互間の関係の複雑さに加えて、争訟の複雑さが加重されるといってよい。関係当事者の利害とのかかわりによって紛争がさまざまの形をとり、さらに、争訟制度の仕組みのあり方のいかんによって、変形のスクリーンをくぐり抜け特定の形をとった法的紛争が裁判所の前に登場する。訴えなければ裁判なく、争訟の提起がなければ裁判所の活動がないがゆえに、根拠法令を所管して恒常的に行政事務をつかさどっている行政庁におけるそれとは、異なる次元において法の解釈適用が行われているともいえるであろう。

(c)　最後に、私人は関係当事者にかぎってみても利害関係は相互に対立することがある。また、当事者自治的要素の範囲と程度はさまざまであって、私人に与えられる地位は当該法律関係に応じて千差万別である。おそらくは、法源などを論ずるところに当事者の意思やその利害の尊重をいったり、法の解釈適用機関のところに関係当事者をもちだすこと自体に対して、強い批判や反撥があるであろうことはきわめて容易に想像がつく。しかし、実定法上に法というとき、手っとり早くは裁判規範をさすものといってよいが、行政事件訴訟もまた、民事訴訟同様に、当事者の訴訟の提起をまつことを基本とする。すなわち、当事者の利害とかかわりがあるかぎりにおいて行われるものとなっている。のみならず、制定法規においてさえ、利害関係者のグループないし諸団体、諸勢力等の意向を相当濃厚に反映しているものが少なくない。さらに、信義則にしろ、利益の比較衡量原則にしろ、関係当事者の利害の尊重ないし適正な評価の要請に端を発する法の一般原則が広範に存在している。したがって、関係当事者の利害関係をはなれては、法の制定改廃であれ、解釈適用であれ、その大半の意味がうしなわれるわけであって、ここに法の多元化の重要な契機があることはみやすい道理であろう。伝統的学説においても、たとえば、行政処分性の存在、行政行為の分類の基準などにおいて、この観点を決め手としてきたわけである。

以上の事情は、行政法における法の多元的構造を前提として、行政法上の諸問題をとりあつかうに際しては、多元的な法相互間の関係から、多面的に検討すべきこと、しかも、この関係は個別の法律関係に応じて多彩に異なるゆえに、個別実定法制度に即して個別具体的に検討すべきことを要請するといわなくてはならない。以下、本稿において、将来の検討のための簡単なデッサンを描くこととしよう。

二　法相互間の性格の差異に関する問題

(1)　行政法における二分法的思考方法

これまでの行政法学においても、相互に性格を異にする法の存在がみとめられてきた。なんといっても重要な、行政法の範囲を画するものとされた公法と私法の区別をはじめとして、組織法と作用法、あるいは組織規範と作用規範、実体法と手続法、裁判規範と行為規範などがその例である。これらの区別は、行政法の分野にかぎられず、他の法分野においても一般的にみられるものであって、行政法だけに特有のものというわけではない。行政法学に特徴的と思われることは、これらの法の区別と並んで、実に多数の二分法的思考方法にもとづく区別または分類が存在していることである。思いつくままに拾いあげてみても、つぎのようなものがある。

法規命令と行政規則、一般権力関係と特別権力関係、法規裁量と行政（自由、便宜）裁量、要件裁量と効果裁量、法律行為的行政行為と準法律行為的行政行為、命令的行為と形成的行為、行政上の強制執行と即時強制、行政上の損害賠償と損失補償、主観訴訟と客観訴訟、抗告訴訟と当事者訴訟、権力的作用と非権力的作用、国家目的の作用と社会目的の作用、等々。これらを一覧すれば、行政法の概説書の目次の多く、あるいは行政法理論の重要なものの多くが網羅されているかの感じを与える。

ここにみられる二分法的思考方法は、ある事項についてひとつの観点から、あれかこれかを分けるものであって、そのかぎりでそれなりに明晰・明確という特長をそなえている。しかし、分類がときとして、具体的問題や個別実定法制度をこえて一人歩きしたり、公法と私法をはじめとする議論にみられるように、区別に重点がおかれて、相互関係が軽視されたり、議論が宙ぶらりんのまま左右にゆれ動いているものの、一向に進展がみられないなどの傾きがないではないように思われる。

⑵　内部の法と外部の法

そこで、まず、二分法的区別は、ある観点からする一応の区別にすぎない相対的なものであるとする立場に立って話を進めていくことにしよう。

行政法の全体を通じて、これまでなされてきた最も重要であり、かつ、広範な分野に影響を及ぼしているものは、法規概念を基礎とする内部関係と外部関係の区別である[12]。侵害留保説、法規命令と行政規則の区別、一般権力関係と特別権力関係の区別、美濃部説における法規裁量と自由裁量の区別、行政行為概念、行政庁概念などにおいて、私人の権利義務とのかかわりの有無が重要な役割を演じていることは周知のとおりである。侵害留保説に対する批判説においても、完全全部留保説にまで徹底しないかぎり、やはり修正された侵害留保説の域を出ないように思われる。また、関係当事者の利害の尊重ないし適正配慮の原則からしてもけだし当然であり、私人の権利義務とのかかわりをもつ外部関係に焦点をあわせることはしごく順当な物の考え方といえよう。ただ、しかし、その反面において、内部関係をおよそ法とは無関係、無縁の世界のようにいうことは適正さを欠く。

たとえば、外部関係と内部関係の区別に応じた法規命令と行政規則の区別を前提として、行政規則である通達について、これを法的無とし法的効力を全面的に否定する通説的見解に対し、それがはたしている現実の機能に即して、合理性原則または平等原則などを活用することによって、なんらかの法的効果をみとめようとする見解が存在している[13]。また、特別権力関係の行為について、さらに、これを市民法秩序にかかわりのある外部的行為とかかわりをもたない内部的行為の区別をみとめ、前者についてのみ司法救済の途を開く通説的見解においても、後者について、およそ救済の途をとざすというわけではなく、前提事実を欠く場合と、社会通念上著しく妥当を欠く場合とには司法救済が可能だとしている。この「社会通念上著しく妥当を欠く」といった不確定概念は、少しく弾力的に活用されれば、右の区別はかなり相対化することになる。いずれにせよ、内部と外部の区別は、流動的といわなくてはならない。ある種の不確定概念ないし一般条項の助けを借りて、内部の法が外部の法に転化するといってもよいであろう。

　さまざまの区別が相対的であり、ときとして流動的であることは世間にありふれたものであって、なんら珍しいものではない。より重要なことは、内部関係は決して無法地帯ではなく、内部には内部の法が存在していることである。例を違法の訓令または職務命令に対する公務員の服従義務の問題にもとめると、そこでいわれる違法、服従などの概念が、処分取消訴訟におけるそれとは異なる次元の存在であることが知られるであろう。この点について、たとえば、今村成和教授の論稿「職務命令と服従義務」（人権叢説一〇〇頁以下）は、「訓令の形式的違法は、下級機関の地位にある受命公務員に対し、義務なきことを行わしめるものであるから、職務命令としても違法であるといってよい。これに対し、訓令の内容的違法は、下級機関に違法な処分その他の行為を命ずることであるが、それが犯罪や不法行為、あるいは不能の行為を命ずるものであるときは、その命令は、訓令の内容たり得ない行為を内容とするものであるから、職務命令としても無効であるといってよい。しかし、その他の内容的違法は、単に、下級機関に違法な処分を命ずることを意味することであるから、それによって第三者の権利を害することはあり得るが、形式的要件が満たされている限り、労働指揮権の行使（＝職務命令。遠藤注）としては、違法性を帯びるものとは認め難いのである」（前掲一一五頁）とし、また「訓令は、受命機関の地位にある公務員にとっては、職務命令としての性格を有するものであるが、訓令の内容的違法は、当然に受命公務員に対する権利侵害を意味するものではないから、その限りにおいては、違法な職務命令とはいえない」（前掲一三〇頁）として違法概念の差異を明らかにしている。すなわち、いわば外部関係における第三者の権利を害する場合の違法性と、いわば内部関係における公務執行ないし事務処理上の違法性とが区別されている。一般に行政の法適合性でいわれる前者の場合の「違法は、行政行為の相手方(=私人)に対する関係においていわれることなのであるから、そこにおいての抗告訴訟の提起が、最終的なチェック・ポイントとして存するのである」(前掲一二二頁)「それが、正しい法の適用としては違法であるとしても、この指令(訓令)は、受命公務員に対する関係においては、労働力処分権の範囲内の命令なのであるから、職務命令としては違法の問題を生ずるものではない」(前掲一二六頁)わけである。いいかえると、前者の問題は、後者にとっては、上級機関と下級機関との間における法令解釈上の見解の相違の問題であるにすぎない(前掲一二一、一二七頁)[14]。前者においては、関係当事者の利害尊重ないし適正配慮の原則が働くのに対して、後者においては、もっぱら行政の一組織部内における権限分配原則のみが働くといってもよいであろう。したがって、訓令や職務命令について、いわゆる公定力を云々したり、行政行為の瑕疵論(無効論)になぞらえてこれらに対する服従義務を論ずることは明らかな間違いといわなくてはならない。行政行為にあっては、私人に対する関係において、争訟制度をはじめとする諸制度との関連で、いわゆる公定力とよばれる諸現象が生じたり、これまた争訟制度等との密接な関連から、あるいは利害関係者の信頼保護、法的安定の要請などが働いて、重大かつ明白な違法の存在を無効事由とするなどがいわれている。これに対して、職務命令などにあっては、行政事務の統一的・能率的処理と行政責任の明確性のためにとられているピラミッド型の行政の階層的組織内における権限分配原則に、それに対する服従義務ならびにその限界のよりどころがあって、行政行為におけるとはおよそ事情を異にしているのである。

このようにして、外部関係と次元を異にする内部関係の存在と、それに固有の法の存在をみとめるべきであろう。また、封建時代や絶対主義時代と比較すれば容易にわかるように、統一的・階層的行政組織の存在は、確固たる法執行機構を用意することによって、近代的法治主義のひとつの条件を形成し、一般抽象的で普遍的妥当性をもった近代的立法概念の成立のための現実の条件をなしていると考えられるから、見方によれば、内部の法の存在こそは、一般的な外部の法の存在のための前提要件であるとさえいうことができる。したがって、内部の法に外部の法の論理をそのまままもちこんで、違法の職務命令に対して服従義務をみとめることが法治主義に反するかのごとくにとく説は、いささか単純にすぎるであろう。ただし、今村説が示すように、職務命令が公務員労働法と交錯するところでは、公務員個人の利害との衝突が生ずるゆえに、権限分配原則ではなく、関係当事者の利害の尊重ないし適正配慮原則が表面に立ち、そこでは外部の法の世界の論理が支配することとなることに注意しなければならない。同時に、特別権力関係といわれているもののうち、国公立学校の学生にしろ、刑務所の囚人にしろ、公務員をのぞいたものにあっては、それぞれ独自の利害関係をもって行政上の諸制度と相関連しているものであるがゆえに、これを行政組織などにおけると同様の意味において内部関係に属するものということはできない。基本的には、当然、外部関係に属するものというべきであろう。

(3)　処分等の法的行為の効力に関する法と損失・損害の塡補に関する法

かつて田中二郎博士の教科書などにおいて、行政行為の特色として、これを争うための抗告訴訟制度の存在とあわせて、これにかかわる損害賠償制度の特殊性があげられたことがある。たしかに、国家賠償法は、国家賠償責任に関する特別の定めをもうけている。とくに、その一条は「公権力の行使」による損害賠償のための要件を定めているから、ある程度と範囲において、右の立論はあたっている。しかし、そこでいう「公権力の行使」が、広く事実的作用のほか、わが国においては、立法・司法の作用までふくむ広範なものであることを別としても、問題となっているものが、法的行為の法的効果にかかわるものではなく、現に生じた損失・損害の塡補にかかわるものであるところから、行政行為の特色としてあげることは、はなはだしく適切さを欠く。両者は次元を異にしているわけであって、とりあえず、つぎの諸点を指摘することができよう。

(a)　まず第一に、ここでも違法性の概念がこれら二つの法の分野においては異なっている。処分取消訴訟など抗告訴訟における違法と、国家賠償請求訴訟をはじめ不法行為法におけるそれとは、その性格・意義を異にしている。前者においては法的行為の法効果発生の前提要件に欠けるところがあることを意味するのに対し、後者においては、損害(失)塡補責任ないし負担の配分ないし分担の見地から、一方当事者になんらかの手落ち手ぬかりがあるかどうかを問題とする。根拠法令に対する関係では適法な職務行為であるにもかかわらず、国家賠償法上の違法とされることがある反面、逆に、根拠法令に違反しつつ、国家賠償法上の違法とはされないなどの事例の存在、または、伝統的学説にいわゆる行政行為の公定力が国家賠償請求訴訟に及ばず、国家賠償請求をするについてあらかじめ抗告訴訟を提起する必要がないとされる点などに両者の差異は顕著であろう。別の機会に詳論したので、本稿では割愛することにする(15)。

(b)　抗告訴訟の原告適格論で主として問題となる、いわゆる反射的利益論に対しては、たとえば、国の損害賠償責任が問題となったスモン訴訟の諸判決においては、それぞれニュアンスを異にするものの、一様にこれを排斥している(16)。これまで損害賠償請求訴訟においても、反射的利益論は用いられなかったわけではない(17)。反射的利益論が抗告訴訟の原告適格論にかぎって用いられてきたと断定するのには疑問がある。また、スモン訴訟の諸判決自体いずれも薬事行政の経緯を追うことによって、薬害防止が薬事行政の守備範囲内にあるものとされてきた事実から守備範囲内にあるべきだとする判断を導く努力をしているところでは、結局、薬害防止による利益が単なる法の反射的利益ではないことをのべているように思われる。したがって、その表現の仕方などを別として、反射的利益論によって論ずべき問題を損害賠償請求訴訟においても共通にもっているということができる。しかし、共通の発想はあるというものの、抗告訴訟制度上の保護に値する利益かどうか、と損害賠償制度上の保護に値する利益かどうか、とはやはり次元が違うというべきであろう。形式的に、前者においては訴訟要件の段階で問題となるのに対し、後者においては本案審理の段階で問題となるほか、実質的にも、後者においては、具体的損害防止との関係での行政庁の作為義務のところで主として問題となるなどの違いがみられるからである。

(c)　右に引いたスモン訴訟の諸判決は、不作為の違法を理由として国の賠償責任を肯定したことによって知られている。その際、反射的利益論と並んで論点のひとつとなったものに裁量論がある。この点について、学説はいわゆる「裁量収縮の理論」により、行政にみとめられた複数の選択の余地が具体的状況のもとで収縮して単一の途を選ぶしかありえないものとなり、これを選ばないことが著しく不合理なものとして違法となると考え、これによって、スモン訴訟にかぎらず、不作為の違法を肯定する諸判決を支持するものが少なくない。この説明はそれなりにわかりやすいし、また、裁量論によって責任逃れをはかろうとする行政に対するうえで有効かもしれない。しかし、ここでも「裁量」という言葉がもつ意味がいささか抗告訴訟におけるそれとは異なることに留意しなければならない。というのは、一般に論ぜられている抗告訴訟における裁量論にあっては、行政裁量の司法審査、すなわち、一定の法効果をねらった法的行為の前提要件の認定、効果内容の選択などの行政庁の認定判断がそのまま最終のものとして通用するか、それとも、より最終的な裁判所の判断によって、その認定判断がくつがえる可能性をもった再審査（レヴュー）をうけることになるのか、という形で問題となる。すでになされた公権的判断の存在を前提として、より上位の公権的判断でもって取り消すことを求めるものであるがゆえに、「抗告」訴訟の名前がつけられているわけであるし、また、講学上に「覆審」的訴訟ともよばれているのである。これに対して、損害賠償請求訴訟は、単純な民事訴訟であり、「始審」的訴訟である。ここでは公権的判断の適否を再審査しようとするものではない。いくら処分その他行政庁の公権的判断が存在しようとも、その判断を再審査するのではなく、裁判所がはじめて損害賠償請求要件の存否を判断するものである。もちろん、抗告訴訟と損害賠償請求訴訟における違法の概念の性格・次元の差異にもかかわらず、営業許可拒否処分による営業上の逸失利益の損害賠償請求、免職処分による給与相当額の損害賠償請求におけるように、たまたま違法の判断内容が両訴訟において、事実上、一致することがないではない。また、立法行為や司法行為におけるように、特段これを争うための抗告訴訟手続は用意されてはいないものの、相当広範な裁量がみとめられているため、ある程度合理的範囲内においてその判断を尊重しなければならないという点が、行政裁量論におけると現象的に類似した側面をみせることがおこりうる。さまざまの裁量に共通の側面がみられるためであるが、しかし、これの審査をふくめた全体の判断構造ないし判断枠組みにおいて、抗告訴訟における裁量論とは異質といわなくてはならない。

(d)　このような見地からすると、浦和地裁昭和五六年一月三〇日判決（判例時報一〇一四号一〇三頁）が、「公の営造物の設置管理は所轄行政庁の広範な自由裁量に任されているのであるから、国家賠償法二条にいう『瑕疵』があったかどうかは、直接的に司法判断をその行政裁量に代るものとして、代替施設の設置管理の義務を指摘するという判断方法によるべきではなく、その行政庁の裁量が、民主的な手続過程を経て、実体上十分な調査に基づき合理的に判断されたかどうか、換言すれば、その公の営造物の設置管理に関する行政政策決定の合理性について、事後的間接的に審査する方法により判断し、その裁量に首肯すべき合理性がない場合その瑕疵が存在するものというべきである。（中略）瑕疵の判断にあたっても、右説示の点からみると、実体上の十分な調査がなされたかに関しては、保護利益と被侵害利益との比較衡量、場所的環境、技術的経済的考慮など行政政策決定に必要な事情につき、民主的な手続を経たかに関しては、手続の公正性に関する事情につき、総合考慮の上判断すべきものと解するのが相当である」としているのについては、疑問を禁じえない。前半でのべられている実体審査方式ないし判断代置方式に対する手続審査方式ないし行政過程審査方式は、行政裁量に可及的に司法審査を及ぼす見地に立って、実体審査が困難なところにも手続面から審査を及ぼそうとするものであって、評価できる面をもっている。しかし、それは覆審的訴訟構造が前提となっている。損害賠償請求訴訟においては事情が異なる。たしかに、刑事司法手続上の行為についていわれる結果違法説に対する職務行為基準説を例にとると、直接的な判断代置ではなく、間接的に合理性を問題とする形をとるため、現象的には手続審査方式と似かよった面がみとめられる。しかしながら、それはあくまで判断基準や判断資料の問題であって、審査方式の問題ではない。裁判所としては、始審的にあらゆる事情を調べたうえで、ただ手続過程面に行政の手落ち手ぬかりを見いだそうとするものである。つぎに、後半部分でいわれている手続的公正性は、環境訴訟などにおいて、いわゆる環境アセスメントを中心とする事前手続の要請にそうものであって、それとして評価できるものの、これまた審査方式と直結させることは適当ではないことに加えて、公共施設による公害を争う環境訴訟ならともかく、子供の転落事故類型という本件事案には即さないであろう。

(e) 損失・損害の塡補にかぎらず、関係者間における利害の調整を内容とする法がさまざま考えられるが、紙幅の制約上、本稿では割愛する。

(4) 主観的法と客観的法

周知のとおり行政事件訴訟は、主観的訴訟としての抗告訴訟と当事者訴訟を、また、客観的訴訟としての民衆訴訟と機関訴訟をもうけている。後者の客観的訴訟にあっては、民衆訴訟は「自己の法律上の利益にかかわらない資格で提起するもの」であり、機関訴訟は行政主体の「機関相互間における権限の存否又はその行使に関する紛争についての訴訟」であって、憲法三二条の裁判を受ける権利を具体化したものではなく、また、裁判所法三条一項にいう「法律上の争訟を裁判」するものでもなく、そこに「その他法律において特に定める権限」によるものであるにすぎないから、「法律に定める場合において、法律に定める者に限り」提起することができるものである。したがって、このような例外的場合をのぞいては、政治過程や行政主体内部の統制に問題がゆだねられることになる。他方、原則として裁判による法をもってする行政のコントロールは、当事者の権利利益とのかかわりがあるかぎりにおいて、行われることになる。

当事者訴訟は、直接に、関係当事者の権利義務をめぐる紛争を対象とするものであるから、まさに、関係当事者の利害にかかわる主観的訴訟といってよい。これに対して、抗告訴訟は、行政庁の処分その他公権力の行使を争うものであるため、客観的側面を否定できない。しかしながら、通説的理解においては、抗告訴訟制度もまた権利救済制度の重要なひとつとして、その全体は主観的色彩によっていろどられているのである。

(a)　まず第一に、「行政庁の処分その他公権力の行使」すなわち、いわゆる行政処分性の有無のメルクマールは、判例によれば、「直接国民の権利義務を形成しまたはその範囲を確定することが法律上認められているもの」とされている(18)。

(b)　抗告訴訟を提起することができる原告適格は、取消訴訟にあっては、処分等の取消を求めるにつき「法律上の利益を有する者」（行訴九条）、無効等確認訴訟にあっては、処分等の無効等の確認を求めるにつき「法律上の利益を有する者」で一定の要件をみたすもの（同三六条）にかぎってみとめられるものとなっている。

(c)　取消訴訟において、「自己の法律上の利益に関係のない違法」を理由として取消を求めることができない（同一〇条一項）。したがって、違法があるにもかかわらず、原告の利害とはかかわりがないことを理由として、処分等の取消事由とされないことがありうることになる(19)。

(d)　取消判決の効力もまた訴訟当事者にのみ及ぶことを原則とする。行政事件訴訟法三二条一項は「処分又は裁決を取り消す判決は、第三者に対しても効力を有する」としているため、第三者効をみとめるかのごとくであるが、二二条が「訴訟の結果により権利を害される第三者」の訴訟参加をみとめ、三四条が「処分又は裁決を取り消す判決により権利を害された第三者」に再審の訴えをみとめているところが示唆するように、三二条一項にいう第三者もまた取消訴訟の原告とは利害相反するところの第三者であり、取消訴訟が権利救済制度であるがゆえに、原告の権利救済の必要上、取消判決の効果を及ぼさざるをえないところの第三者であると解されている(20)。

このようにして、行政訴訟の最も一般的な抗告訴訟とりわけ取消訴訟ははなはだ主観的な個人の権利利益の取消とかかわりのあるかぎりで機能する制度であることが明らかであろう。裁判規範にのみ限定して法を語る立場をとらないかぎり、行政に関する法の多くは、一部客観訴訟の対象となるものをのぞいて、上記のとおり、政治過程や内部統制を通じて適用し統制されることになる。客観訴訟の存在が氷山の一角をうかがわせるこれら客観的法の大群がひかえていることを忘れてはならないであろう。けだし、先に、内部的法の外部的法への転化をのべたのとほぼ同様の意味あいにおいて、客観的法の主観的法への転化もまたみられるのである。いずれの国においても、取消訴訟の対象、原告適格、取消事由などは、歴史的に、拡大、発展、変遷などの動きをみせてきたのであって、一定の時点において固定的に考えてはならないであろう。また、現状において、外部的・主観的法でないゆえをもって、およそ法の無縁のものとしてきめつけ放置することは、将来への発展の道をとざすばかりか、法の存在の多様性を否定するものとして支持しがたいのである。

三　法、権限、手続等の競合に関する問題

(1)　私的権原、財産秩序に関する法との競合、交錯

行政が私人の生活に関与するかぎり、とくに生活空間ないし生活環境[21]に形成的に関与する場合においては、土地所有権その他の私的権原の取得・制限をはじめ、財産法秩序に関する法との競合・交錯をさけることができない。

(a)　かつての自作農創設特別措置法、今日の農地法による自作農創設のためにする農地買収処分は、まさしく財産法秩序を改革し一定の方向に向かって形成することを目的とする政策達成の手段として用いられる。農地買収処分に際して、買収対象農地の所有者を確定するにあたって登記簿上の名義人の記載がどれほどの意味をもちうるかという問題に対して、公法関係における私法規定（民法一七七条）適用の問題であるとしたうえ、農地買収処分は権力的作用であるがゆえに民法一七七条の適用なし、というまことに珍妙な理屈がのべられたことがある。[22]たしかに、農地買収そのものは私人相互間に例をみない権力的手段をもって農地の強制買上げを行うものであって、土地収用などとともに、権力的作用の最たるものである。しかし、当該処分要件中に、所有者のいかん（在村・不在地主、保有面積等）が実体上決定的なキメ手とされているほか、手続上にも買収令書の被買収者へ

の交付が要件とされている以上、買収処分の前提問題ないし先決問題として、所有権の帰属を明らかにしなければならないわけであって、この先決問題に関するかぎり私法の規定によって判断するほかないことはあまりにも当然であろう。前にもふれたことがあるので、ここでは省略する。(23)

農地買収処分が所有者の主観的事情を重視するのに対して、一般の土地収用にあっては当該土地の位置形状といった客観的事情が重要である（いわゆる対人処分に対する対物処分）。しかし、土地収用においても、土地の所有者を確定することなくしては、そもそも処分の相手方が不確定となって、収用手続を進めることができない。やはり土地所有者を知ることが必須の要件である。この点について土地収用法は、昭和三九年改正法による「不明裁決」などにより、起業者、収用委員会の真実の権利者探究の負担を軽減している。すなわち、収用委員会による裁決申請等のあった旨の通知は添附書類に「記載」されている権利者にすればよいこと、審理手続開始の通知にあっても「記載」されている権利者のほか、意見書提出者にすればよいことを定め（収用四二条・四七条の四第二項・四六条二項）、また、起業者、収用委員会による各種の行為を行うに際して「過失なくして知ることができない者を除く」旨の規定がもうけられている（収用三六条二項・四〇条二項・四七条の三第二項・四八条四項・同五項・九五条二項二号・同四項）。

(b)　土地区画整理における換地処分などの権利変換処分にあっては、用地取得を目的とするものではなく、健全な市街地の造成などを目的として、土地の区画形質の変更等の事業のあとで、従前の権利関係を換地等の従前の権利対象に照応するもののうえに移行せしめることを内容としている。そこで、これらの処分にあっては、一面において創設的・形成的であると同時に、他面において宣言的・確認的である両面をそなえている。(24)とくに問題となるのは、未登記未申告借地権の取扱いをめぐってである。従来の判例の傾向は、いささか前者の側面に傾きすぎたものであって、未登記の借地権を有する者が、施行者に対し土地区画整理法八五条による権利の申告をしなかったため、施行者から借地権にもとづく使用収益権行使の目的となるべき部分の指定をうけないとき、土地所有者に対する使用収益権の確認請求、土地所有者からの明渡請求などを内容とする訴訟において、右指定をうけないかぎり、借地権者の使用収益権の主張ができないものとされている。しかも、この判断は、借地権が従前の土地の一部について存在していた場合[25]のみならず、従前地の全部について存在していた場合[26]、さらに、施行者に対する適法な賃借権の申告がなされているものの、施行者において仮換地部分の指定をする必要がないとして指定をしなかった場合[27]についてさえ、そのまま採用されていた。しかし、その後、仮換地上の建物競落による法定地上権について施行者から使用収益部分の指定をうけていないものの敷地所有者である抵当権設定者との関係では不法占有とはならないとする最高裁昭和四四年一一月四日判決（判例時報五七八号四一頁）を経て、最高裁昭和五二年一月二〇日判決（民集三一巻一号一頁）は、「土地区画整理法による換地処分がされた場合、従前の土地に存在した未登記賃借権は、これについて同法八五条のいわゆる権利申告がされていないときでも、換地上に移行して存続すると解すべきである。けだし、（中略）換地は従前の土地とみなされるのであって、従前の土地についての権利は換地上に移行するというべきであるからである」とするにいたった。また、従前地に対する賃借権の存在を認める一審判決が出ているものの未確定であるため施行者が権利申告の受理を留保し目的となるべき土地の指定をしていない事情のもとで土地所有者（賃貸人）の側からした明渡請求が権利濫用であるとして排斥されたものがある[28]。

ここでの問題は簡単にいえば、処分の性格ということになりかねないが、基礎にあるものは、一方において私法秩序の尊重と、他方において行政目的達成のための法手段の提供という次元を異にする二つの法の交錯関係をいかに合理的に解き、かつ、組み合わせることによって、私法秩序に混乱を生じさせないで有効な制度をいかにして作り出すかにあるといえよう[29]。

(c)　建築確認などの土地利用規制、あるいは営業許可などの営業規制において、土地利用上の私的権原あるいは営業施設上の私的権原については、かりに関係者間に争いがあろうとも、行政はこれを無視もしくは超越して処分をすべきであって、許可などするにあたって判断・考慮に入れてはならないとされた。その際、警察作用の民事上の法律関係不介入の原則であるとか、行政行為の分類上の法律行為的行政行為のうち、形成的行為と異なり、命令的行為にあっては、自然の自由の制限・回復にかかわるものであるから、といった事の本質を大上段に振りかざした説明がかつての概説書類ではみることができた。しかし、このようないかにも行政法の特殊性を独特のいいまわしをもって説明する言葉は、特殊性を強調するのあまりにかえって、行政法の特色を説明するのに成功していないように思われる。問題は、ミクロにいえば個別実定法の解釈の問題であり、処分要件中に私的権原に関する判断がふくまれているかどうかであり、また、災害防止等の警察目的のものであっても、目的達成の実効を期するために土地・建物等に関する私的権原を証する書面の添附を許可申請等に要求し、そのかぎりで私法秩序にかかわることがあっても事は立法政策の当否の問題であろう。また、マクロにいえば、本稿が問題としている多元的な法相互の交錯関係を立法論的にも解釈論的にも個別に明らかにし、かつ、個別制度の相互比較によって、個別制度の特色とともに、全体の構造を明らかにする作業として行われるべきものであろう。すなわち、要は、行政法独自の特色をあらかじめ振りかざさないで、一般的にありふれた問題の枠組みの中においたほうが、かえってわかりやすいと思われるのである。

(d)　というのは、同様のパターンの問題がいずこにもみられるからである。たとえば、建築確認にあたって、私人相互間の民事紛争関係に介入できないことの丁度裏腹の関係において、民事紛争の法的処理に際して、その際前提として必要となるであろう建築確認等の建築行政上の措置については、民事紛争にあたる裁判所も介入できないということが生ずる。このような場合について、東京地裁昭和五三年六月二七日決定（判例時報九二四号八〇頁）は、借地法八条の二第二項の増改築の承諾に代わる許可に関する判断において、「建築基準関係の法規適合性からの処理については、権限を有する所管官庁による本件増築に対する建築確認の許否や行政指導を通じての権限行使に待つのを相当と認める。よって、申立人の本件申立て（増築許可）は、建築基準法所定の建築確認を得られる限度において、これを相当として認容する」としている。したがって、これらと表裏の関係に立つ行政法上の現象もまた行政法に独特の現象としてではなく、広く一般的にみられる権限分配原則なり、当該法律関係についての個別実定法の定め方の内容なり、問題処理方法なりの、たんなるひとつのあらわれとして理解するほうが、平凡でありながらわかりやすい。すなわち、行政法だけを視野において、その特殊性を特殊性として強調するのではなく、多元的法秩序のもとで、法相互の関係を明らかにすることが一般的枠組み中での特色の指摘であるがゆえに有益だといえるのである。

(2)　その他の法・手続の競合・重複

法・手続が競合し、重複して同一事象に適合される現象は、かつて美濃部達吉博士の『公法と私法』の中でいわれる公私混合関係をはじめとして、数多く存在している。ごく若干のものだけを摘示するにとどめる。

(a)　現業公務員の労働関係については、一面において公務員法関係法令のもとにあると同時に、他面において公労法を通じて当事者自治的要素を特色とする一般労働法秩序のもとにある。この両者の関係をいかに理解するかは困難な問題を提供している。最高裁昭和四九年七月一九日第二小法廷判決（民集二八巻五号八九七頁）は、国公法九〇条、公労法四〇条三項、同二五条の五の各規定の相互関係について、「法律は、不利益処分につき、不当労働行為該当の瑕疵を有する場合とそれ以外の瑕疵（処分事由不存在、裁量権の逸脱等）を有する場合とで、それに対する行政段階における是正、救済の手続を分離しているのであるが、その趣旨は、不当労働行為該当の瑕疵の存否の判断をそれに適する公労委に委ねて人事院には行わせないこととし、結局、右の両瑕疵それぞれの存否の判断権を、公労委と人事院に分属させることとしたものである」「それゆえ、不利益処分に不服のある者は、直ちに右処分に対する取消訴訟を提起することができ、行訴法一四条所定の出訴期間内に適法に提起された訴訟においては、右処分のすべての瑕疵を争いうるのであり、ただ、不当労働行為該当の瑕疵以外の瑕疵を当事者が主張しまた裁判所が審理するについては、国公法九二条の二における審査請求前置の趣旨に鑑み、審査請求に対する人事院の裁決を経由することを要し、これを経ないかぎり（ただし、行訴法八条二項各号の事由があるときは、右裁決の経由を要しないものと解すべきである）、その主張、審理が制限される結果となる」としている。

また、同じく現業公務員の時間外勤務の法根拠について、最高裁昭和五九年三月二七日第三小法廷判決（労働経済判例速報一一八二号）は、一方において「郵政省と全逓労働組合との間の労働協約において、やむをえない事由がある場合には郵政省が職員に時間外労働又は休日労働をさせることができる旨の合意がされ、郵政省就業規則にも同旨の定めがされたこと、及び被上告人静内郵便局長と右組合日胆地方支部長との間において、同被上告人が所属職員につき労働基準法三二条又は四〇条所定の労働時間を延長しうる旨の協定が締結されたこと」、他方において「『国の経営する企業に勤務する職員の給与等に関する特例法』六条の規定に基づいて郵政大臣が制定した『郵政事業職員勤務時間、休憩、休日および休暇規程』は所属長が職員に対して一定の場合に時間外勤務を命ずることができる旨定めており、右は国家公務員法九八条所定の職務上の命令にあたるものである」ことの両側面の根拠から、時間外労働の義務をおうものとする原審判断を正当としている。原審の札幌高裁昭和五四年一月三一日判決（判例時報九二五号一一四頁）は、現業国家公務員の勤務関係は「基本的には公法的規律に服する公法上の関係である」が「非現業の国家公務員のそれとは異なり、ある程度当事者の自治に委ねられている面もある」ゆえに、時間外労働の「命令が右規程に基づくものであり、かつ、後記協約の制約に従うものである限りこれを拒否することはできない」としていた。

(b)　田中二郎博士の『行政法講義上』（一二二、一二三頁）は、国有財産の貸付について、「借地法の趣旨と、国有財産法の趣旨とを総合して考えると、堅固な建物を建てる目的をもって貸付けを受けている限り、いかなる契約をしているかにかかわらず、借地法の定めるところにより、三〇年間は、その貸付契約が存続すると考えるべきであると思う。いいかえれば、国有財産の貸付けについては、私法の規定が全然排除されるのではなく、国有財産法の規定に抵触しない限りにおいて、私法の規定が働いてきて、両者補いあって現在の法律関係を規律する」としている。同様に、公営住宅の使用関係についても、公営住宅法の規定がまず適用されるべきであるが、同法に特段の規定のない場合には、借家法および民法が適用される、とするものが少なくない[30]。ただし、これを前提としつつ、「公営住宅の使用関係に、私人間の賃貸借関係に用いられる信頼関係理論を持ち込むことは相当ではない」とするなど、相当程度の修正が加えられることもまた珍しくない[31]。

(c)　現行国家公務員法制の特色のひとつは、公務員法上の義務違反に対して、懲戒処分などの行政上の制裁ないしは民事的制裁に加えて、刑事上の制裁をもうけている点にある。したがって、行政法規違反ないし要件該当事実が、行政法上の評価をうけ、行政法上の効果をもつと同時に、刑事上の評価・制裁をうけることがある。その際、労働基本権などとの関係から、刑事制裁をつとめて制限的に解釈する立場に立って、刑事上の違法性ないし要件該当性を制限的に解釈適用する立場が存在する。かつての最高裁判例がその例である[32]。この立場に立つときは、同一法律要件が効果に対する関係で相対的に異なる意味をもつことになる。この立場をさらに、公務労働関係以外にも及ぼすと、たとえば、守秘義務違反（国公一〇〇条）について、同様に懲戒処分の制裁とあわせて刑事制裁がもうけられている。守秘義務の前提となるべき秘密について、実質秘説、形式秘説などの争いがあることは周知のとおりであるが、ここでも効果との関係において相対的に異なる解釈をとることが可能であろう。刑事制裁を科すには形式秘だけでは足りずに実質秘でもなければならないとしつつ、懲戒処分にあっては形式秘で足りるとするのがその例である。

このような違法概念の相対化は、これまでにもさまざまの形をとってあらわれている。警察取締規定違反、経済統制法規違反行為の法効果いかんという古典的問題にはじまり、白タク、白トラックなどの営業上の利益の交通事故損害賠償請求時などにおける逸失利益への算入の是非の問題、用地買収等における違法建築物に対する移転補償の要否の問題等々がその例である。

(d)　今日、理論上、実際上最も意見が対立している問題のひとつは、大阪空港公害訴訟[33]のような公共施設の公害をめぐる紛争の解決のあり方である。右事件の第一審、控訴審判決のように私法上の請求権にかかるものとして民事上の差止請求の適法性を肯定する考え方がある一方で、上告審判決のように行政権の行使の取消変更ないしその発動を求める請求を包含することを理由としてこれを否定する考え方がある。まさしく私法秩序と行政法秩序とが相互に次元・局面を異にしつつ交錯しているところをいかに解きほぐして整理するかにかかわる問題である。その際、千葉地裁昭和五一年八月三一日決定（判例時報八三六号一七頁）は、取消訴訟、執行停止による法益救済も、仮処分をふくむ民訴法による法益救済もいずれも許されるとする立場をとっている。このいずれも許されるとする立場をとれば事は簡単であるが、いずれか一方しか許されないとする立場をとるときは、その割り切り方は困難な問題を提供する。最高裁はこの立場をとるもののようであるが、他方で、取消訴訟における処分性や原告適格などに関するその制限的立場からみて、結局、行政訴訟の途もまた閉ざされているのではないかとの感を禁じえない。かりにそうだとすれば、いずれも許されないとする第三の立場がありうることとなり、問題の処理は裁判外の政治過程などにゆだねられることになる。そうなると、ここでは、先にいう客観的法ないし内部的法が登場する。私法救済、行政法上の救済、客観的法による問題処理の三つ巴となるわけである。紙幅と時間の制約のため、三者相互関係の分析検討は、残念ながら他日を期するほかはない。

(3)　行政権限の競合と不当関連・融合

複数の行政権限が競合している場合に、これらを相関連せしめ、すなわち、彼此流用することによって、新たな行政機能を創出し、または、行政指導に「水攻め」を加える例にみるように、行政権限を強化するなどの現象が広くみられるにいたった。行政権限の不当な関連づけ、または、融合（Koppelung）の問題である。[34]

武蔵野市マンション指導要綱事件で有名な武蔵野市長給水拒否（水攻め）刑事事件第一審ではついに当時の元

市長に水道法違反により有罪判決が下された[35]。そこでは行政指導に「協力しない相手方に対し、例えば当該行政機関の権限ないし地位をその本来の趣旨に反して利用して不当な影響を与えるなどの手段を用いることによって、法律の定めがないのに国民に義務を課し、又は国民の権利を制限するのと同様の事実上の強制力を及ぼすことは、行政指導の範囲を超えるものであって適法といえない」としているが、なおこの問題は簡単には割り切れないものがあると思われる。これら水攻めなどの問題は最高裁の判断をあおぐ機会をもつこととなった。①大阪豊中市の水攻めに関する昭和五六年七月一六日第一小法廷判決（民集三五巻五号九三〇頁）、②東京都中野区の住民反対運動を理由とする車両制限令一二条の認定の留保に関する昭和五七年四月二三日第二小法廷判決（民集三六巻四号七二七頁）、③兵庫県高砂市のガソリンスタンド増設申請に住民同意書を要求した事件に関する昭和五七年七月一五日第一小法廷判決（民集三六巻六号一一四六頁）がそれである。

しかしながら、まことに残念ながら、最高裁はせっかくの機会を活用することなく、小手先の理屈を弄して肝腎の問題を回避する結果に終わっている。すなわち、①においては、給水申込書を返戻した措置は、最終的に拒否する旨の意思表示ではなく、一応の勧告をしたものであるにすぎないゆえに、受理拒否を理由とする損害賠償請求はその前提を欠くものとし、また、②においては、上記認定は、許可ではなく確認的行為の性格を有するものではあるものの、具体的効用は許可と同様であり道路行政上比較衡量的判断を含む合理的な行政裁量を許容するものであって、留保は理由および期間からみて裁量の範囲をこえるものではないとし、さらに、③にいたっては、本件変更許可処分につき隣接住民の同意書を提出する義務がないことの確認を求める部分について、許可処分自体が存在しないから、存在することを前提としてこれに関し同意書を提出する義務が存在しないことの確認を求める訴えの利益がないがゆえに却下するという、まことに珍妙な倒錯した論理を用いている。

これらに上記の大阪空港公害訴訟の上告審判決を加えれば、最高裁が現代の問題に正面から取り組むことをせず、これに背を向けて、いかに旧態依然たる伝統的理論の形骸をあやつっているかの印象をぬぐえないであろう。

しかし、司法部の消極的姿勢を学説がせめることはできない。その根本的原因は、問題を根本にさかのぼって徹底的に検討することをしない学説の怠慢にあるからである。今日の理論的現状において、司法部の消極性もけだしやむをえないであろう。

(4)　手続の前後関係における権限等の競合と調整

先の権限融合において、いわばヨコの関係における権限等の競合が問題となったのに対し、前後関係いわばタテの関係において権限等の競合が問題となることがある。これまた、その例は多いが、主要な場合を摘示するにとどめる。

(a)　まず、タテヨコ両者相ともに問題となるものとして、許可申請などにおける競願関係がある。いわゆる特許、あるいは距離制限つき許可などにあっては、特許ないし許可の特定人に対する付与は当然に他の申請人に対する関係では拒否処分とならざるをえない相互排他的関係に立つため、ひとつの申請に対する手続を個別的に処理することはできず、関連する複数の申請に対する手続を相関連せしめなければならないことになる。[36]そこから、距離制限つき許可にあっては先願主義などの法理がうみだされてくることになる。その他、競願関係の処理をめぐって、数多くの問題が考えられるが、いかなる時間的・場所的範囲の申請を競願として取り扱うべきかは、タバコ小売商指定に関し、行政庁の裁量にゆだねられるとするものに東京高裁昭和五八年四月六日判決（行裁例集三四巻四号五九三頁）がある。

(b)　かねて瑕疵論で論じられている違法性の承継、瑕疵の治癒・違法行為の転換の問題などもここで論ぜられるにふさわしいものであろう。ただ、これらにあっては、行政の手続過程の中における複数の法、権限の前後関係ばかりではなく、争訟過程とあわせて考察する必要がある点に特色がみとめられる。また、最後の違法行為の転換にあっては、実際に行われた権限行使を、事後の争訟段階にいたって、虚構の権限行使を想定し、これと取り換えることによって、効力を維持しようとする独特のものである。

(c)　手続間の調整の問題については、立法による解決が与えられているものが重要なもので若干存在している。滞納処分と強制執行等との手続の調整に関する法律、土地の収用等と強制執行等との調整に関する規則などがその例である。

(d)　実際上に手続の前後関係、相互調整などが問題となることが多い。違法建築物等に対する法令上の是正手続とこれに対する水攻めの可否や移転補償の要否、漁業権放棄手続と埋立免許手続、大場民男氏が研究しておられる土地区画整理手続と収用手続、地域地区の指定手続と収用等の用地買収手続などがその例である。ちなみに、最後の例については、現行都市計画法では、市街地開発事業は市街化区域内において行うこととされている（一三条一項六号）ため、また、相当まとまりのある広さが必要であるため、市街化調整区域内の土地などをいったん市街化区域に指定したうえでなければ行えないこととなっている。市街化調整区域などと市街化区域とでは、地価に差があることは自明のとおりであるから、わざわざ地価引上げのうえ用地取得をする羽目になる。これとは逆の問題として、安く用地買収をするため、対象予定地をあらかじめ開発度の低い地域地区に指定しておくことが許されるかという問題がある。(37)

四　行政行為論、現代行政過程検討の試み（結びに代えて）

(1)　行政行為の意義・効力・特色等

すでに予定の紙幅を大幅にこえているため今後検討課題の一端を示して、本稿のまとめに代えたい。

本稿のこれまでの論述が示すとおり、行政法における法の多元的存在と相互間の競合・交錯の中で問題をとらえることが、個別実定法制度に忠実であると同時に、これらの組合せによって全体の構造も形づくられているものと考えるべきであろう。このような立場に立って、伝統的行政行為論を再検討するとともに、新しい現代行政過程の諸現象を検討することが今後の課題でなくてはならない。事実、すでにこのような方向は歩み始められているといってよいのである。なんといっても、実定制度に忠実である以上、当然そうなるべき筋合だからである。

まず第一に、行政行為の概念そのものが基礎としているものこそはまさしくこのようなものであるといって過言ではない。行政行為は学問上の概念であるといわれる。しかし、同時に各種の実定制度を基礎としていることも間違いのないところである。これを支えている実定制度は単一ではない。争訟制度は、抗告訴訟や処分概念などに示されているように、はなはだ重要ではあるが、こればかりではなく、その他に、行政強制の諸制度をはじめ、許認可等の個別実定諸制度、行政組織法などにあらわれている権限分配原則等々を基礎として成り立っている。狭義の強制執行のみならず、行政部内における権限分配原則により、他の行政庁の処分をおたがいに尊重して所管事務の処理を進めていくことから、おのずから私人の不利に事が進展していくことと、他方で、争訟制度の仕組みとの組合せの中に、行政行為の効力や特色といわれるものが存在することになるゆえんは先にふれたとおりである。簡単な例からいえば、行政行為の形式的確定力ないし不可争力といわれるものは、ただ争訟制度上に争訟期間があることをいいかえたものにすぎない。また、いわゆる公定力といわれるものも、抗告訴訟の排他性説によれば、抗告訴訟制度が存在すること、あるいは争訟制度上に手続が分配されていることの反射的結果にすぎない。もちろん、これはいささか簡単にすぎ、行政部内における権限分配原則などをも加味しなければ、必ずしも全容をとらえたことにはならないが、いずれにせよ多元的な法の組合せによって構成されたものの典型例といえよう。さらに、実質的確定力でいわれるものについては、なによりも紛争類型に即して概念内容を明らかにする必要があるが、再申請に対する再判断義務の問題など、第一次申請に対する第一次処分と第二次申請に対する第二次処分といった先の手続の前後関係における権限の競合・調整の問題を明らかにする必要がある。不可変更力との関係における職権取消論また然りであろう。

なお、行政行為の分類にあたっても、唯一の観点で全体を分類しつくすことには問題があり、ある観点からある範囲内の問題にとって有用な分類を求めるほかなく、数々の分類がありうることになるであろうが、その際、先の私法秩序との交錯関係で一端を示唆したように、ここでも多元的法の交錯・競合関係から、従来の分類を再検討するとともに、新しい分類を試みることが有益だと考えられる。今後の課題としたい(38)。

(2)　現代行政過程の若干の検討の試み

現代行政過程に最も特徴的なもののひとつは、多様な行政手段の登場と、さらに、異種複数の行政手段の組合せによる新たなる行政機能の創出、ひいては行政過程の独自性ないしは自立性の現象である。先にとりあげた行政権限の競合と融合などはまさしくその典型例であった。そこにおいては多元的な法、権限、手続等の交錯がみられたのである。今後とも本稿の立場に立って問題を解明していく必要がある。

そこにも登場した行政指導のほか、計画や当事者間の協定など多様な手段が用いられている。これらの手段のひとつひとつについて今後解明が進められていかなければならないであろう。その際、やはり単一の固定的な法のイメージをもって、これに迫ることは得策ではないように思われる。多元的な法の存在の承認とその組合せの中に柔軟に対応していくことが、これらの性格の必ずしもはっきりしないものに肉薄する方法としてベストならずともベターだと思われるのである。

まず第一に、計画、協定、行政指導などにおいて、制定法規、法の一般原則、当事者自治的要素それぞれの果たすべき役割、期待されるべき機能はいかにあるべきかを考察すべきであろう。

第二に、しからば内部の法に服するか、外部の法に服するか。両者の相互関係はどうであろうか。ここでも内部の法の外部の法への転化はないであろうか。計画裁量論の発展をこれに数えられないであろうか。

第三に、処分その他法的行為の法的効果に関する法と損害・損失の塡補に関する法の見地からみるとどうなるか。わが国の判例においても、信義則を根拠として、計画変更に対する信頼保護、行政指導信頼を理由とする損害賠償請求がみとめられている。また、協定にもある範囲内で法的効果が承認されている。ムリヤリ行政行為の型になぞらえなくとも、それぞれに法が論じられうるのではないか。

第四に、客観的法と主観的法の区別の見地からみるとどうか。現状において、裁判の対象とならず、裁判規範を見いだしがたい場合についても、つとめてその合理性を追求しておくことが、いずれ客観的法の主観的法への転化を生むゆえんであろう。政策論も大いにたたかわすべきである。

最後に、多種多様、多元的法の競合と交錯の中に、これらの新しい現象にも多面的光をあてることが将来の課題である。

(3)　法の競合・交錯を解くものは何か

法が競合し交錯していること、これは誰にもわかることである。問題はそれから先にあるといわなくてはならない。伝統的学説といわれるものにあっても、法の競合・交錯は百も承知のうえで、多少粗雑で簡略とはいいながら、それなりの総合・整理の結果、その理論が作られていると理解することが十分に可能だからである。したがって、法の競合・交錯をいうだけでは、これまでいわれてきたことを個別的実定諸制度の次元にまで分解してより精密に論ずる面が出てくることは期待できるものの、分解したものを総合するもの、個々の競合・交錯を一定の位置・方向で接合し、全体としての構造を描き出すことによって、個別制定法規が用意しているところはむしろ部分的素材にとどまり多くを不文の法の一般原則におっている行政法の広範な分野に光をあてるというところにまではいたらないわけである。

やはり何らかの原理原則をさけて通ることはできないであろう。本稿でもすでに、権限分配原則、当事者の利害の尊重ないし適正配慮原則という言葉を使っている。そのほかにいかなる基本原則、原理があり、それらの組合せの中から、いかなる派生原則が導き出されてくるか、これまた今後の検討課題としなくてはならない。

(1) 今村成和「現代の行政と行政法の理論」公法研究三〇号一一六頁以下、一二六頁。
(2) 今村成和・行政法入門七頁。
(3) 参照、高田敏「『法律の留保』論」遠藤＝阿部編・講義行政法Ⅰ（総論）四六頁以下。
(4) 遠藤「職権取消の法的根拠について」田上穣治先生喜寿記念・公法の基本問題二三五頁以下参照。
(5) 最判昭和四二年一二月一二日判例時報五一一号三七頁など。遠藤「規制行政の諸問題」現代行政法大系一巻四五頁以下、七一頁参照。
(6) 浜川清「行政契約」現代行政法大系二巻一四九頁以下、芝池義一「行政法における要綱および協定」岩波講座基本法学四巻二七七頁以下参照。
(7) 最大判昭和四八年四月二五日刑集二七巻四号五四七頁、同昭和五一年五月二一日刑集三〇巻五号一一七八頁、同昭和五二年五月四日刑集三一巻三号一八二頁など。
(8) 室井力・公務員の権利と法三〇頁。
(9) 遠藤「公務員の期限付任用」講話行政法入門一三四頁以下参照。
(10) 東京高判昭和五四年一二月二四日判例時報九五五号七三頁、東京地判昭和五六年六月二九日判例時報一〇二〇号七五頁、同昭和五九年二月二四日判例時報一一一四号一〇頁。
(11) 東京地判昭和五二年九月二一日行裁例集二八巻九号九七三頁、東京地判昭和五四年一〇月八日判例時報九五二号一八頁。
(12) 遠藤「複数当事者の行政行為(3)」北大法学論集二〇巻三号二四六頁以下、二五四頁以下。
(13) 例、町田顕「通達と行政事件訴訟」司法研修所論集一九六八年二号二九頁以下。
(14) 同旨、芦部信喜他編・法律学の基礎知識一〇三頁（遠藤執筆）。
(15) 遠藤・国家補償法上巻一六二頁以下参照。
(16) 遠藤・前掲書四一三頁。

(17) 例、東京地判昭和四四年一二月二五日判例時報五八〇号四二頁、大阪高判昭和五五年三月一四日判例時報九六九号五五頁など。
(18) 最判昭和三〇年二月二四日民集九巻二号二一七頁、同昭和三九年一〇月二九日民集一八巻八号一八〇九頁など。
(19) 例、松山地判昭和五三年四月二五日行裁例集二九巻四号五八八頁。遠藤「職権取消の法的根拠について」田上穣治先生喜寿・公法の基本問題二三五頁以下、二五一頁参照。
(20) 東京地決昭和四〇年四月二二日行裁例集一六巻四号七〇八頁参照。
(21) 遠藤・行政法Ⅱ（各論）第三編生活環境行政法参照。
(22) 最判昭和二八年二月一八日民集七巻二号一五七頁。
(23) 遠藤「行政法学の方法と対象」田中二郎古稀・公法の理論下Ⅰ一六〇五頁以下、一六三七頁など参照。
(24) 遠藤「未登記無届権利者と換地予定地指定なき移転命令」土地収用判例百選一四四頁参照。
(25) 最判昭和四〇年三月一〇日民集一九巻二号三九七頁など。
(26) 最判昭和四〇年七月二三日民集一九巻五号一二九二頁。
(27) 最判昭和四三年三月一日民集二二巻三号四七三頁。
(28) 最判昭和五三年一二月四日判例時報一〇三四号二七頁。
(29) なお、大場・縦横土地区画整理法三六〇頁、同・土地改良法換地下二二六頁、下出義明「土地区画整理と最高裁判例」法曹時報三二巻三号三七七頁以下など参照。
(30) 例、東京地判昭和五七年五月一九日判例時報一〇六二号一一〇頁。
(31) 例、東京高判昭和五七年六月二八日判例時報一〇四六号七頁。
(32) 最大判昭和四一年一〇月二六日刑集二〇巻八号九〇一頁、同昭和四四年四月二日刑集二三巻五号三〇五頁、六八五頁など。
(33) 最大判昭和五六年一二月一六日民集三五巻一〇号一三六九頁。
(34) 遠藤「行政権限の競合と融合」北大法学論集一九巻四号三五頁以下。遠藤・計画行政法一〇九頁ないし一四四頁、山村恒年「現代行政過程論の諸問題（六）」自治研究六〇巻二号一一一頁以下参照。
(35) 東京地八王子支判昭和五九年二月二四日判例時報一一一四号一〇頁。

(36)　遠藤「規制行政の諸問題」現代行政法大系一巻四五頁以下、五七頁以下の「申請を前提とする行政行為」参照。
(37)　C・M・ハール編・大塩＝杉本訳・都市計画と土地利用二六三頁以下参照。
(38)　なお、美濃部達吉・公法と私法一九〇頁以下参照。

(あとがき)　公務多忙のため、いったん寄稿を断念したあと、フトした機会に最後のチャンスがあることを耳にし、夏休みに入ったことをこれ幸いと必死の想いで書きなぐったもので、まことに粗雑なものとなった。田中先生をはじめ皆様に申し訳ない気持で一杯であるが、これまで同様、ここに問題提起した諸問題については日々一歩一歩探究の歩みをゆるめない所存であるので、ご海容を乞いたい。

(追記一)　本稿脱稿後、Karl-Heinz Ladeur,》Abwägung《―Ein neues Paradigma des Verwaltungsrecht. Von der Einheit der Rechtsordnung zum Rechtspluralismus (1984). を入手したが、紹介、検討は他日を期したい。

(追記二)　本稿脱稿後、阿部泰隆「抗告訴訟判決の国家賠償訴訟に対する既判力」(判例タイムズ五二五号一五頁)に接した。本稿二の3(本書二二五頁以下)に関連するが、別に書き改める必要を感じなかったのでそのままにしてある。阿部論文は消極的な疑問提示のもので、いまだ積極的な批判を内容とするものではないと思われるからである。若干の問題点(順不同)を指摘しておきたい。

(1)　国家賠償訴訟における違法と取消訴訟における違法とが異なるものとみる違法性二元論は、法秩序が矛盾するから賛成できない(一六頁)とする点には賛成できない。

(2)　拙著引用事例に取消訴訟に乗らないものがあること(一九頁)は「処分ないし法的行為の法的効果発生要件に関する違法」と損害賠償法上の違法とを比較している立場から何ら異とするにあたらない。

(3)　敷地二重使用を理由とする建築確認拒否事件の控訴審判決について国賠法上の違法に関する「理論構成の違いにすぎない」(二一頁)としているが、まさにこの理論構成こそが重要であって、阿部氏自身この点についての理論構成を積極的に提示のうえで議論を展開されることを期待したい。

(4)　「判断事項が同じなら既判力が及び、判断事項が異なれば既判力が及ばない」ことをみとめ、また、最高裁昭和四八年三月二七日判決も引かれているが(二二頁)、既判力が処分の違法性一般に及ぶとする通説の立場を前提とするとき、判断事項が偶然一致するときにかぎって及ぶ効力は既判力の名に値するのであろうか。ここでも取消訴訟判決の既判力についての積極的な立論の上での議論を期待したい。

(5)　その他、国賠法上の適法・違法と取消訴訟ないし抗告訴訟上のそれを一致させるためのいささか強引な努力を重ねられている（二一頁三段、二三頁三段など）が、枝葉末節についての批判は、右の(3)(4)の骨格をととのえたうえでの本格的批判に将来接したときにこれに対する反論とあわせてすることといたしたい。

（田中二郎先生追悼論文集『公法の課題』、一九八五年）

第二部　判例研究と小論

9　基本権類似の権利

連邦憲法裁判所一九六一年一月二四日決定
(BVerfGE Bd. 12, S. 81)

一　事実の概要

一九五七年七月二七日制定の連邦給与法（Bundesbesoldungsgesetz）の第三章は、州官吏の俸給に関する準則たる定めを内容としていた。そして、俸給ならびに俸給表上の職種の格付けを法律によって規定すべきこと、基本職種名（Grundamtsbezeichnung）を同じくする官吏・裁判官の昇給については、俸給表において同法所掲の表に従って統一的に規定すべきこと、第九勤続年級（Dienstaltersstufe）に達した裁判官は職級Ａ14の基本給を受給しうることなどの定めが置かれていた。

この連邦法に従って各州では新しい州給与法が制定されるにいたったが、バーデン・ヴュルテンベルクでも、州官吏の給与を連邦法上の準則に適合させるため一九五八年一月二七日制定の州給与法（Landesbesoldungsgesetz）が同年一月三一日公布され、一九五七年四月一日より施行されるものとされた。

ところで、同法に別表第一として付加された俸給表Ａによれば、職級Ａ13の俸給を受給する基本職種名中に、区裁判所裁判官、労働裁判所裁判官、財政裁判所裁判官、州裁判所裁判官、社会裁判所裁判官、行政裁判所裁判官が挙げられ、その全てについて「職級A14に入らない限り」との但書がついていた。また、これらの基本職種名は全て職級A14にも列挙されており、その脚注に「大蔵省ならびに関係省の定める職（Stelle）に限る。第九勤続年級に達しないものを除く」旨の規定があった。さらに、同法二四条一項により、一九五七年四月一日現在在職の官吏ならびに裁判官の切替のため同法に別表第四として付加された切替表によれば、一九五七年三月三一日現在裁判官の特別職級A2c2の受給者は、第八勤続年級以下の者は職級A13に、第九勤続年級以上の者は職級A14に切替えられるものとされていた。

本件の異議申立人は、切替基準日である一九五七年三月三一日にフライブルク州裁判所の裁判官であり、裁判官職級A2c2の俸給を受給していたが、バーデン・ヴュルテンベルク司法省の処分により、一九五八年六月一六日、職級A13に切替えられる旨の通知を受けた。そこで申立人は、審査請求を経た上でフライブルク行政裁判所に取消訴訟を提起（本件決定当時係属中）するとともに、一九五九年一月二五日連邦憲法裁判所に対して憲法異議の申立（Verfassungsbeschwerde）を提起するにいたった。

申立人は、(1)裁判官の給与が、もっぱら法律のみによって規律され、執行府（Exekutive）の裁量に委ねられないことは、職業裁判官制の伝来的原則（ein hergebrachter Grundsatz des Berufsrichtertums）である。新しい州給与法が、裁判官の昇給を執行府の個別的裁量に委ねているのは、基本法三三条五項が保障しているこの原則に反する。さらに、基本法三条一項（平等原則）、九七条（裁判官の独立）、七五条・七二条一項（連邦と州の立法権）に違反する。(2)したがって、上記俸給表Aの中の「大蔵省ならびに関係省の定める職に限る」との規定は、基本法三条一項、三三条五項に反して無効である。(3)上記バーデン・ヴュルテンベルク司法省の処分は取消すべきである、旨の主張をした。連邦憲法裁判所は、第三点については、通常の訴訟手続を尽くしていないため不適法であるとしたが（連邦憲法裁判所法九〇条二項）、他の点では、申立人の主張を認容し、上記俸給表は無効であるとした。

二　決定要旨

まず本案前の判断について次のように述べる。「基本法三三条五項が、官吏の身分上の法的地位に関する『職業官吏制の伝来的原則』を（単に考慮することのみならず）尊重することを要求し、かつ保障しているかぎり、同条同項は、この伝来的原則によって形成された公務員の身分上の法的地位を国家が侵害してはならないという内容の、国家に対する基本権類似の主観的請求権を常に官吏に与えているのである。たしかに、基本法三三条五項は『職業官吏制』といっている。しかし、この規定の置かれている位置からいって、この言葉が裁判官の職務ならびに職業裁判官の身分上の法的地位を含むことは疑いをいれない。基本法三三条五項は、裁判官の勤務法に関する立法者の尊重すべき伝来的原則で、正に裁判官の身分上の法的地位の形成にあずかるものが立証できるかぎり、裁判官に対しても同様の基本権類似の個人的権利を認めているのである。」

つぎに、本案についても、「裁判官勤務法の伝来的原則に裁判官の身分上・職務上の独立の原則が含まれる。しかも、裁判官独立原則の前提要件として、少なくとも、相当の確定額の俸給の支払と、個々の裁判官の地位に対する執行府のありとあらゆる影響力の排除とが属する。特に後者は、裁判官の昇給が法律上に規律されるべきこと、そして、昇給が、より高い責任を伴う職務に格付けられた結果として生ずる場合を除いて、執行府の裁量に委ねられないこと、を意味する。」旨の判断を下した。

三　解　説

(1)　本案の問題もなかなかに興味深い問題であるが、ここでは標題の本案前の問題を中心として論ずることにしよう。すなわち、憲法異議の申立の要件の一つである、権利侵害の問題である。

⑵　憲法異議の申立は、憲法裁判（Verfassungsgerichtsbarkeit）の一種であるが、他の憲法裁判にはみられない種々の特色をもっている。

まず、基本法の直接の定めに基づくものではなく、基本法九三条二項の授権により、一九五一年三月一二日の連邦憲法裁判所法九〇条以下の規定によって認められたものである。つぎに、機関争訟や規範統制などとは異なり、申立人の資格に特段の制限がなく、「何人でも」、基本権の侵害あるときに、出訴できる点にその特色がある。いわば一個人の資格において、基本法の基本権保障を制度上に貫徹させるものであるといってよい。単に、自然人・法人にとどまらず、場合によっては、州その他の公共団体はもとより、行政組織上の一単位にすぎないもの（例、大学につき、BVerfGE 15, 256〔262〕）にすら、その資格が認められる。さらに、これは、いかなる公権力の行為に対しても認められる。行政府の行為はもちろん、司法権の行為、立法そのもの（立法府の不作為につき、BVerfGE 8, 1）に対しても、異議申立が可能である。

⑶　しかしながら、以上にみられる包括性の反面として、憲法異議の申立において主張できる、侵害の対象となりうる権利は、連邦憲法裁判所法九〇条に限定列挙されたものに限られる。基本法一九条四項を根拠とする行政訴訟が、いわゆる概括主義をとり、いかなる権利の侵害でもよいのに対して、著しい特色をなしているわけである。すなわち、連邦憲法裁判所法九〇条一項によれば、申立人は、自己の基本権の侵害か、または、基本法三三条、三八条、一〇一条、一〇三条および一〇四条に含まれる自己の権利の侵害の主張をしなければならない。後者を包括して、一般に「基本権類似の権利（grundrechtsähnliche Rechte : grundrechtsgleiche Rechte）」と呼んでいるのである。

したがって、まず、その一つは、基本法第一節に登場する基本権でなければならない。欧州人権条約上の人権はもちろん、州憲法上の基本権もその対象とならないことは、連邦憲法裁判所が連邦の機関として基本法の保障の任にあることや、連邦憲法裁判所法の政府草案では「基本法一条ないし一七条の基本権」となっていたことなどから、当然と考えられている。古典的な自由権がここでは中心として保障されるわけである。ついで、基本法第九節の裁判に関する、一〇一条、一〇三条、一〇四条、最後に、選挙権に関する三八条と、本件で問題となっている公務員に関する三三条とが保障される（なお、二八条は特別のものであるので一応除外）。

(4)　さらに、以上に登場する基本法の条文を援用するだけでは不十分である。それらの条文が個人の権利を直接に保障している場合であり、しかも、それが公権力の行為によって直接に侵害されることが必要である。

本件で問題となっている基本法三三条五項は、ワイマール憲法一二九条とは異なり、公務員個人の既得権を保護するものではなく、直接には、むしろ一般公益のために、伝来的な職業官吏制のいわゆる制度的保障を内容とするものである。したがって、この三三条五項違反の主張をするだけでは、憲法異議の申立は認められない。他の基本権の場合同様に、これが直接に個人的権利（Individualrechte）を保障しているかぎりにおいて、本条違反の主張が可能である（BVerfGE 6, 445〔448〕）。

連邦憲法裁判所は、既に、基本法三三条五項は、直接には客観的に、種々の事情を考慮して相当である額の俸給の支給を保障することにより、同時に、主たる直接の当事者である官吏に対して、相当額の俸給を憲法異議の申立によって主張しうべき直接の請求権を与えているものとした（BVerfGE 8, 1〔17f.〕）。すなわち、単なる制度保障の域をこえて、憲法上の保障に対応する個人的権利を認めたわけである。

本件では、さらに、この趣旨を進めて、形式的には今日、官吏（Beamte）とは区別される裁判官など、広く、公務員の特定種類のものの伝来的地位に関するものをも、本条に含ましめるにいたった。また、事案は俸給に関するものではあるが、単に相当の俸給請求権を認めるにとどまらず、広く職業官吏制の伝来的原則によって特定される身分上の法的地位（persönliche Rechtsstellung）の尊重を請求しうる請求権を認め、これの一環として裁判官の俸給を取扱っている点が注目される。したがって、同様に基本法三三条五項の違反は、俸給法上の差別的取扱いなどにも認められる余地があることになる（BVerfGE 12, 326〔334〕）。

しかしながら、公務員個人の法的地位に関するものでなければならないから、ある部の裁判官の忌避を認めた上級裁判所の決定を、その部に属する裁判官が、基本法三三条五項を理由として憲法異議の申立をしても、不適法として却下される。それは個人としてではなく、裁判権の一分岐としての機関活動が妨げられたことを理由として、裁判組織の一部が、他の裁判機関の見解を争っているにすぎないからである。同じ裁判官が、基本法一〇一条一項二号の法律による裁判官の規定を援用しても同様で、これは訴訟当事者のためにあるのである（BVerfGE 15, 298〔302〕）。

(5)　最後に、それでは連邦憲法裁判所の審査の範囲は、厳格に上記の条文の範囲に、しかも、それが個人的な法的地位と関連する限度に、限られるのであろうかの問題が残る。

連邦憲法裁判所の若干の判例は、その他の憲法違反の主張も、包括的な職権審査のきっかけ（Anregung）としての意味があるとしている。ただ、実際上にこれが認められるのは、基本法二条一項を通じて間接的に、すなわち、ここで保障している一般的な活動の自由は、合憲的法秩序によってのみ制限できるものとし、したがって、憲法の全ての要請を充足する法規範のみがこの一般的な活動の自由を制限しうるものとすることによってである。しかも、実際には、連邦法上の管轄に違反して無効な法律の場合だけであるようであるし、学説の反対もかなりある（Friesenhahn, S. 37f., 82, 99 ; Lechner, S. 263f.）。

（参考文献）

Maunz-Sigloch-Schmidt-Bleitreu-Klein, *Bundesverfassungsgerichtsgesetz*（Kommentar）1967.
H. Lechner, *Bundesverfassungsgerichtsgesetz*（Kurz-Kommentar）1954. Ergänzungsband 1957.
Hrsg. von Hermann Mosler, *Verfassungsgerichtsbarkeit in der Gegenwart* 1961.

E.Friesenhahn, Die *Verfassungsgerichtsbarkeit in der Bundesrepublik Deutschland* (Sonderdruck) 1963.
G.Pfeiffer, Die, *Verfassungsbeschwerde in der Praxis* 1959.

（別冊ジュリスト二三号『ドイツ判例百選』、一九六九年）

10 設権的行政処分の取消

コンセイユ・デタ一九二二年一一月三日判決

(Dame Cachet, Rec. p. 790; S. 1925. III. 9; R. D. P. 1922. 552, concl. Rivet)

一 事実の概要

一九一八年三月九日の法律は、戦争状態に起因する賃貸借（un bail à loyer）の履行・解除に関する所有者・賃借人間の紛争を処理するための非常臨時規定を内容とするものであるが、同法は、賃借人に対する賃料の免除軽減等の措置を認める反面として、その場合に一定要件の下で所有者に対して賃料喪失に対する補償を認めていた。同法三〇条によれば、補償請求は、敵対状態終了後一年以内に各県の登記所長に申し立てること、登記所長は申立受理後二ヵ月以内に補償額を決定し、これを所有者に通知すること、通知後一五日以内に所有者は財務大臣に対して不服を申し立てることができ、財務大臣はこれを一ヵ月以内に裁決すべきこと、この裁決に対して所有者は一般の原則に従ってコンセイユ・デタに訴訟を提起しうることとされていた。

原告カセ夫人は、リヨンに住宅と菜園を含む不動産を持ち、これを訴外の園芸業者（un jardinier）B氏に貸していたが、同氏が右法律により賃料支払いを免除されたため、右規定に基づいて賃料喪失の補償をローヌの登記所長に請求した。一九二〇年一一月三〇日登記所長はカセ夫人に一二一フラン五〇サンチームの賃料損失の補償を認めたが、カセ夫人は、この補償額を不満とし、財務大臣に対しその増額を求める不服申立をした。この請求に対して財務大臣は、カセ夫人の不動産が全体として耕作地（un bien rural）の性質をもつものとし、したがって、右法律の対象とならず同法所定の損失補償を生ぜしめえないことを理由として、補償増額の請求を棄却したのみならず、登記所長の認めた一二一フラン五〇サンチームの補償を職権によって取り消した。そこで原告は、この裁決の取消を求めて出訴に及んだのが本件である。コンセイユ・デタは、増額請求を認める部分については、原告財産が耕作地であり、原告とB氏との間の合意は、賃貸借（un bail à loyer）ではなく、右法律が対象とはしていない耕作賃貸借（un bail à ferme）であるとして、これを棄却したが、一二一フラン五〇サンチームの補償の取消・返還請求を内容とする財務大臣の決定の取消を求める部分については、次の理由から原告請求を認容した。

二　判旨

「原則として、設権的行政決定が争訟による取消を惹起しうるような違法性を帯びている場合には、自ら職権によってこれの取消を宣言する権限が大臣にあるにせよ、それは、争訟のための期間が徒過しない間においてのみこれをなしうる。また、争訟が提起された場合には、争訟期間経過後もなおコンセイユ・デタの判決が下されるまでは、当該争訟の対象となっている限度において、かつ、争訟に満足を与える目的のために、大臣は係争行為を自ら取り消すことができる。ただし、原告の請求する取消の限度内においてであり、かつ、争訟期間内に争われず、また取り消されなかった決定の部分に基づく確定的な既得の権利を害することはできない。この一般原則は、一九一八年三月九日の法律によって定められたすべての特別手続についても適用がある。」

「登記所長の決定は、執行的決定の性格をもつものであり、権利を設定するものであるから、上記の一般原則の適用により、法律上の理由（un motif de droit）に基づき、かつ、上記の一五日の期間内にのみ、大臣の職権によって変更することができる。審理の結果によれば、カセ夫人に一二一フラン五〇サンチームの補償を認める一九二〇年一一月三〇日付登記所長の決定がこの所有者に通知された時より、一九二一年五月二五日財務大臣の決定がなされた時には、すでに一五日以上経過している。したがって、カセ夫人は、登記所長によって与えられた一二一フラン五〇サンチームの補償という確定的な既得の権利をもつにいたったのであり、財務大臣は、その返還を適法に命ずることはできないのである。」

三　解　説

(1)　ここで問題となっているのは、行政行為の取消一般ではなくて、行政行為の職権による取消の問題である（事案は行政上の不服申立に基づく取消のようにもみえるが、登記所長は「大臣の委任に基づいて」補償額を決定するものとされているところから、本件は上級監督庁による職権取消の事案として取り扱われている）。

行政行為の争訟による取消（l'annulation par la voie contentieuse）と、その職権による取消（l'annulation d'office）とでは性格を異にする。けだし、争訟取消においては、一定の争訟手続により裁決庁・裁判所などの機関が当事者の争訟の提起をまって行うものであるのに対し、職権取消においては、行政活動の一環として処分庁または監督庁等の行政庁のイニシアティブに基づいて行われる点にその特色をもっている。したがって、前者においては、争訟提起の利益あるとき、すなわち主として負担的行政行為が問題となるのに対して、後者においては、主として授益的行政行為が問題となる。争訟とくに訴訟による取消にあっては、その制度目的上違法の行政行為は取り消されざるをえない。そこでは適法性の要請がそのままに妥当するといってよい。しかしながら、授益的行政行為の職権取消にあっては、他面において、授益的行政行為を信頼した相手方関係者の信頼の保護や法律生活の安定の要請をも考慮しなければならないから、困難な問題を提供する。この問題について立法的解決をはかっている国もないではないが、多くの国では判例法によってそれぞれ特色のある法理が形成されている。本判決は、フランスにおける判例法形成のリーディング・ケースをなすものである。

(2)　本判決は、(a)設権的行政行為については、(b)違法のみを理由として、かつ(c)争訟取消のための期間内に限って、(d)職権による取消が認められる、という内容の原則を立てている。

第一の設権的行政行為（actes administratifs générateurs de droits）の概念はきわめて広く解されており、ほとんど授益的行政行為と同意義のものと理解されている。既得権（droits acquis）が存在するためには、ワリイヌによれば「相手方がその維持に利益をもつ確定的法状態を終局的に形成することを行為の目的効果とする」ことが必要十分条件である。このような授益的行政行為については、法的安定性の見地から行政行為の個別的効果の確定性（l'intangibilité des effects individuels）の原則ならびに行政行為の不遡及（la non-rétroactivité）の原則によって、フランスでは原則として不可変更性が認められているといってよい。後者の原則からは、行政行為を取り消す行為も行政行為である以上、遡及効はもちえないから、授益的行政行為を遡及的に取り消すことはできないとするわけである。このような諸原則にもかかわらず、第二・第三の要件の下で、授益的行政行為の遡及的取消が許される理由は、もっぱら職権取消を争訟取消と同視し、その代用品（un succédané de l'annulation contentieuse）とみる点にある。当初、違法の行政行為は個人に権利を設定できないとの考えから、違法の行政行為は何らの制限なく、とくに期限の制限なく何時でも取り消しうるものと考えられたこともあるが、現在一般に認められている違法行為の職権取消の根拠は、職権取消が争訟取消と全く同様に、行政行為の違法性の制裁ないしは適法性原理による違法状態の除去、適法状態の回復を任務とするものであって、争訟取消に代わるものであるという考えである。フランスでは、この考えを徹底し、職権取消をも争訟取消におけると同一期限の制限に服せしめる（ただ、期間計算の起算点については議論がある）ことによって、適法性の要請と法的安定の要請との調和を図っているわけである。

職権取消を争訟取消と同視する考えは現在にいたる判例法の次の諸点にあらわれている。(イ)争訟期間による制限は、広く上級監督庁による取消にも妥当する。(ロ)出訴期間内に出訴があれば、その訴訟係属中判決言渡のあるまでは職権取消も可能である。ただし、原告請求原因内の事由に限定される。(ハ)職権取消における違法の概念は、争訟取消におけるそれと同一である。(ニ)取消は行政庁の権能に止まらず、行政庁の義務である。(ホ)取消の効果は、行政行為不遡及の原則にもかかわらず、遡及する。

(3)　しかしながら、職権取消が争訟取消と性格を異にすることは、以上の法理が授益的行政行為についてのみ妥当し、行政行為一般の職権取消に争訟期間の制限が及ばないことからもすでに明らかであるが、以上の原則についても認められる例外からも、これを読みとることができよう。次のような例外が認められている。(イ)設権的でない行為、とくに全く負担的行為や法規的行為（acte réglementaire）は、何時でも、また違法性以外の理由によっても取り消すことができる。(ロ)純粋に恩恵的な行為。(ハ)制裁を取消・軽減する場合。(ニ)停止条件付行為で効力発生前の場合。(ホ)重大な瑕疵が付着し法的不存在の行為とみられる場合（行政行為の不存在については、遠藤・後掲三八二頁以下参照）。(ヘ)受益者によって詐取された場合。(ト)金銭給付決定の場合（給与過払の返還など）。(チ)前提たる個別的行政行為取消の場合、これの結果たる行為は出訴期間経過後でも取り消しうる（前任者の罷免取消の場合の後任者の任命の取消など）。(リ)特別法によって取消権限が認められた場合。(ヌ)事後的理由に基づく取消（撤回）は別である（公益上の必要よりする警察許可の取消、道路占用許可の取消など）。判例学説上の用語は一定していないが、違法を理由とする遡及的取消を〈retrait〉、事後的理由に基づくものを〈abrogation〉と呼ぶ者が多い。

(4)　このようにして、職権取消を争訟取消と同一に考えるといっても、それはごく原則的なところに止まる。のみならず、本件に始まる職権取消の法理が、公務員法などの特定の分野に妥当するかどうかについて疑問を示す学説もないではないし、特別法の定めもかなりあるようである。しかしながら、以上のような原則が立てられた結果として、それぞれの行政分野の具体的事情に応じた職権取消論の形成や、〈retrait〉と〈abrogation〉との相互の関係の立ち入った分析など、職権取消論全般についての理論の水準は、他の諸国と比較して余り高くないように思われる。ただ、職権取消の中にも、争訟取消同様に、適法性回復のためにする回顧的取消がありうること、それについては、争訟取消同様の短期の期限を付するのが相当であること、を示す点にその意義を認めることができよう。なお、オーリューの本件評釈でも、判旨は、行政行為の効力に関する問題を早期に解決すべきであるとする基本的発想に立つものであるとしている。

（参考文献）
遠藤博也・行政行為の無効と取消・第二章とくに一一〇頁以下参照
成田等編・行政法講義下・第六編第三章第六節参照
M. Hauriou, *La jurisprudence administrative de 1892 à 1929*, tome II, p. 100 et suiv.
M. Waline, *Le retrait des actes administratifs*, Mél. Mestre, 1956, p. 563 et suiv.

（別冊ジュリスト二五号『フランス判例百選』、一九六九年）

11　行政行為の無効と取消の区別の基準

一　問題の意義

(1)　行政行為の無効と取消とを区別する意義は、理論上行政法体系の基本にかかわるものであるが、実際上には権利救済の必要、特に争訟手続上の必要にある。

行政行為の無効の概念自体、通常の行政争訟手続における権利救済上の不備不完全を補うため、行政裁判所時代にあっては、主として民事訴訟の先決問題としての処分無効の主張、旧行政事件訴訟特例法時代にあっては、このほかに本案たる処分無効確認請求の訴訟を認めるためにつくられたものである。現行行政事件訴訟法の下においては、通常の権利救済手続の不備不完全を一応是正するとともに、従来判例・学説上の所産にすぎず適用法規などについて争いのあった、行政行為の無効に関する訴訟を立法上公認し、その適用法規を整備するにいたった（行訴法三条四項、三六・三八条、四五条等）。したがって、現行実定法の解釈適用のためにも無効と取消の区別の基準を明らかにする必要があるわけである。

(2)　行政行為の無効が問題となる場面は、しかし、本案たる無効確認訴訟、民事訴訟等の先決問題での無効主張にかぎられない。

実体法上、不可変更力その他職権取消の限界、違法性の承継、行政部内における審査権の限界等をめぐって問題となる。また、学説の中には、仮処分との関係で、旧行政事件訴訟特例法の下において、また現行行政事件訴訟法の下においても、処分無効の場合または重大明白無効の場合に、これを認めるべきであるとする主張がある（消極、最判二八年六月二六日民集七巻六号七六九頁。〔以下判決年の昭和はすべて省略〕なお行訴法四四条参照）。さらに、取消訴訟・刑事訴訟をはじめ、あらゆる形の訴訟において、その本案との関連は直接・間接の種々雑多な非定型的なものであるが、処分無効の主張がありうる。

(3)　また、判例上無効が問題となる行政行為にも種々雑多な性格の異なるものがある。たとえば、国籍の付与・離脱に関する処分、条例等の法令など、通常の行政処分同様の一般的な取消の存在が考えられないもの、金銭給付を内容とする授益的処分であって、通例相手方からの取消訴訟の提起が考えられず、また法の根拠を欠く給付が禁止されるもの、私人相互間の法律関係の形成変動に関与する処分、あるいは合議体の議決など、種々の特殊の配慮が要求されるものが少なくない。

(4)　無効・取消の区別の基準に関する判例の現状は、その基準自体、また、その基準の運用において統一とよぶにはほど遠い状態にある。無効が問題となる場面、問題となる行政行為が種々雑多のものであるうえ、判決は具体的事案の解決のために行なわれるのであって、一般的基準定立が目的ではなく、一般的基準定立もそのための手段にすぎないものであってみれば、けだし当然であるといえる。従来の法解釈学は、とかく概念の体系であり、概念とは一連の問題＝解答群をセットとしたものであり、したがって、概念の体系は同時に「解答の体系」であった。このような方法はそれなりの長所をもっているが、本稿のテーマとする問題の性質ならびに判例の現状からみて、このような方法によって、いたずらに、基準の理論的斉合性とか論理的精緻さを求めることには疑問がある。そこで、本稿は、基準が現実の判例の上ではたしている機能に注目し、そこにみられる問題を浮き彫りにすることを目的とする。

二　判例の現状

(1)　最高裁判所をはじめとする多くの裁判所の判決は、行政行為の無効・取消の区別の基準として、単なる違法ではなく、「その違法が重大かつ明白である場合」または「重大かつ明白な瑕疵がある場合」にのみ無効となるとする、いわゆる明白説をとっている。この明白説は、昭和の初年すでに田中二郎博士の助手論文において主張されたものであり、大審院判例にもこれに従ったものがみられるが、第二次大戦後とくに昭和三〇年代の一連の最高裁判所判決を通して判例上確立されるにいたった（最判三〇年一二月二六日民集九巻一四号二〇七〇頁。最大判三一年七月一八日民集一〇巻七号八九〇頁。最判三二年一月三一日民集一一巻一号二〇一頁。同三四年九月二二日民集一三巻一一号一四二六頁。同三五年六月一四日民集一四巻八号一三四二頁。同三六年三月七日民集一五巻三号三八一頁。同三六年四月二一日民集一五巻四号八五〇頁。同三六年七月一四日民集一五巻七号一八一四頁。同三七年七月五日民集一六巻七号一四三七頁。同三八年一二月二六日訟務月報一〇巻九号一二四六頁。同四〇年八月一七日民集一九巻六号一四一二頁。同四二年三月一四日民集二一巻二号三一二頁。同四二年四月七日民集二一巻三号五七二頁。同四二年七月一八日訟務月報一三巻一〇号一二一〇頁。同四二年七月二一日訟務月報一三巻九号一〇八二頁等）。

(2)　特に明白要件を要求せず「重大な瑕疵」のみを区別の基準とする、いわゆる重大説は、昭和二〇年代の下級審判決に散見されるが、昭和三〇年代に入るとともにほとんど姿を消してしまった。しかし、一般的に「重大な瑕疵」を基準とするのではなく、基本的な前提事実・前提要件を欠く処分は無効であるとする判例は、特に申請を前提とする行政行為などについて、今日にいたるまでまま見ることができる。

国籍離脱の届出が本人の意思に基づかず、父親名義でなされた場合につき、国籍離脱の届出は無効であり、この国籍離脱を前提とする国籍回復に関する内務大臣の許可もまた無効であるとする最高裁判決（最大判三二年七月二〇日民集一一巻七号一三一四頁)、対象土地の所有者の承諾を欠く道路位置指定処分、関係権利者の承諾を欠く道路位置廃止処分（建基法四二・四三条参照）は、重要かつ必要不可欠な根本要件を欠くものとして当然無効とする諸判決（東京高判四一年二月二一日行裁例集一七巻二号一三四頁。東京地判四二年八月一六日行裁例集一八巻八・九号一一五四頁。同四六年五月二九日判例時報六二九号五三頁。ただし、承諾の欠缺が明白なりや否やを問題とするものとして、東京地判三八年四月三〇日行裁例集一四巻四号九一八頁、同三九年五月二八日行裁例集一五巻五号九〇〇頁がある）、在監中のため在留資格取得申請に関する法律の制定公布を知る機会なく申請期間を経過した外国人に対する退去強制令書発付処分は、その処分のよって立つ基本的要件を欠く処分として無効であるとする判決（東京地判四二年一二月二二日行裁例集一八巻一二号一八〇三頁。ただし、控訴審である東京高判四三年七月一六日行裁例集一九巻七号一二〇八頁は、法の不知は許さずとして、これを否定した）、宗教法人たる寺院の規則の作成が檀徒総代の同意を欠き無効であるため、これに対する知事の認証が前提要件を欠き無効であるとするもの（東京高判四二年一二月二六日行裁例集一八巻一二号一八一六頁）などがその例である。

(3)　また、無権限・権限外（青森地判三八年一二月二七日行裁例集一四巻一二号二二三三頁。東京地判四三年二月二八日行裁例集一九巻一・二号三三五頁。名古屋高判四四年一一月一九日高裁民集二二巻六号七六四頁）、有効要件違反（旭川地判四五年八月三一日判例時報六一七号四三頁）、法の主たる目的達成のために必要な強行的性質を帯びる重要な規定違反（仙台高判三六年一〇月一二日行裁例集一二巻一〇号一九六七頁）等の場合に、明白説によることなく、直ちに当然無効なり絶対無効とされることがある。

最高裁判所も、滞納者の所有に属しない第三者所有不動産を対象とする差押・公売処分は、競落人に目的不動産の所有権を取得させる効果を生じないとする意味において無効であるとしている（最判三五年三月三一日民集一四巻四号六六三頁。同旨東京地判四四年一〇月二九日行裁例集二〇巻一〇号一三〇四頁）。

なお、無効を否定するための消極的基準として、たとえば、土地区画整理委員会や温泉審議会の意見を聴くことは「有効要件ではない」といった用例がよくみられる（最判三一年一一月二七日民集一〇巻一一号一四六八頁。最判四六年一月二二日判例時報六二〇号二六頁）。

(4)　そのほか、注目をひくのは、行政上の一定の措置を、法律上とうてい「許されない」ものとして、無効とする少数の判例が存在することである。

最高裁判所は、自作農創設特別措置法による買収計画の公告・承認後遅滞なく買収令書の交付または交付に代わる公告が行なわれた事跡がないにもかかわらず、「買収の時期」より一〇余年も経過して後に、農地法施行法二条一項一号の規定に依拠し、あらたに買収令書を交付して買収処分をするごときは「とうてい許されない」として無効とし（最判四三年六月一三日民集二二巻六号一一九八頁）、また、いったん有資格者に売り渡された農地を重ねて第三者に売り渡すごときは、たとえ先に売り渡しを受けた者の意思に反しない場合においても法律上許されないという意味において無効であるとしている（最判四〇年八月三一日訟務月報一二巻一号四五頁）。

なお、知事が所有者の開墾中の土地に対して違法に立入禁止をしてその開墾を妨げ、同地を未墾地として買収処分をした場合に、行政庁が自ら違法に作出した状態を利用して、そのような状態の存在を要件とする処分を行なうことは、もともとその処分を一定の要件のもとに許容した法の趣旨に適合しないとして、もし違法の立入禁止がなかったとすれば、買収計画樹立当時すでに同地が明らかに農地となっていたと想定できるときは、右買収処分は無効となると解した原審判断は相当であるとする最高裁判決がある（最判四〇年八月一七日前掲。この判決は、明白説によって無効を認めた原審判断の結論を認めたものであり、また別の論点の部分では明白説を認めているが、この部分では明白説の直接の適用によらずに無効を認めているものと解される）。

三　判例理論の検討（一）
――明白説の意義――

(1)　無効・取消の区別の基準に関する判例には、右にみるように種々異なる立場がある。しかし、何といっても今日判例の多数は、いわゆる明白説をとっているといえる。ところが、この明白説の内容自体が明確なものではなく、明白説の中にさらに種々異なる立場があるため、明白説をもって一つの立場といいうるかどうかが、疑問なのである。

まず、明白説の根拠が判例上には明らかではない。瑕疵の重大性と並んでその明白性を要求する（以下「明白性要件」という）理由は、行政裁判所時代にあっては、本来行政行為の審査権を有しない司法裁判所に無効認定権を認めるために必要だと考えられたのであるが、今日では、関係当事者の信頼保護、法律生活の安定、法的平和等の諸要請がその内容として考えられる。最高裁判決の中には、当該行政庁の権限に属する処分としての「外観的形式ないし形態」を具有するかぎり、違法処分も無効ではないということを明白説の前提としているかにみえるものがある（最大判三一年七月一八日前掲。最判三二年一月三一日前掲）。また、無効と取消の「区別の基準は、当該行政庁の判断に権限ある国家機関の判断として尊重するに値しないような、従つて又かかる判断に基づく処分による侵害から国民の権利を保護することがつよく要請せられるような致命的な欠陥が附着しているかどうかの点」に求めなければならないとして、後述のいわゆる客観的明白説に到達している下級審判決がある（東京地判三六年二月二一日行裁例集一二巻二号二〇四頁）。しかし、大多数の判例では、ほとんどその根拠は述べられていない。

(2)　つぎに、違法の重大性の意味も必ずしも明確ではないが（欠けている法律要件がその行政法規の目的・意味・作用などからして当該処分にとって重要な要件と解される場合とする東京地判三五年四月二〇日行裁例集一一巻四号八七二頁、理由付記の欠缺も当事者が出訴期間内に取消訴訟を提起できるから重大な違法でないとする最判三一年一月三一日前掲、誤認がなければ処分がされなかったであろうという関係にあるから重大な瑕疵であるとする東京地判四五年二月二四日行裁例集二一巻二号三四三頁、同四六年三月二一日判例時報六二七号三五頁など参照）、とくに、明白性要件の内容は明確ではない。

(a)　最高裁判決によれば、「無効原因となる重大・明白な違法とは、処分要件の存在を肯定する処分庁の認定に重大・明白な誤認があると認められる場合を指す」（最判三四年九月二二日前掲）。また、瑕疵が明白であるかどうかは、処分成立の当初から「処分の外形上、客観的に、誤認が一見看取し得るものであるかどうかにより決すべきものであつて、行政庁が怠慢により調査すべき資料を見落したかどうかは、処分に外形上客観的に明白な瑕疵があるかどうかの判定に直接関係を有するものではな」い（最判三六年三月七日前掲）。さらに「瑕疵が客観的に明白であるということは、処分関係人の知、不知とは無関係に、また、権限ある国家機関の判定をまつまでもなく、何人の判断によつてもほぼ同一の結論に到達しうる程度に明らかであることを指す」ものとしている（最判三七年七月五日前掲）。

(b)　これに対して、下級審判決の中には、瑕疵が客観的に明白であるということとは「当該行政処分に欠けている具体的法定要件が間違いなく当該行政処分の法定要件であることが特別の専門的知識や経験をまたないでも、一般人の正常な判断を以てすれば明白であつたということ」と「当該行政処分がなされた具体的状況のもとにおいて問題の具体的法定要件が欠けていることが特別の専門的調査や研究をまたないでもその外観によつて一般人の目に明白であつたということ」であるとするもの（東京地判三五年四月二〇日前掲）、また、「明白な違法の中には、処分要件の存否に関する行政庁の判断が、格別の調査をしないでも一見して容易に認識しうる事実関係に照らして何びとの眼にも明白な誤りであると認められる場合のみならず、行政庁が具体的場合にその職務の誠実な遂行として当然に要求せられる程度の調査によつて判明すべき事実関係に照らせば明らかに誤認と認められるような場合、換言すれば、行政庁がかかる調査を行えばとうていそのような判断の誤りをおかさなかつたであろうと考えられるような場合もまた」明白な違法に含まれるとするものがある（東京地判三六年二月二一日前掲。同三九年五月二八日行裁例集一五巻五号九〇〇頁）。

(c)　判断資料に脱漏はないが判断そのものを誤った場合について「著しく経験則に反する評価方法による認定であつて、かかる認定のかしは、個人の判断によつてもほぼ同一の結論に到達しうる程に明白なものである」とするものがある（東京地判四五年二月二四日前掲。ほぼ同旨、東京地判四六年三月二二日前掲）。

(d)　およそ当該行政法規の対象とならないものにこれを適用した場合で、事実誤認というよりも法の解釈を誤った場合につき「明らかに法律の適用を誤り」たるものとして明白な瑕疵があるとするものがある（個室付浴場に公衆浴場法ならびにこれに基づく条例の距離制限の規定は適用ないとする大阪地判四一年四月一二日行裁例集一七巻四号三五二頁）。

(3)　このように明白説と一口にいっても、その内容には種々異なるものがあるうえ、そのそれぞれの内容は必ずしも明確ではない。「明白」とはいっても、法解釈の誤りと事実誤認とで同一でありえないことはもちろん、事実誤認であっても農地なりや否やと小作地なりや否やとでは、おのずから異なる基準にならざるをえまい。また、「外観上」明白とか「客観的」明白とかいっても、文字通りに「外観上」明白というのは、事実上特殊な場合にかぎられるが、基準としての「外観上」明白説がこのような場合だけの基準とはされていない以上、これらの内容は明確とはいいがたい。のみならず、基準の内容が不明確であるよりも前に、明白説等の基準の用いられ方自体、あるいは基準の機能そのものが異なっているのである。

(a)　まず、基準が無効を肯定するための積極的基準として用いられている場合とこれを否定するための消極的基準として用いられている場合とでは必ずしも同じものとはいえない。わかりやすい例では、ある法律要件が有効要件でないことを理由として無効を否定する場合、有効要件であれば直ちに無効を肯定するかどうかは疑問である。

(b)　また、明白説も、重大性要件と明白性要件をそれぞれ個別に検討している判決もあるが、「重大かつ明白な違法」なりや否やを包括的に判断している判決のほうがむしろ多い。訴願裁決に不可変更力があるとしつつ取消裁決は無効でないとする判決（最判三〇年一二月二六日前掲）などがその例である。

(c)　したがってまた、基準には価値判断の基準としての側面と技術的基準としての側面とが考えられる。さらにいえば、技術的基準も価値判断のための手段である。技術的基準として明確になった分だけ適用範囲のせまくなった価値判断の基準であるともいえる。したがって、いわゆる客観的明白説（例、東京地判三五年四月二〇日前掲）と外観上明白説（例、東京高判三六年八月二四日行裁例集一二巻八号一五八三頁）とが、一般的基準としてどうかよりも、まさに具体的事案に対する具体的価値判断がどうかということこそを問題としなければならない。

(d)　最後に、その実際上の違いはともかく、理論的にみれば、明白説には、田中二郎博士にみられるように、一般的な上位基準として用いられ、この下に、無権限、重要な形式上・手続上の瑕疵、内容の不能・不定等の下位基準が認められる場合と、前記の東京地裁判決（三六年二月二一日前掲）のように、上位基準としては上記のような意味での「致命的な欠陥」があり、この下に下位基準として無権限、重要な手続の不履行等と並んで、事実誤認の場合の明白説が認められるという場合とがある。

(4)　明白説の妥当範囲については、実際上は内容上の違法とくに事実誤認の場合に限られるのではないかという指摘がよくなされる。

なお、前述のように学説上には、本案たる無効確認訴訟と民事訴訟等の先決問題訴訟とを区別し、明白説を後者に限定しようとする考えなどもあるが、判例はこのような考えには従っていないようである。

四　判例理論の検討（二）
——行政過程の統制——

(1)　行政行為の無効・取消の区別に関する現在支配的な判例理論である明白説が基準として不明確であることは否定できない（東京地判四一年二月二一日前掲は、重大、明白の意は捕捉し難く、到底具体的標準とはなし得ないという）。しかし、非常的権利救済制度として発展してきた行政行為の無効にあっては、その価値判断の基準としては統一的なものがあるとしても、あるいはむしろあるがゆえに、その技術的基準としては、一般的なものにおいてはあいまいなものに、個別的場合のためのものとしては不統一なものにならざるをえないのではないかと思われる。また、明白説は、いわゆる概括条項の一種として、無権限、重要な手続・形式違反等の個別的列記条項の欠けた部分を補い、過ぎた部分を是正するという長所をもちうる。したがって、われわれとしては、「解答の体系」としての技術的基準を精緻化するという方向ではなく、「問題の体系」としての価値判断の基準をより具体化するという見地に立って、具体的価値判断を表面化させるための問題点を明らかにするという方向をこそとるべきである。

(2)　行政行為の無効に関し、人の価値判断が異なる最たるものの一つは、行政過程の評価をめぐってである。無効はもちろん違法の場合だから判断の間違いが前提となっている。問題はその間違い方である。明白説の明白要件もこの点の評価に関するものであるといえる。

(a)　先に引いた下級審判決が、明白な違法には「行政庁が具体的場合にその職務の誠実な遂行として当然に要求せられる程度の調査によつて判明すべき事実関係に照らせば明らかに誤認と認められるような場合」を含むという場合に、そこでいう明白とは、事実上明白であったというのではなく、明白であるべきはずであったという評価であり、さらに、この場合の無効のきめ手は、違法の明白性ではなく、むしろ直接に、職務上当然なすべき調査をしなかったということ自体に求められているのではないかと思われる。判例には、最小限の「調査」をすれば、きわめて「容易に」判明しえたはずだから、その瑕疵は明白であるといった言葉がよくみられる。ここでは、認定上の明白性のみではなく、認定過程の評価をあわせ含んだ重大な瑕疵であることの顕著性が表現されているといえる。権利侵害の結果ばかりでなく、侵害の態様・過程もまたあまりにもひどいという評価である。

(b)　調査をすれば知りえた場合ではなく、現に知っていた場合のことを主観的明白説と名づけることがある。しかし、この場合も、「知っていた」だから「明白」というのではなく、知りながらあえてやった全体の行政過程を如何に評価するかが重要である（最判三七年七月五日前掲参照）。

(c)　判断過程の正常性という見地から、違法の明白性をとらえるとすれば、法解釈の誤りなどにおける明白性も共通のものとして考えることができる。

(d)　しかしながら、行政過程を狭い意味で行政の内部的な判断過程としてとらえると、古典的なW・イェリネクやコルマンに逆戻りすることになる。行政過程を広い意味でとらえて、明白性要件の重要な根拠の一つである利害関係者の信頼保護等への配慮をする必要がある。判例では少なくとも表面上はこれが欠けている。

(3)　このようにして行政過程というのは、行政庁だけの内部的判断過程でもなければ、当該行政行為の成立手続だけを指すものでもない。

(a)　わが国では、行政行為中心のものの見方から、私人は行政行為に対して消極的な受け身の相手方であると考えられがちであるが、行政行為にもいろいろあって、終始行政庁の職権に基づく活動もあれば、私人の申請があってはじめて行われるもの、私人の特定内容の申請をもっぱらその基礎とし申請内容に応じた内容で行なわれる行政行為などもある。このような全体の過程を行政過程としてとらえれば、私人もまた行政過程において一定の役割を担当しているものである。また、私人は、行政行為の消極的な相手方であるにとどまらず、積極的に自己のために行政行為を求める、時には他人の利益に反してでもこれを求めるものである。

(b)　このように考えれば、私人の申請を前提とする行政行為にあって、この前提要件は、実体上にいわゆる有効要件であると同時に、行政過程の一環である私人の活動としても理解することができる。本人の申請を欠く国籍付与等はこの意味で正常な行政過程ではなかったといえる。また、私道廃止処分等にあって、関係者の承諾書の偽造のある場合は、単に行政庁の判断の正当性の基礎を失わさせるという点ばかりでなく、複数の立場を異にする利害関係者の間において、行政過程を如何に評価すれば妥当であるのかという問題が提供されていると考えるべきである。

(c)　先に紹介した違法に開墾を妨げた土地を未墾地として買収した事例も、原審では、わざわざ明白説によって無効を肯定しているが、そのような全体としての行政過程が許されないとする価値判断が背景にあることは明らかであろう。

(d)　このように広い意味での行政過程の中において、たとえば、主体に関する瑕疵や合議体の議決の瑕疵をはじめ、従来無効原因とされてきた瑕疵も、具体的個別的に評価しなければならない。

(4)　行政行為の無効・取消と関連して行政過程を問題とする場合に生ずる難問の一つは、行政庁は行政行為の先決問題となる民事上の法律関係をどの程度正確に判断しておけばよいか、である。

(a)　行政庁は、私人相互間の民事上の法律関係を終局的に判断するだけの実際上の能力はもちろん、権限も有しない。また実際に行政作用もこのようなことは目的としない。しかし、屢々、行政行為の前提としては判断せざるをえない。そのため、種々の資料も収集しなければならないが、判例の傾向としては、たとえば、公簿に従って所有者の判断を誤った場合は公簿に従わずに間違った場合と異なり、無効となりにくい。これもやはり行政過程の評価の問題の一つである。

(b)　したがって、農地買収処分の前提として農地所有者を知るために登記を調べることは、このような意味での行政過程の問題であって、わが国の講学上にいわゆる「公法関係に対する私法規定の適用」の問題ではない（最判二八年二月一八日民集七巻二号一五七頁参照）。

(c)　このような民事上の先決問題判断の困難をさけるため、土地収用法では周知の通り「不明裁決」の制度をもうけている。土地所有者等の如何をとわず特定の土地が公共事業のために必要であるという特殊性に応ずるものであるが、しかしこの場合でも、不明裁決にしないで、土地所有者等を誤るという場合は依然として残っている。

(d)　滞納者の所有に属しない第三者所有不動産を差押・公売した場合については、このような強制執行手続の特殊性を利害関係者間において如何に評価するかという問題に答えなくてはならない。

五　む す び

(1)　広い意味での行政過程とは、行政と相手方たる私人さらに利害関係人等との多面的かつ動的な緊張関係のことである。行政行為の無効もこのような中において問題となる。したがって、国家行為として尊重に値するかどうかということを無効・取消の区別の前提に置く考え方は疑問である。西ドイツなどでは、権利救済制度の整備された今日においては再び昔に帰って、国家行為として尊重に値するかどうかを基礎とすればよいとの考えもみられるが、わが国の判例の現状は、無効確認訴訟および民訴等の先決問題訴訟において、行政行為の無効は、行政過程統制ならびに非常的権利救済の手段として、いわば一種の期限後取消の制度として定着しているものとみうけられる（最判四二年三月一四日前掲参照）。

(2)　今後の問題としては、

(a)　訴えの利益の拡大等に由来する行政行為の多様化に応じた無効論の必要

(b)　行政過程論の充実
(c)　行政手続の整備
(d)　先決問題訴訟、仮の権利救済等の権利救済制度のシステム化などの問題が残されている。

（参考文献）

行政事件訴訟十年史二〇八頁以下
行政判例百選（新版）一二六頁以下
行政法判例四七頁以下
青木康・行政手続法１一七三一頁以下
田中二郎＝雄川一郎編・行政法演習Ⅰ（改訂版）一三六頁以下、一四六頁以下
雄川一郎「行政行為の無効に関する一考察㈠」法協八〇巻五号
拙著・行政行為の無効と取消

（ジュリスト五〇〇号、一九七二年）

12 行政行為の瑕疵

一 行政行為の特色

私人相互間で行われる法律行為についても、法律行為の要素に錯誤があったとき無効となったり（民九五条）、詐欺または強迫による意思表示は取り消すことができる（民九六条一項）。また、商法上でも、株式会社の株主総会について招集手続や決議の方法が法令や定款に違反したり著しく不公正であるときには、株主などが決議取消の訴えを提起することができ（商二四七条以下）、決議内容が法令または定款に違反するときは決議無効確認の訴えを提起することができるものとされている（商二五二条）。私人相互間の私的取引においては、原則として、私的自治の原理が妥当するから、取引当事者の意思を尊重するとともに、取引の安全など他の者との利害の調整をはかる見地に立って、瑕疵（欠陥）のある意思表示などが無効とされたり取り消されるものとされている。会社の場合には、株主、役員、債権者など、異質の利害関係をもった当事者、利害関係者が多数いるほか、社会的に組織体として活動しているなどの理由から、客観的画一的に法律関係が判断されなければならないとか、強行法規によって私的自治の範囲が狭められているとかの特色がみられるとしても、ここでも、基本的には関係当事者間において経済的利害の調整をはかる見地に立って、さまざまな行為の無効や取消が問題とされているといってよい。

これに対して、行政行為は、行政庁の一方的な判断によって私人の権利義務を左右するものであるが、この行政庁の一方的判断は、法律の根拠にもとづき、法律の定める要件にしたがって行われるところに特色がある。いいかえると、原則として、法律の解釈適用として行政行為が行われるところに私人の法律行為にはみられない特色があるのである。たとえば、課税処分は税務署長の独断でなされるのではなくて、税法の定めにしたがってなされている。法律の定めにしたがわない違法の処分は元来許されていない。適法な行政行為だけが効力をもつべきである。このことを行政行為の法律適合性といっている。

しかしながら、他方で、行政行為が適法かどうかについては、まず、処分行政庁に処分要件事実の存否について第一次的な判断権が与えられており、これに不服の相手方等の私人は原告となって訴訟を起こすほかないが、原則としてこの訴訟手続が、取消訴訟については出訴期間の制限があるなどの特色をもった抗告訴訟手続に排他的に専属せしめられているため、他の民・刑事訴訟の前提問題として行政行為が違法であるとの抗弁を出しただけでは行政行為の効力を否定できないことになる。このような全体を伝統的学説は行政行為の公定性とよんでいる。行政行為の適法性について、行政庁に第一次的な判断権があり、特別の訴訟手続における裁判所に終局的な判断権があって、判断権を有しない私人が前者を争うには後者を利用するほかない結果として行政行為の違法即無効とならないのである。

二　行政行為の無効と取消の区別の意義

違法の行政行為について無効と取消とを区別する意義にはさまざまなものがある。

(1)　理論的意義　　民法総則に法律行為論があるように、公法総則の重要な内容として行政行為論を考え、その瑕疵論として無効と取消を論ずる理論上の必要が行政法学の建設期にはみとめられた。とくにわが国では、違法の行政行為が原則として無効にならないことを行政行為の公定力のあらわれとして説明するやり方が長らくとられてきたのである。

(2)　実際的意義（一）　明治憲法下の行政裁判法の時代にあっては、行政裁判所への出訴事項は列記主義によりかぎられていたうえに、訴願前置主義がとられていたため、これまた列記主義である訴願をしたあとで出訴しなければならないなど、行政裁判による権利救済は不備不完全であった。この不備不完全を補うため、行政行為が無効である場合には、これを先決問題とし、不当利得返還請求など私法的効果をとらえて民事訴訟を提起するという便法がとられた。

(3)　実際的意義（二）　現行憲法下の行政事件訴訟特例法時代においては、行政裁判所は廃止され、行政事件もすべて司法裁判所に属し、また概括主義が採用されたものの、依然として訴願前置主義が残されていたため、権利救済について制度上の不備不完全があったのに加えて、戦後の混乱期に無数の農地買収処分が行われ、その中にはズサンなものも少なくなかった。そこで、訴願前置主義や出訴期間の制限をとりはらった本案としての行政行為無効確認訴訟が提起されることとなり、判例・学説もこれをみとめるとともに、その適用法規等（無効確認判決の効力、仮処分の可否等）をめぐって議論が対立した。

(4)　実際的意義（三）　現行の行政事件訴訟法の下においては、問題の多かった訴願制度は行政不服審査法により全面的に改正されて行政不服審査制度となったが、審査請求前置主義はとられなかった（行訴八条）。また、抗告訴訟の一類型として「無効等確認の訴え」を法律上にみとめるとともに、これについて適用法規を整備している（行訴三六条以下・四四条・四五条等）。そこで、現在では、実定法の解釈適用のために無効と取消を論ずる必要があるのである。

(5)　実際的意義（四）　以上に述べる実際的意義ないし必要は、主として争訟手続上の必要にかかわるものであるが、実体法上にも、行政行為の無効と取消とを区別する必要がある場合がある。たとえば、行政行為の職権取消の限界にもかかわらず、無効確認の意味での取消をみとめたり、違法性の承継が一般にはみとめられない先行行為が無効であるとき、これを前提ないし基礎とする後の行為が違法や無効とされたり、筆者は疑問に思うが、行政行為に対する抵抗・不服従その他刑事事件の先決問題としても、無効・取消の区別に意味をみとめる説も存在している。

三　無効と取消の区別の基準

行政行為の無効と取消とを区別する意義がある以上、つぎの問題は、いかなる基準によって無効と取消とを区別すべきか、である。学説上これまでにさまざまの考えが述べられている。

(1)　理論的見解　　法律要件の抽象的性質を問題とし、それが行為を国家に帰属せしめるものであるところから、違法の行政行為は無効であるとする。ケルゼン、メルクル等の純粋法学のとる考えであるが、実践的法解釈論とは異なる次元に立っている。

(2)　概念論的見解　　法律要件の具体的内容を問題とし、たとえば美濃部達吉のように能力的規定と命令的規定にわけて、前者に違反する行為を無効とし、後者に反する行為を取り消しうるものとする。ドイツではコルマンやW・イェリネックがこれに数えられている。

(3)　目的論的見解　　法律要件以外の事情、とくに行政行為一般の性格、行政の利益、法律生活の安定、信頼保護等、全体としての行政制度の趣旨・目的を問題とするものである。

(4)　機能論的見解　　行政制度のうち、とくに行政行為の無効・取消が主として問題となる争訟制度の趣旨・目的を問題とするもので、ドイツではE・V・ヒッペルがこれに数えられている。

(5)　明白説　　瑕疵の重大性と並んでその明白性を要求する説であり、デンマークのアンデルセンやわが国の田中二郎説がそれである。上記の目的論的見解の当然の帰結として明白説をとる学説もあるが、それ以外の立場に立ってこの説をとる学説もある。わが国の最高裁判例も明白説をとっているが、これに対しては後述のような批判があるほか、最高裁も必ずしもすべての場合について明白説をとるものでもないのみならず、いわゆる明白説の内容それ自体が明白であるとはいいがたいのである。明白説は一応わが国の通説・判例ということができるから、もう少し詳しくみることにしよう。

四　明白説の意義

最高裁判所をはじめ多くの裁判所の判例は、行政行為の無効・取消の区別の基準として、「その違法が重大かつ明白である場合」または「重大かつ明白な瑕疵がある場合」にのみ無効となるとする、いわゆる明白説をとっている。瑕疵の重大性と並んでその瑕疵が存在することの明白性を要求する明白説は、明治憲法下の行政裁判所時代にすでに田中二郎博士によって主張され、大審院判例にもこれにしたがったものがみられるが、そこで瑕疵の明白性を要求した理由は、裁判制度が行政裁判所と司法裁判所の二本立てであり、司法裁判所には行政事件の審査権がなかったことにあった。上記のように、当時行政行為の無効は（行政裁判所で取消訴訟として出てきたものについて、無効確認の意味で取り消されたり、取消の必要なしとして却下されるなどの場合をのぞいて）民事訴訟の先決問題として登場したから、行政行為の適法性について、本来、審査権を有しない司法裁判所が無効であることを認定できるのは、その瑕疵の存在が何びとの目にも明白である場合にかぎられるというところにその根拠が求められていたわけである。

(1)　明白説に対する批判　　この明白説に対してはさまざまの立場からの批判がある。

(a)　ひとつは、行政裁判所が廃止され、司法裁判所が行政事件に関する管轄権をもち、行政行為の適法性についても審査権をもつにいたった今日、明白説はおよそ妥当性を有しなくなったから、瑕疵ないし違法の重大性のみで行政行為は無効となるとする説がある。

(b)　明治憲法下の行政裁判所時代と同様に、先決問題において行政行為の効力を審査する場合には明白性が妥当するが、本案としての無効確認訴訟については明白説は妥当しないという説がある。先決問題審理は行政行為の審理を目的とした行政事件訴訟手続以外の訴訟手続で行われるため、やはり明白性が要求されるが、本案審理として行政事件訴訟手続で行われる場合には、行政行為を審査することを目的とする手続だから、明白性は必要としないと考えるのである。

(c)　学説のなかには、重大明白な違法による無効と重大な違法による無効とを区別し、前者を大無効ないし不存在と考えて、後者の通常の無効の場合とは異なるものとし、前者についてはとうてい「公権力の行使」とはいえないから、先決問題審理においてその認定をすることもできるし、行政事件訴訟法四四条にもかかわらず民事上の仮処分も可能であるとする考えがかつて唱えられたことがある。

(d)　明白説は無効の一般的基準としては妥当せず、その内容上の瑕疵についてだけ妥当するという考えがある。判例上にも、事実認定をあやまったなど内容上の瑕疵ある場合について、その明白性が問題とされていることが多いからであるし、学説上にも、とくにこの場合について瑕疵の明白性を論ずるものが少なくないからである。

(2)　明白説の多義性　　このように明白説に対しては批判があるのであるが、実は、明白説がそれ自体として明確なものとはいいがたいのである。

まず、明白説の内容についても、外観上一見明白説や客観的明白説、さらには、職務誠実義務説とでもよぶべきものがある。「処分要件の存在を肯定する処分庁の認定の誤認であることが処分成立の当初から外形上客観的に明白である場合を指す。（中略）瑕疵が明白であるかどうかは、処分の外形上、客観的に、誤認が一見看取しうるものであるかどうかによるのであって、行政庁が怠慢により調査すべき資料を見落したかどうかはこの判定に直接関係を有するものではない」（最判昭和三六年三月七日民集一五巻三号三八一頁）というのが外見上一見明白説の例であり、「行政処分の処分要件が客観的に明白であるということは、処分関係人の知不知とは無関係に、また、権限ある国家機関の判定をまつまでもなく、何人の判断によっても、ほぼ同一の結論に達しうる程度に明らかであることである」（最判昭和三七年七月五日民集一六巻七号一四三七頁）というのが客観的明白説の例であり、「明白な違法の中には、（中略）行政庁が具体的場合にその職務の誠実な遂行として当然に要求せられる程度の調査によって判明すべき事実関係に照らせば明らかに誤認と認められるような場合、換言すれば、かかる調査を行えばとうていそのような判断の誤りをおかさなかったであろうと考えられるような場合もまたふくまれる」（東京地判昭和三六年二月二一日行裁例集一二巻二号二〇四頁、同昭和三九年五月八日行裁例集一五巻五号九〇〇頁）というのが職務誠実義務説の例である。

また、瑕疵の明白性を要求する根拠にも、認定権からする説明もあれば、当事者の信頼保護とか法的安定性がいわれることもあり、これらの根拠も、処分が授益的なものか不利益的なものかなどの具体的事情によって異なってこざるをえない。外観上明白説か客観的明白説かの議論も、過誤が法律解釈にかかわるものか、事実認定にかかわるものか、事実認定も規範ないし価値概念（小作関係）に関するものか、事実概念（農地）に関するものかによって当然異なってくるはずのものである。小作地かどうかは、農地かどうかとちがって、目で見てわかるものではなくて、何がしかの調査をしなければわかるはずのものではないからである。

さらに、ドイツなどでは明白性の基準は、何びと（相手方、関係者、平均人、専門家）の判断によるのかという細かな議論もあるし、明白性を判断するにあたって考慮に入れるべき事情はいかなる範囲のものであるか（いかなる時点に、何びとに判明している事情か）という議論もある。そもそも明白説とは価値判断を指導する基準か、それ自体が適用すれば答えが得られる技術的基準かについても見解はわかれうるのである。

(3) 明白説によらない最高裁判例　最高裁判所もあらゆる場合について明白説をとっているのではない。明白説によらずに無効をみとめている重要な判例がいくつか存在している（拙稿「行政行為の無効と取消の区別の基準」ジュリスト五〇〇号八九頁以下（九〇頁）参照）。ここでは比較的近時の判例をひとつ紹介することにしよう。

事案は、原告の全く不知の間に無断で、第三者所有の土地・建物が原告名義で登記されたうえで他に売却されたため、譲渡所得ありとして原告に所得税が課されたという事件である。原審は、本件課税処分には重大な瑕疵があるが、処分時には外形上、客観的に明白であったとはいえないとした第一審判決をみとめて控訴を棄却したのに対し、最高裁はつぎのような考えをのべて原判決を破棄差し戻したのである。「一般に、課税処分が課税庁と被課税者との間にのみ存するもので、処分の存在を信頼する第三者の保護を考慮する必要のないこと等を勘案すれば、当該処分における内容上の過誤が課税要件の根幹についてのそれであって、徴税行政の安定とその円滑な運営の要請を斟酌してもなお、不服申立期間の徒過による不可争的効果の発生を理由として被課税者に右処分による不利益を甘受させることが、著しく不当と認められるような例外的事情のある場合には、前期の過誤による瑕疵は、当該処分を当然無効ならしめるものと解するのが相当である。」

五　考慮すべき諸事情

結局、行政行為の無効と取消の区別は、それが問題となる紛争の場面、行政行為をめぐる利益状況、利害関係者の利害関係の性格、行政行為の性格等々が異なるため、画一的な基準を機械的に適用することによってただちに得られるといったものではないのである。価値判断を指導する上位基準としては、「当該行政庁の判断に権限ある国家機関の判断として尊重するに値しないような、従って又かかる判断に基づく処分による侵害から国民の権利を保護することがつよく要請せられるような致命的な欠陥が附着しているかどうか」（東京地判昭和三六・二・二一前掲）とか「不服申立期間の徒過による不可争的効果の発生を理由として処分による不利益を甘受させることが著しく不当」とか「重大かつ明白な瑕疵」とか単一のものが考えられるにせよ、具体的な技術的基準としては、正にそれゆえにこそ、具体的諸事情の違いに応じて異なってこざるをえないのである。いいかえると、具体的事情ごとに利益の適正な比較衡量が要求されるのである。考慮すべき事情としてどのようなものがありうるか、主なものを最後に列挙しておくことにしよう。

(1)　類型的な紛争の場面　いかなる形で行政行為の無効が問題となっているかが、まず第一に問題である。他の訴訟の先決問題として登場している場合には、本案請求なり本案の問題と行政行為とがどのような関係にあるかが問題で、たとえば、刑事事件などでは無効・取消の区別がそのままには妥当しないこともある。

(2)　利益状況　行政行為を相手方からみても授益的なものもあれば、不利益なものもある。また、相手方以外の第三者の利害関係もさまざまである。上に引いた最高裁判決は課税処分について第三者の信頼保護を考慮する必要がないことを判断の重要な要素のひとつとしていた。これにひきかえ農地買収処分などでは、売渡をうけた小作人の立場なども考慮しなくてはなるまい。

(3)　行政行為の種類・性格　行政行為にも、国籍の付与・離脱に関する処分、公務員任命行為、生活保護給付の決定、いわゆる処分性を有する立法的行為、私人相互間の法律関係の形成変動に関与する処分、会議体の議決、争訟裁断行為等々、まったく性格を異にするものがあって一概に論ずることができないのである。

(4)　被侵害法益と行政過程の正常性　上記の職務誠実義務説をみれば、職務上当然なすべき調査をしなかったこと自体に、権限ある国家機関の行為として尊重するに値しない重大な欠陥があるものとみているように思われる。瑕疵の明白性という場合、文字どおりに外形上一見看取してわかるというのはごく例外のことであって、何がしかの調査を必要とするのが常例であって、その調査の仕方がずさんだとか、必要最小限の調査さえしなかっただとか、そういう権利侵害の態様・過程があまりにもひどいということが表現されている。瑕疵の重大性にも、処分要件上の欠陥と並んで被侵害法益の重大性もふくまれるとすれば、あまりにもひどい侵害の態様・過程によって、あまりにもひどい侵害の結果が生じている場合に無効がみとめられているといえる。このように、侵害のプロセスと結果、さらに無効をみとめることによって生じうる影響を評価のハカリにかけなければならない。

（参考文献）　遠藤博也・行政行為の無効と取消（昭和四三年、東京大学出版会）、同「行政行為の無効と取消の区別の基準」ジュリスト五〇〇号八九頁、田中二郎・行政行為論（昭和二九年、有斐閣）、山内一夫・行政行為論講義（昭和四八年、成文堂）、藤田宙靖「行政行為の瑕疵論における所謂〝手続法的考察方法〟について」柳瀬良幹博士東北大学退職記念・行政行為と憲法（昭和四七年、有斐閣）、中川剛「行政行為の無効と取消について」広島大学政経論集二二巻五＝六号、槇重博「瑕疵なき行政行為」田中二郎先生古稀記念・公法の理論上（昭和五一年、有斐閣）、神谷昭「行政行為の無効原因としての明白性の要件」判例評論三九号。その他遠藤＝熊本＝秋山＝畠山編・教材行政法判例（昭和五二年、北海道大学図書刊行会）五八頁の参考文献参照。

（山田幸男ほか編『演習行政法(上)』、一九七九年）

13 違法性の承継

最高裁昭和二五年九月一五日第二小法廷判決
（昭和二四年（オ）第四二号行政処分取消請求事件）
（民集四巻九号四〇四頁）

一　事実の概要

村農地委員会は、Ｘ（原告・被上告人）所有の農地を自作農創設特別措置法三条一項一号の不在地主の所有に属する農地に該当するものとして、買収計画を樹立した。Ｘは、これに対し、右の農地は同法五条六号に買収除外農地とされている「市町村農地委員会が、その自作農が近く自作するものと認め、且つその自作を相当と認める」べき農地に該当するから、右の買収計画は本号の規定に違反するとして、村農地委員会に異議を申し立てたが、却下された。Ｘは、さらに県農地委員会に対して訴願したが、同委員会も昭和二二年九月一七日付でこれを却下する裁決をし、この裁決に対しては、出訴期間内にＸから訴えが提起されなかった。右の買収計画に対して県農地委員会の承認が与えられ、県知事は昭和二三年三月二四日買収令書をＸに交付して本件農地を買収した。これに対し、Ｘは買収処分の取消しの訴えを提起したが、第一審裁判所は、Ｘの請求をいれて、右の買収計画が自創法五条六号の規定に違反することを認め、このように買収計画が違法である場合には、それに基づいてなされた買収処分もまた違法であるとして、これを取り消した。そこで、被告（県知事）の側から控訴が提起されたが棄却されたので、さらに上告し、その理由として、買収計画が当然無効のものであるならばともかく、単に取り消しうるにすぎない違法のものである場合には、県知事はこれを取消変更する権限を有せず、原判決が買収処分取消しの訴えにおいて買収計画の違法を攻撃しうるとしたのは違法である、と主張した。

二　判　旨

上告棄却。

「法第五条はその各号の一に該当する農地については買収をしないと規定しているのであるからこれに該当する農地を買収計画に入れることの違法であることは勿論これが買収処分の違法であることは言うまでもないところである。」「法第七条が買収計画に対して異議訴訟を認めているのはただその違法の場合に行政庁に是正の機会を与え所有者の権利保護の簡便な途を開いただけであつて異議訴訟上の手続をとらなかつたからと言つて買収処分取消の訴訟においてその違法を攻撃する機会を失わせる趣旨であるとは解せられない。買収計画に対し異議申立や訴願をせず又は訴訟裁決に対する出訴期間を徒過したときは当事者はもはや買収計画に対しその取消を請求する権利を失うのであるからその意味では確定的効力があるのであるがその確定的効力は買収計画内容に存する違法を違法なしと確定する効力があるものではない。」したがって、「都道府県農地委員会の買収計画承認の権限は買収計画の内容の適否を審査する権限を包含するものと解すべく更に都道府県知事は買収計画又はその承認の決議に対しこれを再議に付して是正させる権限を有するのである（農地調整法第一五条ノ二八）。故に都道府県農地委員会や知事が右権限の適正な行使を誤つた結果内容の違法な買収計画にもとずいて買収処分が行われたならばかかる買収処分が違法であることは言うまでもないところで当事者は買収計画に対する不服を申立てる権利を失つたとしても更に買収処分取消の訴においてその違法を攻撃し得るものといわなければならない」。

三　解　説

(1)　主として取消訴訟において、本案の対象となっている行政行為以外の、これに先行する行政の行為の違法を理由として、当該本案たる行政行為の取消しを求めることができるかどうかが、違法性の承継の問題である。

(2)　まず、主張される具体的違法事由が、本案たる請求の成否にとって先決問題となりうるものでなければならない。いわゆる先決性（Präjudizialität）の問題である。

(a)　判例上、違法性の承継が認められたものとして、自創法上の買収計画と買収処分との間（判例は昭和二五年頃に確立した。行政事件訴訟十年史三一八頁）のほか、事業認定と収用委員会の収用裁決（熊本地判昭和四三年一一月一四日行裁例集一九巻一一号一七二七頁。なお宇都宮地判昭和四四年四月九日行裁例集二〇巻四号三七三頁参照）、都市施設に関する都市計画決定（路線変更処分）と仮換地処分（名古屋地判昭和五二年八月二九日行裁例集二八巻八号八八三頁）、都市計画事業認可と収用裁決（名古屋地判昭和五一年六月二三日行裁例集二七巻六号九一七頁）、換地予定地指定処分と工作物撤去命令（仙台高決昭和二八年五月二〇日行裁例集四巻五号一二四〇頁）、差押と公売処分（札幌高函館支判昭和二九年九月六日下民集五巻九号一四四七頁）、出入国管理令上の法務大臣による異議棄却裁決と退去強制令書発付処分（東京地判昭和三二年四月二五日行裁例集八巻四号七五四頁、札幌地判昭和四九年三月八日行裁例集二五巻三号一五八頁、神戸地判昭和五一年七月三〇日訟務月報二二巻八号二〇一五頁）などがある。

逆に違法性の承継が認められなかったものとして、農地買収計画・買収処分と農地売渡計画（最二小判昭和二八年四月一七日民集七巻四号三四八頁）、租税賦課処分と滞納処分（鳥取地判昭和二六年二月二八日行裁例集二巻二号二一六頁。京都地判昭和三一年五月二三日行裁例集七巻五号一一三一頁）、超過差押と公売処分（福岡地判昭和四二年七月三一日行裁例集一八巻七号一一〇六頁）、青色申告書提出承認の取消処分と法人税額の決定処分（大分地判昭和三六年一二月一五日行裁例集一二巻一二号二四三八頁）、定数をこえる町吏員の任用とその結果生じた過員を整理するための町吏員の待命処分（最三小判昭和三九年五月二七日民集一八巻四号七一一頁）、本来の納税義務と第二次納税義務（最二小判昭和五〇年八月二七日民集二九巻七号一二二六頁）などがある。

しかし、

(b)　農地買収計画の実質的瑕疵は必然的に買収処分に受け継がれるが、（名古屋高判昭和三〇年九月一三日行裁例集六巻九号二〇六三頁）、手続的な瑕疵は承継されない（東京高判昭和二七年四月二一日行裁例集三巻三号四七〇頁）。同様に、異議訴願に対する裁決手続における形式的・手続的瑕疵は、買収処分等に承継されない（鳥取地判昭和三〇年二月二四日行裁例集六巻二号二四六頁）。

(c)　また、租税賦課処分の違法は滞納処分に承継されないが、賦課処分が違法な処分として取り消された場合には、滞納処分もまた違法な取り消しうべき処分となる（京都地判昭和三一年五月二三日前掲）し、賦課処分の効力発生前になされた滞納処分も違法である（水戸地判昭和三三年五月二六日行裁例集九巻五号九八〇頁。横浜地判昭和三六年二月二〇日行裁例集一二巻二号二七五頁）。さらに、賦課処分が無効であれば、滞納処分もまた無効となる（神戸地判昭和三三年一〇月二三日行裁例集九巻一〇号二一六二頁）。同様に、買収処分の無効を理由として売渡処分の無効確認を求めることができる（徳島地判昭和三一年二月一〇日行裁例集七巻二号二〇三頁）。道路供用開始の公示が無効である場合に道路の引渡しを命ずる代執行命令もまた無効となる（和歌山地判昭和三一年一一月二三日判例時報一四一号一六頁）。また、農地買収計画に対する異議申立てを無視してなされた買収処分および売渡処分は無効となる（大阪高判昭和三五年七月二八日行裁例集一一巻七号一八九四頁）。

(d)　以上の判例の示すところは、問題は単純に行為と行為との関係ではなく、本案請求との関係において、具体的違法事由がどのような意味をもっているか、という先快性の判断が下されているものと考えることができる。

けだし、違法事由はそれ自体で重要なのではなくて、何よりも本案請求との関連において意味があるものだからである。したがって、瑕疵の方から出発して、実体的瑕疵と手続的瑕疵といった概念的な区別を画一的に適用すべきではない。

(3) つぎに、先行行為の違法の方より考察してみると、これに対して直接の訴訟手段が認められているかどうかということは絶対的な意味をもつものではない。けだし、ここでは後行行為を争う訴訟の前提として、本案請求と関連があるかぎりにおいて、先行行為の違法が間接的に争われているにすぎない、間接的争訟の場合だからである。

したがって、

(a) 傾向としていえば、先行行為に対する争訟手段が不備不完全であればあるほど、違法性の承継が認められやすいといえるが（東京高判昭和二六年九月二七日訟務月報七巻一〇号一九六三頁。徳島地判昭和四一年二月二一日行裁例集一七巻二号一三八頁、名古屋地判昭和五二年八月二九日前掲。神谷・行政判例百選〈第二版〉一二二頁参照）、それは余り絶対的には考えるべきではない。したがって、逆に、

(b) 直接の争訟手段を利用できたにかかわらず、利用しなかったことが、ただちに間接的争訟の途をとざすという失権的効果を伴うものということはできない。

(c) さらに、たとえば、買収計画に対する異議・訴願を棄却する決定・裁決が確定した場合（本件は実質的にはこの場合にあたる）にも、それは、(イ) 行政庁の判断である上、手続等の保障も十分ではない、(ロ) 最初から異議・訴願をしない場合と比較して不利とすべきではない、(ハ) 棄却の判断には一般的に適法と確定する効力はない、少なくとも当事者主張の事由に限定される、(ニ) 買収計画に対する異議・訴願も、正式な争訟というよりは、最終処分からみれば事前手続の一種であり、私人のプラスに簡便な争訟の手段を認めたにすぎないなどの理由から、買収処分取消しの訴えにおいて、買収計画違法の主張を排斥するものではないという考えも十分成り立

ちうる（なお、最二小判昭和四九年七月一九日判例時報七五二号二一頁参照）。

(d)　のみならず、先行行為違法の主張に対する棄却判決が確定した場合についてさえ、棄却判決には先行行為を適法にする確定力はなく、たかだか当事者主張の違法事由の不存在を確定するにとどまり、これがあっても、買収計画が買収処分に対してもつ意味は変わらないという考えも、一つの考えとしてはありうるであろう（南編・注釈行政事件訴訟法二八七頁、二九〇～二九一頁は反対趣旨。なお、名古屋高金沢支判昭和五二年一一月一四日判例時報八八九号三二頁参照）。

(4)　最後に、後行行為を行なう行政庁が先行行為の適法性に関する審査権限を有するかどうかは、この関係では重要ではない。

判旨は審査権限があるがゆえに違法性が承継するとするもののようであるが、判例の中には、したがって、審査権限がないゆえに承継しないとする趣旨のものがある（最二小判昭和三三年九月一九日民集一二巻一三号二〇九七頁）反面、審査権限はないけれども承継するとするもの（熊本地判昭和四三年一一月一四日前掲）、さらには、ないがゆえに承継すると受けとれるものさえある（東京地判昭和三二年四月二五日前掲）。しかしながら、審査権限の有無は行政部内における権限分配の問題であるにすぎず、私人が行政の行為を争う立場からは、決定的な意味をもつものでないことはいうまでもないところである（全く逆の問題につき両者の相違を説くものに東京地判昭和三八年三月二八日行裁例集一四巻三号五六二頁がある）。

〈参考文献〉
神谷昭・行政判例百選〈第一版〉一二一頁およびそこに引かれている諸文献のほか
行政事件訴訟特例法逐条研究七二頁以下、一八四頁以下
行政事件訴訟十年史二三〇頁以下、三二七頁以下

浅賀栄・行政訴訟実務総覧二五六頁以下
兼子仁・現代フランス行政法七三頁以下
南博方編・注釈行政事件訴訟法一五六、一六三、二九〇頁
拙著・行政行為の無効と取消三二三頁以下

（別冊ジュリスト六一号『行政判例百選Ⅰ〈第一版〉』、一九七九年）

14

瑕疵の治癒

最高裁昭和三六年七月一四日第二小法廷判決
（昭和三一年（オ）第一〇九六号農業用施設買収無効確認請求事件）
（民集一五巻七号一八一四頁）

一 事実の概要

尼ケ崎地区農地委員会は、X（原告・控訴人・被上告人）所有の池沼を自作農創設特別措置法一五条（付帯買収）にいう農業用施設として買収する計画を樹立した。同条によって準用される同法八・九条によれば、農地等の買収計画に対し適法な訴願があったときは、都道府県知事は、都道府県農地委員会がこれに対して裁決をなし、かつ買収計画を承認した後でなければ、買収すべきではないこととされている。右買収計画を不服とするXは、兵庫県農地委員会に訴願を提起したところが、県農地委員会はこれに対する裁決を下すに先だち、訴願棄却の裁決を停止条件として昭和二五年一一月三〇日買収計画に承認を与え、また、県知事は右買収計画に基づき同年一二月一六日付の買収令書をXに交付して本件池沼の買収処分をした。同年一二月二六日にいたって訴願棄却の裁決がなされたが、この裁決時と買収令書交付時との時期の前後については争いがある。

Xは、右買収処分による知事の所有権取得無効確認訴訟を提起し、買収処分の無効理由の一つとして、その手続が右の自創法八・九条に反することを主張した。この点について、第一審裁判所は、買収令書交付の時を昭和二六年一月一〇日頃であると認定し、その手続は適法であったと判断したが、控訴審では、この認定を疑問とした上、さらに、買収計画に対する訴願棄却の裁決ならびに買収計画承認のなされる前に知事が買収の意思決定をなし買収令書を発行することは、同法九条に反し、その手続に重大な瑕疵があるものであり、かりに訴願裁決・承認後に買収令書が交付されたとしても、これによって右の瑕疵は治癒されないものとした。これに対する被告側の上告をいれて、最高裁判所は次のように判示した。

二　判　旨

原判決破棄差戻。

「農地買収計画につき異議・訴願の提起があるにもかかわらず、これに対する決定・裁決を経ないで爾後の手続を進行させたという違法は、買収処分の無効原因となるものではなく、事後において決定・裁決があつたときは、これにより買収処分の瑕疵は治癒されるものと解するのを相当とする（昭和三四年九月二二日第三小法廷判決、民集一三巻一一号一四二六頁参照）。

本件についてこれをみるのに、原審の確定した事実によれば、兵庫県農地委員会が本件買収計画を承認し、また兵庫県知事が被上告人に対する買収令書を発行した当時は、まだ同委員会による本件買収計画についての訴願裁決がなされていなかつたとはいえ、右承認は訴願棄却の裁決があることを停止条件としてなされたものであり、訴願棄却の裁決もその後行われたというのであるから、訴願棄却の裁決がなされる前に承認その他の買収手続を進行させたという瑕疵は、その後訴願棄却の裁決がなされたことによつて治癒された、と解すべきである。」

三　解　説

(1)　違法の行政処分が、処分後の事情等により、欠けていた適法要件を実質的に充足したと解される場合、または、その瑕疵が軽微化したと解される場合に、その行為を瑕疵なき行為もしくは有効な行為として取り扱おうとするのが、瑕疵の治癒の問題である。

(2)　判例上、瑕疵の治癒が問題となった事例には、種々雑多の異なる場合がある。

(a)　手続上の瑕疵に関する事例として次のようなものがある。

本件同様、一連の過程における手続の前後（買収計画承認前の買収令書の交付と事後の承認、大阪地判昭和三九年六月一九日行裁例集一五巻六号九〇七頁。本件同様の事例につき消極、大阪高判昭和三二年七月五日行裁例集八巻七号一一八三頁）。会議手続の瑕疵（大阪高判昭和四三年一一月一九日行裁例集一九巻一一号一七九二頁。福島地判昭和三〇年一一月一一日労民集六巻六号八八七頁）。他の機関の意見聴取なしにした処分（温泉審議会の意見を聴かないでした動力装置の許可と処分後の意見表明につき消極、広島高松江支判昭和三八年一二月二五日行裁例集一四巻一二号二二四二頁）。農地買収計画原案の公告縦覧とその期間中に原案どおりの計画の樹立（最一小判昭和三六年五月四日民集一五巻五号一三〇六頁。行政上の不服申立ての手段をつくしえたことを理由とする。行政判例百選〈第一版〉一二三頁参照。青森地判昭和三一年五月一六日行裁例集七巻五号一〇六一頁）。

(b)　処分要件の事後的充足。

公務員の立候補受理と公務員の辞職（広島高松江支判昭和二七年二月二九日行裁例集三巻一号一三九頁。仙台高判昭和二七年三月三日行裁例集三巻二号二六三頁）。その他処分の前提要件の事後的充足（分限免職処分と短時日後予告手当を含む退職手当の提供、福岡地判昭和四三年一〇月一五日行裁例集一九巻一〇号一六六三頁。訂正後の明細書による

特許発明を対象とする特許無効審判の審決と訂正審決の確定、東京高判昭和四四年九月二六日行裁例集二〇巻八・九号一一一九頁）。

なお、最終処分の段階では要件充足と考えられる場合がある（買収計画では記載のない買収時期、買収計画の時には不明確であった買収対象の範囲がそれぞれ買収処分において明確となった場合につき、山口地判昭和三一年三月一日行裁例集七巻三号三六三頁、札幌地判昭和三二年一〇月一八日行裁例集八巻一〇号一七三二頁。超過差押と超過部分の解除による一部の公売、山口地判昭和三四年三月二三日下民集一〇巻三号五三八頁）が、最終処分の売渡通知書においては不特定であった売渡区域が、その後売渡通知書の趣旨にしたがって分筆登記されれば、その瑕疵は治癒されるとするものがある（最（二小）判昭和三一年六月一日民集一〇巻六号五九三頁）。

(c)　理由附記の欠缺を後の行政争訟・行政事件訴訟などの段階で追完することができるかについて、多くは税の更正処分に関するものであるが、判例は分かれている（後日文書等による理由の通知について消極、横浜地判昭和三〇年一二月二八日行裁例集六巻一二号二八九三頁、広島地判昭和三三年五月二九日行裁例集九巻五号九八六頁。審査決定等による補充について積極、山口地判昭和四五年一月一九日行裁例集二一巻一号二八頁、大阪高判昭和四三年三月二八日行裁例集一九巻三号四九二頁、仙台高判昭和三五年九月二六日行裁例集一一巻九号二六〇八頁、東京高判昭和三三年二月二四日行裁例集九巻五号一〇〇三頁。消極、福岡高判昭和四三年二月二八日行裁例集一九巻一・二号三一七頁、東京高判昭和四一年一〇月二七日行裁例集一七巻一〇号一一九〇頁、東京地判昭和四〇年五月二七日行裁例集一六巻六号一〇四八頁、特に更正期間後の追完につき消極、仙台高判昭和三五年九月二六日前掲。取消訴訟における処分理由の補充について積極、宮崎地判昭和四四年三月二四日行裁例集二〇巻二・三号二五九頁。消極、奈良地判昭和三三年九月一六日行裁例集九巻九号一九一六頁）。

(d)　処分の相手方の誤認についても判例は分かれている（積極説、死者を相手方とした買収令書交付後相続人名義に変更して再交付、熊本地判昭和三一年一月一七日行裁例集七巻一号九頁。死者を相手方とした処分を相続人が知りまたは知りうべき状態にある場合、福岡地小倉支判昭和三四年七月一五日訟務月報五巻九号一二一〇頁。農地所有権移転許可書が譲受人のみに交付されたが譲渡人がこれを知って訴願訴訟を提起した場合、徳島地判昭和三六年一月二五日行裁例集一二巻一号二八頁。消極説、「甲外二名」と表示した買収令書を甲のみに交付してした買収処分は「外二名」が買収処分があったことを知った場合、札幌高判昭和四一年三月一四日行裁例集一七巻三号二六三頁。農地買収計画において所有者を誤認し買収処分において相手方を真実の所有者に変えた場合、山口地判昭和三五年四月二一日行裁例集一一巻四号八八五頁)。

(3) 以上に概観するところから、次のような問題点を指摘することができる。

(a) 瑕疵の治癒には、種々雑多の場合があってその可否を一概に論ずるわけにはいかない。問題となる瑕疵にも、比較的軽微な会議手続上の瑕疵もあれば、処分の相手方・対象・理由・重要な手続に関するものなど重大な瑕疵と考えられるものがある。同時に、治癒の原因とされるものにも異なる性質のものがある。処分庁自身の行為によって積極的に欠陥部分を補充する場合もあれば、消極的に争訟段階で追完されるものがあり、さらには、私人が処分の存在を知り争訟を提起したことが治癒の理由とされることがある。のみならず、本件の手続に前後があった場合のように、見方によれば、全体としての瑕疵があることそのものが、部分的な瑕疵の治癒の原因とされる場合すらあるのである。

(b) 判例上、瑕疵の治癒を認めるかどうかを判断するにあたって重視されているものは、当該規定の趣旨目的である。

たとえば、最高裁第三小法廷昭和四七年七月二五日判決(民集二六巻六号一二三六頁)は、「建築基準法四三条一項の趣旨とするところは、主として、避難または通行の安全を期することにあり」として、道路位置廃止処分後、事情の変更(原告による隣接地の取得)により違反状態(袋地)が解消するにいたったときは、もはや当該処分を取り消したり、無効であるとすることはできないとしている。これに対して、最高裁第三小法廷昭和四七年一二月五日判決（民集二六巻一〇号一七九五頁）は、「更正に理由附記を命じた規定の趣旨が前示のとおりである〔処分庁の判断の慎重、合理性を担保して、その恣意を抑制するとともに、処分の理由を相手方に知らせて不服申立ての便宜を与える〕ことに徴して考えるならば、処分庁と異なる機関の行為により附記理由不備の瑕疵が治癒されるとすることは、処分そのものの慎重、合理性を確保する目的にそわないばかりでなく、処分の相手方としても、審査裁決によつてはじめて具体的な処分根拠を知らされたのでは、それ以前の審査手続において十分な不服理由を主張することができないという不利益を免れない」として、更正における附記理由不備の瑕疵は審査裁決において処分の具体的根拠が明らかにされることによって治癒されないものとしている（同旨、最（一小）判昭和四九年四月二五日民集二八巻三号四〇五頁）。

(c)　それでは本件の自創法の規定の趣旨は何であろうか。判旨引用の最高裁判決以前の下級審判決のなかには、「国家の権力によつて私人の財産権を一方的に買収するについて慎重な配慮を期した」ものであるとし（大阪高判昭和三二年七月五日行裁例集八巻七号一一八三頁）、また「買収手続の慎重を期すると共に、被買収者の利益を保護しようとする」ものであり、被買収者には「裁決を受ける権利」が与えられているのであって、自創法は「訴願手続によつて被買収者に右利益の擁護を尽さしめたうえでなければ買収機関は買収計画の承認及び買収処分を行つて買収手続を完了することができない」ものとしているとして（盛岡地判昭和二九年八月三一日行裁例集五巻八号一八〇八頁）、事後の訴願棄却裁決によって瑕疵が治癒されることはないとしていたのである。

これに対して、判旨引用の昭和三四年最高裁第三小法廷判決は、「異議・訴願に対する判断の結果いかんによつては（計画が取り消された場合）、爾後の手続を進行することが無益に帰する場合のあり得べきことを慮つて、異議・訴願に対する判断の結果を見た上で爾後の手続を進行すべきものとする趣旨から出たものに過ぎず、異議・訴願の手続において不服申立人に聴問の機会を保障し、これらの手続における審理の結果を基礎として、県農地委員会による計画の承認、知事による買収令書の交付の手続を進行すべきものとする趣旨から出たものでないことは明らかである」として、上記の結論を導いているのである。

(4)　当該規定の趣旨目的はたしかに重要なものである。しかし、そもそも瑕疵の「治癒」とは、一体いかなる性質の問題であり、いかなる根拠にもとづいて認められるべきものであるのかは、判旨によっても、判旨引用の判決によっても、何ら明らかにされていないといわなくてはならない。けだし、西ドイツの行政手続法四五条のような、その要件、時期等を明記した法の明文の根拠を欠くわが国において、たんなる常識論や実益論によって、軽々しく現に存在する違法事由が無視されてはならないと考えるからである。

(a)　判旨引用の判決は、買収処分の重要・不可欠の構成要素と目すべきものは、市町村農地委員会による計画の樹立、県農地委員会の承認、知事の買収令書の交付の三つに尽きる、という出発点に立って、上記の立論をしている。これによると、買収計画に対する異議、訴願の手続は、買収処分にとって偶然のもので、その手続の前後という瑕疵は、元来、買収処分の違法事由とは考えられていないのではないかと思われる。事後に訴願（棄却）裁決があったというまさに瑕疵そのものが瑕疵の治癒の原因とされるのもこのためであろう。仙台高裁の昭和四九年三月一三日判決（行裁例集二五巻三号一一七頁）が、町長による町有普通財産の売渡について事前・事後を問わず議会の承認があれば適法であるとしている場合も、事後承認によってことさらに瑕疵が治癒されるというまでもなく、違法事由としての瑕疵が存在しないというだけで、こと足りるのではないかと思われる（なお、浦和地判昭和五二年三月三〇日行裁例集二八巻三号一一〇頁参照）。

(b)　もうひとつ違法事由存否の判断で決着がつけられるのではないかと思われるやり方は、取消訴訟の訴訟物との関連から、違法判断の基準時を処分時ではなく判決時におくという考え方によるものである。最高裁第三小法廷昭和四七年七月二五日判決（前掲）が、処分後の事情変更により違反状態が解消したとしているのは、この考えによるのではないかと推測される。

(c)　以上のように、違法性の判断のところで勝負をつけてしまえば、その具体的判断の当否は別にして、違法であるにもかかわらず、法の明文の規定（例、行訴三一条、行審四〇条六項、税徴一七三条等）によることなくして、争訟とくに訴訟による取消を排除したとの一般的な非難は免れることができる。それでは違法事由が存在するにもかかわらず、訴訟による取消を排除する論理が実定法上存在しないか、といえば、ないわけではない。それは権利侵害の要件である。

権利侵害ないし法律上の利益の侵害は主として原告適格（ないし申請人適格）の問題として論ぜられているが、有名な国立歩道橋執行停止申立事件に関する東京地裁昭和四五年一〇月一四日決定（行裁例集二一巻一〇号一一八七頁）が示すように、原告（申請人）主張にかかる権利利益侵害の実際上の存否は、訴訟要件のみならず本案の問題を構成する場合がありうると考えられる。行政事件訴訟法一〇条一項が「自己の法律上の利益に関係のない違法を理由として取消しを求めることができない」としているのもこの趣旨であって、取消訴訟が主観的訴訟であるのは訴訟要件のみならず本案についてもいえるわけである。この点から、上記引用の下級審判決が「裁決を受ける権利」が与えられているとするのに対し、判旨引用の最高裁判決が不服申立人に「聴問を受ける機会」を保障したものではないとする判断の相違が、いわゆる瑕疵の治癒について異なる結論を生むことになっている。このような見地に立って考えると、争訟取消についても権利救済制度としての特質からする取消事由の制限が存在し、権利救済上、必要や実益のない場合については、違法事由が存在するにもかかわらず、取消を排除するということが認められることになる。

(d)　最後に、違法は当然に無効を生じさせるものでないことは一般に認められている。本件も判旨引用判決の事件もいずれも無効確認請求事件であり、無効確認請求が排斥された事件である。この本案請求との関連で、手続の前後という本件の瑕疵を無効原因として評価しないという判断は、それなりに成り立ちうるであろう。

(5)　以上、瑕疵の治癒という得体の知れない代物を、法制度上の枠組みの何処に整理すれば、正当化しうるのか、をごく簡単にみたが、筆者の個人的見解をのべれば、本件判旨は疑問である。

(a)　本件において、事後に訴願裁決があったということは、欠けていた部分が事後に充足されたという意味で瑕疵の治癒はあったにせよ、全体の行政過程の中において手続の前後という、それ自体が重大な瑕疵だと考えられる。手続に前後があることは瑕疵の治癒ではなくて、瑕疵そのものである。判旨引用の判決は、異議訴願手続を買収処分にとって偶然的ないし附随的なものとみているようであるが、買収手続において買収処分の前段階に買収計画をおいた重要な意味の一つは、これに対する異議訴願手続をもうけて、被買収者に権利擁護の機会を与えるとともに、具体的事情に明るい当事者から必要な情報を得て、公正・適正な処分をしようとしたところにあると考えられる。そうだとすれば、本件の手続に前後があることは、全体の行政過程の正常性という見地から、無視しうる瑕疵とはいえないであろう。

(b)　処分の理由付けに関する判例の中には、「附記を命じた規定の趣旨が、処分の相手方の不服申立てに便宜を与えることだけでなく、処分自体の慎重と公正妥当を担保することにもあることからすれば、取消しの基因たる事実は通知書の記載自体において明らかにされていることを要し、相手方の知、不知にかかわりがない」（最（一小）判昭和四九年四月二五日前掲）とか「処分の時点で被告が客観的に原告の違法有責な行為を確認するに足る根拠を有していたことが必要」（福岡地判昭和五〇年六月三〇日判例時報七九七号一四九頁）とするものがある。いずれも、行政庁が処分をなすにあたっては、十分の根拠にもとづき確信をもって行うべきであって、いいかげんに処分をしておいて、事後的にこれを正当化する根拠を探し出してくるなど、結果的に正しければよいといった、ずさんなやり方を公正に反するものとして排斥しているわけである。本件においても、県農地委員会が、訴願に対して結論を得ない状態で、買収計画に対して承認を与えるごときは正常な判断の過程といえるであろうか。判旨は、訴願棄却裁決を停止条件としてなされた承認だというが、外部からみるかぎり、承認もあやふやな判断として、事後の訴願棄却裁決もまた先取り判断の追認にすぎないものとして、いずれも正常な行政過程にもとづく公正な行政措置であるとの信頼を受けることは困難だといわなくてはなるまい。判旨によれば、自創法の当該規定はそもそも訓示規定ないし任意規定（福島地判昭和五二年七月二五日行裁例集二八巻六・七号七二〇頁参照）になってしまうであろう。

(c)　瑕疵の治癒に関する近時の判決例は、附記理由の追完に関するもののほか、買収令書交付に代わる公告（最（三小）判昭和四七年七月一八日訟務月報一九巻三号八三頁、大阪高判昭和四九年一一月二八日行裁例集二五巻一一号一四六九頁、最（二小）判昭和五〇年一〇月二九日集民一一六号四〇五頁、大阪高判昭和五二年一二月二一日判例時報八八八号八一頁）、聴聞期日の変更（旭川地判昭和五〇年三月二五日行裁例集二六巻三号四二八頁）、他の機関による認可・承認（松山地判昭和四八年三月二九日行裁例集二四巻三号二九〇頁、水戸地判昭和四八年八月二三日行裁例集二四巻八・九号八二八頁、東京地判昭和四八年九月一八日行裁例集二四巻八・九号九九〇頁、仙台高判昭和四九年三月一三日行裁例集二五巻三号一一七頁、仙台高判昭和四九年七月三一日判例タイムズ三一六号二二七頁、東京高判昭和五二年八月九日行裁例集二八巻八号八二三頁）など、広い意味で行政手続に関するものが多い。これらは行政手続法に関する立法ないし理論によって取り扱うべき性格の問題であろう。いずれにせよ、瑕疵の「治癒」という、わが国の実定法制度上の根拠を欠くあいまいな用語例はつとめてさけるべきであって、かりにこれをみとめる場合にあっては、その要件、方式、時期等を明確にする努力をすべきであろう。なお、上記のとおり、西ドイツの行政手続法四五条は、形式的および手続的瑕疵の治癒について、その要件・時期等を明記した規定をおくにいたったが、その一項一号ないし五号の列挙事由は限定的なものだとする説がある（F. O. Kopp, Verwaltungsverfahrensgesetz, 1 Aufl., 1976, S. 472)。

（別冊ジュリスト六一号『行政判例百選Ⅰ〈第一版〉』、一九七九年）

15

違法行為の転換

最高裁昭和二九年七月一九日大法廷判決
（昭和二五年（オ）第二三六号土地買収不当処分取消請求事件）
（民集八巻七号一三八七頁）

一　事実の概要

村農地委員会は、昭和二二年八月一六日に、X（原告・控訴人・上告人）所有の農地を遡及買収の基準日である昭和二〇年一一月二三日現在の事実に基づいて、自作農創設特別措置法三条一項一号所定の不在地主の所有する小作地として買収する計画を樹立した。Xは、これに対して、村農地委員会に異議の申立てをしたが否決され、さらに県農地委員会に訴願したところ、これも排斥された。そこで、Xは、訴願裁決の取消しを求めて訴訟を提起し、その理由として次のように主張した。村農地委員会は本件農地について自創法附則二項・同法施行令四三条により小作人から買収の請求があったものとして遡及買収基準日現在の事実に基づいて買収計画を樹立したが、本件農地については何人からも買収の請求はされなかった。また、県農地委員会は、右の事実を知りながら、前記法条によらずに、同法施行令四五条を適用して買収するのが相当であるとの理由で、訴願を排斥したが、右の施行令四三条と四五条とはその要件および手続を異にしており、Xが前者による違法を主張したのに、後者によれば適法であると裁決したのは、審理手続を誤った違法がある。

第一審裁判所、控訴裁判所ともにXの請求を棄却したため、上告に及んだが、最高裁判所もまた、この点に関するXの主張をいれるところとはならなかった。

二　判旨

「改正前の自作農創設特別措置法附則二項によれば、三条一項の規定による農地の買収については、市町村農地委員会は、相当と認めるときは、『命令』の定めるところにより、昭和二〇年一一月二三日現在における事実に基いて六条の規定による農地買収計画を定めることができるものである。そして、右『命令』である同法施行令四三条は、右期日現在における小作農が農地買収計画を定めるべきことを請求したときは、市町村農地委員会は、当該小作地につき附則二項の規定により同日現在の事実に基いて買収計画を定めなければならないと規定し、また、同令四五条一項は、同条所定の農地については、市町村農地委員会は、同法附則二項の規定により同日現在の事実に基いて農地買収計画を定めることの可否につき審議しなければならないと規定しているだけであるから、同令四三条による場合と同令四五条による場合とによつて、市町村農地委員会が買収計画を相当と認める理由を異にするものとは認められない。従つて原判決が同令四三条により定めたと認定した村農地委員会の本件買収計画を被上告委員会が同令四五条を適用して相当と認め上告人の訴願を容れない旨の裁決をしたことは違法であるとはいえない。」

三 解 説

(1) 行政行為は、単なる事実的存在ではなく、根拠法条・処分理由などの法的判断を内容とし、これらの法的判断によって特定される。ところが、ある行政行為がなされたとき、その種の行政処分としては瑕疵があるが、これを他種の処分としてみれば瑕疵のない場合に、行政目的に適合するかぎり、これをその他種の処分として効力を維持しようとするのが違法行為の転換である。多くは、処分庁の処分当時の法的判断に基づく行政行為が、後に行政上の争訟または行政事件訴訟の段階にいたって、違法もしくは無効とされるのをさけて、その効力を維持するため、右の法的判断を改め、処分庁または審査庁・裁判所等がこれを別の行政行為として取り扱うことが許されるかどうかという形で問題となる。

(2) 判例上、違法行為の転換が問題となった主な事例として、次のような場合がある。

(a) 死者を相手方とする処分。農地買収等において、既に死亡している登記簿上の所有名義人を名宛人とする処分は、実質的にはその相続人に対する処分としてその効力を認めるべきであるとする判例が多い（宇都宮地判昭和三〇年三月二八日行裁例集六巻三号五四八頁。松山地判昭和三〇年一二月二八日行裁例集六巻一二号二七一〇頁。静岡地判昭和三四年一月三〇日行裁例集一〇巻一号二〇頁。秋田地判昭和三五年九月一九日行裁例集一一巻九号二四五二頁。福岡地小倉支判昭和三四年七月一五日訟務月報五巻九号一二一〇頁等）。

(b) 地方公務員に対する分限処分を懲戒処分に転換してその効力を維持することは許されないとするものがある（仙台高判昭和三六年二月二五日行裁例集一二巻二号三四四頁。ただし、地方公務員に対する懲戒処分の処分理由については、法的価値判断を誤ってはいるものの、他の法条の処分理由にも該当するとして、その効力を維持しているものがある。大分地判昭和四〇年四月一三日行裁例集一六巻五号八五五頁。宮崎地判昭和四四年三月二四日行裁例集二〇巻二・

三号二二五九頁)。

(c)　法人税法上、青色申告書提出承認取消処分を国税局長が審査決定において処分の根拠法条とは別の法条に該当するものとして維持することは許されないものとする事例がある（大阪地判昭和三七年六月二九日行裁例集一三巻六号一一三三頁。大阪高判昭和三八年一二月二六日行裁例集一四巻一二号二一七四頁。最（二小）判昭和四二年四月二一日訟務月報一三巻八号八五頁。なお、青色申告書提出承認の遡及取消後、青色申告書に係る更正処分も白色申告書に係る更正処分とみなされる結果、通知書の理由附記も必要でなくなることを無効行為の転換だとしている判決があるが、むしろ瑕疵の治癒に相当するものと思われる。熊本地判昭和四四年三月一七日行裁例集二〇巻二・三号二二三頁。参照鹿児島地判昭和四二年七月一〇日行裁例集一八巻七号八九五頁)。

(d)　自作農創設特別措置法による農地買収について、最高裁判所は、同法三条一項（法定買収）各号または同条五号（認定買収）各号の特定の号に該当するものとして市町村農地委員会が定めた買収計画を、これに対する訴願裁決において、その特定の号にはあたらないが、同条五項の他の号に該当するものとして維持することを許さないとし（最（二小）判昭和二八年一二月二八日民集七巻一三号一六六九頁。なお、最（二小）判昭和二九年二月一九日民集八巻二号五三六頁・行政判例百選〈新版〉70事件参照)、また、同法三条一項一号または同条五項四号（法人その他団体所有の小作地）該当の農地として定められた買収計画について、裁判所が、右農地が右の条項に該当しないことを認めながら、これを同条五項五号（不耕作地）該当地と認めて、その効力を維持することは許されないとした（最（一小）判昭和二九年一月一四日民集八巻一号一頁)。その理由は、前掲各号による買収はそれぞれその理由を異にし、また買収される農地のいかんは自作農となるべき買受人に差異をきたすことがありうるのであり、さらに第五項の認定買収にあっては、その認定行為はその目的物が同項各号所定のいずれの農地に該当するかによって当然その結論を異にすることがありうるから、農地委員会が買収計画を定めるについて勘案すべき内容を異にするという点にある。結局、目的・要件・手続・効果などを異にする行為の間においては転換を認めないわけである（行政事件訴訟十年史二三六頁・三一八頁以下参照。なお、仙台高判昭和三六年七月一七日行裁例集一二巻七号一二九七頁参照）。

本件の場合、その根拠法条を異にするとはいえ、小作人の請求を要件とするか否かの点をのぞけば、買収の目的・要件・手続・効果等の点に別段異なる点はないのであるから、右の判例の傾向にそった判決であるといえる（行政事件訴訟十年史二三七頁。神谷・行政判例百選〈第一版〉一二六頁）。

(3) (a) 違法行為の転換の理論は、以上にみるように、実体法上の当てはめ、すなわち、処分要件の該当性の問題である（なお、死者を相手方とする処分などにあっては、行為の転換よりもむしろ以前に、行為の「解釈」の問題として、相続人を相手とする処分と解すべきであるとする判例が多い。この場合は、通常の行為の転換とは多少異なるところがあると思われる）。

判例は、問題となる行為と行為とを比較し、それぞれの目的・要件・手続・効果などに照らして、それらの間にいわば処分の実質的な同一性が保たれるかどうかを判断している。この実質的な同一性をかりに処分の特定性とよぶとすれば、この特定性は、主として実体法的な見地から、ないしは処分の成立にいたる手続を考慮して、判断されているということができる。

(b) また、判例の中には、たまたま行為の転換が問題となるのが、訴願裁決や訴訟においてであるため、訴願裁決庁（審査庁）や裁判所が、処分庁になり代わって原処分とは異なる新たな処分をなすことはできないことを転換における処分の特定性の原則の理由としているとみられるものがある（最一小判昭和二九年一月一四日前掲。最二小判昭和二九年二月一九日前掲。大阪高判昭和三八年一二月二六日前掲参照）。そこには問題が処分庁の処分権限の問題としてとらえられている。しかし、これによっては、行為の転換の特殊性は何ら認められていないし、また、問題を専ら実体法的にとらえようとするものであって、さらに、かくては処分庁が行為の転換をいついかなる段階で行ないうるかについては、何らの解答も得られないといわなければならないのである。

(c)　問題は、行為と行為との関係、処分権限の問題であるよりも以前に、行政過程や争訟の過程において、行政処分の特定性がもつ機能の問題であるというべきである。

行政処分は処分時の処分庁の法的判断によって特定される。それを離れて客観的に正しい法的判断によって支持されるかどうかは重要ではない。けだし、処分の理由は、単に客観的に正しければよいというのではなくて、処分の時点において処分庁が客観的に正しい理由があると判断を下した上で、処分に踏み切るということが重要である（福岡地判昭和五〇年六月三〇日判例時報七九七号一四九頁、最（一小）判昭和四九年四月二五日民集二八巻三号四〇五頁参照）。さもないと、適当に処分しておき、後に争訟が提起されてはじめて、処分の適法性を担保するだけの根拠を探し出す、または裁判所等にこれをあおぐということになりかねない。かくては、行政過程の公正な展開は期待できないのである。

(d)　同時に、このことは私人の側からみれば、争訟過程における権利救済の実効性の問題である。特定の行政処分における法的判断を争っていたところ、この法的判断が自由にとりかえられるというのでは、私人は著しく不利な地位に置かれる。この点で、瑕疵の治癒における処分理由附記の追完などと共通に論ずべき問題がある（最（三小）判昭和四七年一二月二五日民集二六巻一〇号一七九五頁。なお、東京高判昭和四六年一〇月二九日行裁例集二二巻一〇号一六九二頁参照）。

(4)　以上要するに、違法行為の転換の問題もまた行政過程や争訟過程における機能に照らして判断する必要がある。

ただ本件の場合、実体上の要件がほとんど同一である上、転換を認めることによってこうむるXの不利益は、買収請求の事実がなかったという主張が無駄となるだけというのであるから、判旨は正当であるといえよう。

なお、西ドイツ行政手続法四七条は、瑕疵ある行政行為の転換の要件、手続に関する規定をもうけている。

（参考文献）

神谷・行政判例百選〈第一版〉一二五頁、およびそこに引用の諸文献参照。

（別冊ジュリスト六一号『行政判例百選Ⅰ〈第一版〉』、一九七九年）

著者紹介――

遠藤博也（えんどう・ひろや）

〈略 歴〉

1936年6月10日　徳島市に生まれる
1960年3月　東京大学法学部第二類卒業
1965年3月　東京大学大学院法学政治学研究科博士課程修了（法学博士）
1966年2月　北海道大学助教授（公法講座担任）
1970年8月　北海道大学法学部教授（公法講座担任）
1992年4月6日　逝　去

〈主要著作〉

行政行為の無効と取消（1968年，東京大学出版会），都市計画法50講（1974年，有斐閣），計画行政法（1976年，学陽書房），行政法Ⅱ（各論）（1977年，青林書院新社），行政法入門（原田・小高・田村共著）（1977年，有斐閣），教材行政法判例（熊本・秋山・畠山共編）（1977年，北大図書刊行会），講話行政法入門（1978年，青林書院新社），行政法学の基礎知識⑴⑵（広岡・田中舘共編）（1978年，有斐閣），国家補償法（上巻）〔現代法律学全集61〕（1981年，青林書院新社），講義行政法Ⅱ（行政救済法）（阿部泰隆共編著）（1982年，青林書院新社），国家補償法（中巻）〔現代法律学全集61〕（1984年，青林書院新社），講義行政法Ⅰ（総論）（阿部泰隆共編著）（1984年，青林書院新社），行政法スケッチ（1987年，有斐閣），実定行政法（1989年，有斐閣）

行政法学の方法と対象　行政法研究Ⅰ

2011年（平成23年）7月30日　初版第1刷発行

著　者　遠　藤　博　也

発行者　今　井　　貴
　　　　渡　辺　左　近

発行所　信山社出版株式会社

〒113-0033　東京都文京区本郷6-2-9-102
TEL 03（3818）1019
FAX 03（3818）0344

Printed in Japan　印刷・製本／松澤印刷・渋谷文泉閣

ISBN978-4-7972-5871-4 C3332　012-050-015

◆遠藤博也　行政法研究Ⅰ〜Ⅳ◆

Ⅰ　行政法学の方法と対象

Ⅱ　行政過程論・計画行政法

Ⅲ　行政救済法

Ⅳ　国家論の研究――イェシュ、ホッブズ、ロック

全4巻 同時刊行

信山社